아버지의 손

HANDS OF MY FATHER by Myron Uhlberg
Copyright © 2008 by Myron Uhlberg

All rights reserved including the rights of reproduction in whole or in part in any form.
This Korean edition was published by Yeonamseoga in 2012 by arrangement with Susan Schulman A Literary Agency, New York through KCC(Korea Copyright Center Inc.), Seoul.

이 책은 (주)한국저작권센터(KCC)를 통한 저작권자와의 독점계약으로 연암서가에서 출간되었습니다. 저작권법에 의해 한국 내에서 보호를 받는 저작물이므로 무단전재와 복제를 금합니다.

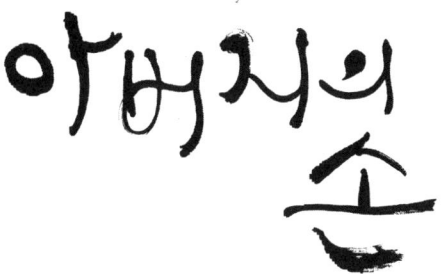

아버지의 손

마이런 얼버그 지음
송제훈 옮김

연암서가

부모님을 그리며

루이스 얼버그
1902~1975

사라 얼버그
1906~2001

옮긴이의 글

 부모님의 가슴에 대못 수십 개 박지 않고 어른이 된 사람이 얼마나 있을까? 그럼에도 단 한 마디의 말로 사람들의 가슴에 회한과 슬픔 그리고 따뜻함을 동시에 불러일으킬 수 있는 단어가 있다면 그것은 아마 "어머니" 또는 "아버지"가 아닐까 싶다.

 동화작가 마이런 얼버그는 팔순을 바라보는 나이에 자신의 부모님, 특히 아버지를 회상하며 이 책을 썼다. 저자는 청각장애를 가진 부모님과 간질로 고통 받는 동생을 책임져야 하는 곡절 많은 어린 시절을 보냈다. 하지만 그의 독특한 개인사에도 불구하고 그가 전하는 이야기는 매우 보편적이다. 아프고 따뜻하다. 그리고 여러 대목에서 배꼽을 잡게 만든다. 아버지와 가족에 대한 이야기라면 으레 그러하지 않겠는가.

어머니에 대한 애틋함이 거의 본능적인 것이라면 아버지에 대한 그리움은 대개 철이 들고 나서도 한참이 지난 뒤에야 짙어지곤 한다. 지금도 마찬가지이지만 저자의 어린 시절에도 많은 아버지들은 그저 '돈 벌어오는 기계'에 불과했다. 부모님에 대한 미안함과 고마움이 사무치게 되고 아버지(어머니도 마찬가지이지만)로 산다는 일의 고단함과 위대함을 깨닫게 되는 것은 대개 "너도 너랑 똑같은 자식 낳아서 키워보면 알 거다."라는 부모님의 저주(?)가 현실이 될 때의 일이다. 때문에 장애인에 대한 야만적인 차별이 온존하고 있던 시절 어린 나이에도 부모님에 대한 사랑이 유별났던 저자의 모습은 많은 어른들을 새삼 부끄럽게 만들고도 남음이 있다.

글을 옮기는 동안 여러 차례 목젖이 뜨거워졌다. 저자의 회상에 감정을 이입했기 때문이기도 하지만 그것이 곧 내 아버지와 나의 이야기이기도 했기 때문이다. 이태 전 연암서가에서 펴낸 『러셀 베이커 자서전: 성장』이 '사모곡思母曲'이었다면 이 책은 아버지에 대한 헌사라 할 만하다. 그런 까닭에 개인적으로는 글을 옮기는 의미가 더욱 각별했다.

번역을 하는 동안 많은 조언과 도움을 준 미선 애나 리긴스 Mison Anna Riggins 선생님에게 감사를 전하며 독자들과 함께 아버지라는 큰 존재를 다시 생각해볼 기회가 주어진 것에 감사한 마음이다.

2012년 1월
송제훈

일러두기

 나의 부모님은 청각장애인이었다. 두 분은 의사소통을 위해 말 대신 손을 사용해야 했다. 이 책에 나오는 "수화"는 오늘날과 달리 아직 하나의 언어로 체계를 갖추지 못한 지난 시절의 수화를 가리킨다. 아울러 "청각장애"도 오늘날 청각장애인들의 복잡다단한 문화를 가리킬 때 사용하는 맥락에서가 아니라 단순히 신체적 상태를 가리키는 의미로만 사용했다.

 수화는 시각과 몸짓의 언어이다. 이 책에서 나는 부모님의 대화를 수화에서 영어로 옮겨야 했다. 60년 또는 70년 전의 대화를 글로 옮기면서 나는 단어 하나하나를 그대로 싣기보다는 그 말의 핵심과 의미를 살리고자 했다.

 또한 책에 등장하는 몇몇 인물의 이름은 실명이 아님을 밝혀둔다.

고어 비달이 그의 회고록에서 밝힌 바와 같이, "회고록이란 한 사람이 자신의 삶을 기억하는 방식이다." 그는 이렇게 말하기도 했다. "사소한 기억 하나가 가장 중요한 것을 이해하는 데 도움을 주기도 한다."

이 회고록은 청각장애를 가진 부모님과 함께한 어린 시절을 기억하는 나의 방식이다. 나는 가장 중요한 것을 이해하려고 노력했다. 아들로서 그러한 노력을 기울이기에 두 분은 자격이 충분하다.

차례

옮긴이의 글   7

일러두기   10

프롤로그 _____ 19

1. 침묵의 소리 _____ 21

　　기억 속의 한 장면 … 브루클린의 여우 50

2. 아이는 어른의 아버지 _____ 55

　　기억 속의 한 장면 … 체온의 언어 70

3. 권투 경기 _____ 73

　　기억 속의 한 장면 … 한밤중의 소리 85

4. 동생 _____ 88

　　기억 속의 한 장면 … 기차, 기차, 기차 103

5. 낙원 ____ 108

6. 아동용 정장 ____ 113

7. 도시에서 보낸 하루 ____ 125
   기억 속의 한 장면 … 낚시를 가다 132

8. 책의 향기 ____ 138

9. 사랑에 빠지다 ____ 147

10. 어머니의 비밀 ____ 160
    기억 속의 한 장면 … 이름에 담긴 뜻 166

11. 색깔에도 소리가 있다 ____ 170

12. 트라이앵글과 치와와 ____ 182

13. 아버지의 언어 ____ 197
    기억 속의 한 장면 … 팔머 글씨체 교정법 202

14. 학부모 상담의 날 ____ 205
    기억 속의 한 장면 … 9번가의 스파이더맨 212

15. 보이스카우트 제복 ____ 218
    기억 속의 한 장면 … 집안 내력 231

16. 싸움꾼 프레디 ____ 239

17. 소아마비 ___ 245
   기억 속의 한 장면 … 대통령의 죽음 255
18. 소년, 어른이 되다 ___ 257
19. 86번가의 무대 ___ 264
20. 가슴에서 터져 나오는 소리 ___ 276
21. 동생의 보호자 ___ 285
22. 아빠와 재키 그리고 나 ___ 291
23. 소리 없이 내리는 눈 ___ 298
24. 미식축구 ___ 302
25. 해방 ___ 311
26. 코니아일랜드 공작 ___ 315
27. 죽음, 그 낯선 방문객 ___ 322
   에필로그 ___ 334

아버지의 침묵은 아들을 통해 말을 한다.
나는 아들을 통해 드러나는 아버지의 비밀을 자주 목격했다.

― 프리드리히 니체

프롤로그

 청각장애인의 언어로 '기억하다'는 오른손 끝으로 이마를 건드리는 '알다'라는 수화에서 시작한다.

 하지만 아는 것만으로는 충분하지 않다. 그래서 '남다'라는 수화가 뒤따른다. 양손의 엄지를 모아 천천히 앞으로 내미는 동작은 미래로 향한다는 의미가 있다. 그러므로 영원히 남아 결코 사라지지 않는 앎이 곧 기억이다.

 나의 기억 속에 가장 생생하게 남아 있는 것은 아버지의 손이다.

 아버지는 손으로 말을 했다. 아버지는 청각장애인이었다. 아버지의 목소리는 손에 담겨 있었다.

 그리고 아버지의 손은 당신의 기억을 담고 있었다.

1

침묵의 소리

나의 첫 언어는 수화였다.

1933년 7월 1일 0시를 갓 넘긴 시각에 나는 부모님의 첫아이로 세상에 태어났다. 대공황이 최악으로 치달았던 그 해의 전반기에 한쪽 발을 걸치고 다른 발은 후반기에 내디디며 태어난 셈이다. 어쩌면 1년이 둘로 나누어지는 시각에 양쪽 발을 걸친 나의 출생은 내가 살아갈 삶의 은유였는지도 모른다. 한쪽 발은 소리를 듣지 못하는 세계, 곧 아버지와 어머니의 침묵의 세계에 있었고 다른 한 발은 내가 속한, 소리를 듣는 이들의 더 큰 세계를 향하고 있었다.

세월이 한참 흐른 뒤에야 나는 청각장애를 가지고 있던 아버지와 어머니가 대공황의 밑바닥에서 아이를 갖기로 결정한 것이 얼마나 위대한 낙관주의의 표현이었는지 깨달을 수 있었다.

우리는 코니아일랜드에서 가까운 브루클린에 살았다. 여름날 바닷가로부터 바람이 알맞게 불면 짠물 냄새와 (순전히 상상이었을 수도 있지만) 머스터드소스를 살짝 바른 갓 구운 핫도그 냄새가 주방의 열린 창문으로 들어왔다.

빨간색 벽돌 건물 3층에 있는 방 네 개짜리 아파트가 우리 집이었다. 아버지와 어머니는 산책을 하다가 외벽에 밝은 주황색 비상계단이 달려 있는 이 건물을 우연히 발견했다. "귀머거리"인데다 "주위의 도움 없이는 살기 힘들며" 틀림없이 "사기를 당할" 것이기 때문에 양가 부모는 "집을 따로 얻지 말라"고 반대를 했지만 두 분은 곧장 집주인을 만나 계약을 했다. 신혼여행에서 막 돌아왔을 때의 일이다. 신혼여행을 떠나 행복한 시간을 보낸 워싱턴 D.C.에서 어머니는 소리 없이 화사한 꽃망울을 터뜨리는 벚꽃을 바라보며 두 사람이 누릴 행복한 결혼생활을 예감했다.

3층 A호는 아버지가 한 여자의 남편으로 평생을 살아간 집이었다. 이 집에서 아버지는 사랑하는 아내와 함께 정상적인 청력을 지닌 두 아들을 키워냈다. 그리고 44년이 지나 구급차에 실려 이 집을 떠난 후 다시는 돌아오지 못했다.

어느 날 아버지는 수화로 당신이 청력을 잃게 된 사연을 아프게 들려주었다. 할머니가 로즈 고모에게 들려주었던 이야기를 아버지는 세월이 한참 지난 뒤 고모에게서 전해 들었다. 고모로부터 들은 이야기의 조각들을 하나하나 이어붙이며 아버지는 당신에게 일어났던 일을 그려볼 수 있었다. (청력을 잃게 된 사연을 당신의 어머니가 아닌 정상적인 청력을 지닌 여동생으로부터 들어야 했다는 사실에 아버지는 두고두고 서운한 마음을 감추지 못했다.)

1902년, 아버지는 정상적인 청력을 가지고 태어났지만 세 살 무렵 뇌수막염을 앓게 되었다. 러시아에서 미국으로 이민을 와 브롱크스에 정착한 당신의 부모님, 데이비드와 레베카 부부는 아이가 곧 죽을 거라 생각했다.

고열이 아이의 작은 몸뚱이를 일주일 넘게 공격했다. 낮에는 찬물로 목욕을 시키고 밤에는 젖은 수건으로 아이를 싸매면서 부모는 아이의 목숨을 붙들었다. 마침내 열이 떨어졌지만 아이는 청력을 잃고 말았다. 아버지는 그때부터 평생을 소리가 없는 세상에서 살아야 했다. 어른이 되어서도 아버지는 가족들 중에서 청력을 잃은 유일한 사람이 왜 당신이 되어야 했는지 쓸쓸히 자문하곤 했다.

소리를 듣는 아들로서 나는 아버지의 손이 토해내는 아픔을 지켜보았다. "공평하지 못해."

아버지는 당신의 아버지와 제대로 된 의사소통을 할 수 없었다. 두 분 사이에 통하는 단어라고는 '먹어라', '얌전히 있어라', '자라' 정도의 뜻을 가진 몇 개의 손짓이 전부였다. 그것은 모두 지시였다. 두 분 사이에 사랑을 표현하는 수화는 없었다. 당신의 아버지는 장남과 단 한 마디의 의미 있는 대화도 나눠보지 못한 채 세상을 떠나고 말았다.

아버지(앞줄 가운데)의 가족 사진. 부모님, 여동생 로즈, 남동생 리온과 함께. 1907년경

하지만 당신의 어머니는 달랐다. 그분은 스스로 만든 수화로 아들에게 사랑을 표현했다. 아버지는 그 시절 당신의 어머니와 나눈 언어가 양적으로는 부족했을지 모르지만 내용적으로는 풍요로웠다고 회상했다. 약속된 수화를 사용하기도 했지만 무엇보다 당신의 어머니는 따뜻한 눈빛으로 말을 건넸다. 그 눈빛과 표정은 오로지 사랑하는 아들만을 위한 것이었다.

당신의 부모님이 그랬던 것처럼 형제자매들—남동생 리온, 두 여동생 로즈와 밀리—도 의사소통에 필요한 수화를 전혀 배우지 않았다. 삼촌과 고모들은 아버지에게 평생 이방인으로 남아 있었다. 리온 삼촌은 후일 아버지의 무덤가에서 숨을 거둔 형이 이제는 소리를 들을 수 있을 거라 생각했는지 목 놓아 형의 이름을 불렀다.

1910년, 여덟 살이 되었을 때 아버지는 청각장애 아동들이 다니는 팬우드 농아학교에 보내졌다. 부모로부터 버림을 받았다고 생각한 아버지는 기숙사에서 매일 밤 울면서 잠이 들었다. 하지만 시간이 지나면서 아버지는 자신이 버림을 받은 것이 아니라 구원을 받았음을 깨닫게 되었다. 태어나서 처음으로 아버지는 자신과 똑같은 친구들 틈에서 지내게 된 것이다. 소리를 듣지 못하는 어린 소년은 이 세상에서 자신이 혼자가 아님을 깨달았다.

하지만 아버지가 팬우드 농아학교에서 받은 교육은 절반의 축복일 뿐이었다. 그 시절 대부분의 농아학교가 그랬듯이 팬우드 농아학교도 학생들에게 발성 기관을 이용해서 말을 하도록 가르치는 것을 교육 목표로 삼았다. 청각장애인은 벙어리가 아니다. 성대가 있기 때문에 그들도 말을 할 수 있다. 하지만 자신의 목소리를 들을 수 없는 까닭에 정확한 발성을 배운다는 것은 매우 어려운 일이다. 아버지와 친구들은 선생님의 지도를 잘 따랐지만 그들 중 어느 누구도 보통 사람들이 알아들을 수 있을 정도의 정확한 발성법을 익히지는 못했다.

아무 효과도 없이 청각장애 학생들의 분노만 키우는 교육 방식이 강요되는 동안에도 수화의 사용은 엄격히 금지되었다. 정상적인 청력을 지닌 교사들은 수화를 지적 능력이 떨어지는 사람들이 사용하는 원시적인 의사소통 수단으로 여겼다. 언어학자들은 1960년대가 되어서야 미국 수화(ASL: American Sign Language)를 공식적인 언어로 인정했다. 하지만 팬우드 농아학교의 학생들은 언어학자들보다 먼저 그것을 받아들이고 있었다. 매일 밤 팬우드의 기숙사에서는 고학년 학생들이 어린 후배들에게 수화를 가르쳤다.

매일 새로운 수화를 익히면서 아버지는 침묵의 경계를 무너뜨리고 닫혀 있던 정신의 공간을 확장해 나가는 기쁨을 누렸다.

"농아학교에 처음 보내졌을 때만 해도 나는 수화를 전혀 할 줄 몰랐다." 아버지의 손이 오랜 기억을 더듬으며 말했다. "집에서 어머니가 만든 수화가 있었지만 그건 벽에 드리워진 그림자 같은 것이었다. 제대로 된 의미가 없었으니까. 나는 학교생활을 하면서 수화를 열심히 배웠다. 모든 게 새로웠다. 수화가 내 양식이었지. 눈과 정신의 양식 말이야. 나는 새로운 수화를 모두 내 것으로 만들기 위해 닥치는 대로 먹어치웠다."

의사소통에 대한 열망은 끝이 없었고 아버지의 수화 공부는 늦은 밤 기숙사의 불이 모두 꺼지고 나서야 중단됐다. 하지만 아버지는 자리에 누워서도 혼자 수화를 연습했고, 잠이 든 후에는 꿈을 수화로 꾸었다.

아버지는 학교에서 인쇄 기술을 배웠다. 인쇄는 청각장애인들에게 가장 적합한 기술로 여겨졌다. 인쇄소에서는 엄청난 소음이 발생했기 때문이다. 그 시절 정상적인 청력을 지닌 교사가 청각장애 학생들에게 암묵적으로 전달한 메시지는 그들이 소리를 듣는 아이들보다 영리하지도, 유능하지도 않다는 것이었다. 때문에 이들에게는 인쇄나 구두 수선, 주택 수리 같은 육체노동을 위한 기술이 주로 가르쳐졌다.

1920년 졸업을 하자마자 아버지는 취직을 했고, 그곳이 아버지의 평생직장이 되었다.

"대공황 시기에 『뉴욕 데일리 뉴스』의 견습 사원으로 뽑혔으니 나는 정말 운이 좋았던 거다. 물론 내가 채용된 건 순전히 윤전기와 식자기의 소음에 영향을 받지 않는 청각장애인이었기 때문이란 걸 안다. 하지만 아무렴 어떠냐. 나처럼 청각장애가 있는 직원들은 봉급을 다른 사람들의 절반밖에 받지 못했지만 그것 또한 중요하지 않았다. 패터슨 회장은 우리가 불평을 하지도, 할 수도 없다는 걸 알고 있었던 거다. 직장을 가지고 있다는 것, 봉급을 받는다는 것만으로도 우리는 만족해야 했다. 우리는 소리를 듣지 못했고 회장은 들을 수 있었다. 그럼 그가 맞는 거다. 세상은 소리를 듣는 사람들이 움직이는 것이었으니까." 아버지의 손이 그 시절을 회상했다.

"지금 생각해 보면 참 힘든 시절이었다. 매주 주급을 받아서 어머니께 생활비를 드리고 나면 남는 게 몇 푼 되지 않았으니까. 게다가 동생들은 일정한 직업이 없었다. 어머니와 아버지는 우리가 사는 건물의 관리인으로 일하면서 근근이 생계를 꾸리고 있었다. 어머니는 뜨거운 비눗물이 담긴 나무 양동이를 끌고 다니면서 복도에 엎드려 바닥을 닦으셨는데 그 모습이 늘 마음을 아프게 했다. 어머니의 손은 늘 발갛게 부르터 있었다. 살갗이 갈라진 어머니의 거친 손이 지금도 기억에 생생하다. 그러다가 내가 노동조합원증을 받고 정규직 임금을 받게 되면서부터 어머니께 돈을 충분히 드릴 수 있었다.

덕분에 어머니는 더 이상 고된 일을 하지 않으셔도 되었지. 정말 뿌듯했다. 귀가 들리지 않는 아들이 어머니께 무엇인가 해드렸다는 사실이 얼마나 자랑스러웠는지 너는 모를 거다."

견습 사원 시절 아버지는 철야 근무를 했다. 신문사에서 일하는 사람들은 철야 근무를 "바닷가재 근무"라고 했는데 아버지는 그 단어의 유래에 대해서는 설명해주지 않았다. 나는 속으로 사람들과 바다의 물고기들이 모두 잠든 시각에 바닷가재가 홀로 깨어 있기 때문에 그런 이름이 붙여졌을 거라고 생각했다.

식자공은 아버지가 가져본 유일한 직업이었다. 아버지는 그 일을 정말 좋아했고 은퇴할 때까지 40년이 넘도록 『뉴욕 데일리 뉴스』 한 곳에서만 일했다. 그 긴 세월 동안 아버지는 정상적인 청력을 지닌 동료들과 함께 일했으나 그들 중 누구와도 가까워지지 못했다. 소리가 들리는 세계에 사는 대부분의 사람들처럼 그들 역시 아버지를 이방인 취급했다. 그들에게 아버지는 말 못하고 어딘가 모자라며 인간의 사고가 결여된 존재, 가능한 한 피하고 피할 수 없다면 무시해야 할 존재였다.

아주 오랜 기간을 견습 사원으로 보낸 뒤 아버지는 마침내 노동조합원증을 발급받았다. 아버지의 인생에서 가장 자랑스러운 순간이었다. 그것은 당신이 소리를 듣는 사람들과 다를 게 없다는 명백한 증거였다. 대공황의 암흑 속에서, 네 사람 중 하나는 일자리를 얻지 못하던 시절에 아버지는 청각장애인이면서도 어느 누구의 도움도 없이 스스로 일어설 수 있었다.

그 즈음 아버지는 결혼에 대해 생각하기 시작했다. 소리를 듣는 사람들의 세계에서 홀로 지내는 것에 지쳐 있을 때였다. 아버지는 소리가 없는 당신만의 세계를 만들 때가 되었다고 생각했다. 그리고 그 세계는 소리를 듣지 못하는 아내와 함께 시작될 것이었다.

어느 차가운 겨울날, 진눈깨비가 브루클린의 우리 집 창문을 두드리는 동안 아버지는 식탁에 앉아 젊은 시절의 이야기를 마저 들려주었다.

"사라는 젊고 아리따운 처녀였지. 친구 많고 놀기 좋아하는 아가씨였어. 사라를 처음 만난 곳은 코니아일랜드의 해변이었는데 이 아가씨는 잠시도 웃음을 그치지 않더구나. 소리를 듣지 못하는 총각들이 주위에 가득했다. 소리를 듣는 남자들도 마찬가지고. 잘생긴 청년들이 바글바글했는데 하나같이 근육질에다 구릿빛 피부였지. 그 친구들은 서로의 등을 짚고 풀쩍 뛰어넘거나 물구나무서기도 곧잘 했다. 그 친구들에 비하면 아빠는 나이가 좀 많은 편이었다. 근육질도 아니었고. 물론 물구나무서기도 못하고 구릿빛 피부도 아니었다. 일광

욕을 해보긴 했는데 구릿빛은커녕 피부가 빨갛게 타서 껍질만 벗겨지더라. 그래도 그런 건 중요하지 않았다. 잘생긴 젊은 녀석들은 죄다 사라를 가지고 놀 생각뿐이었다. 진지한 관계를 원한 게 아니었지. 게다가 변변한 직업도 없는 녀석들이었어. 그러니 선탠하고 근육 키울 시간이 남아돌았겠지. 하지만 아빠는 진지한 청년이었다. 직업도 있었고. 좋은 직업, 최고의 직업 말이다. 그때 아빠는 이미 견습 사원 딱지도 뗀 상태였다. 노동조합원증도 가지고 있었고. 나는 사라를 가지고 놀 생각이 아니었다. 평생의 반려자를 원했지. 내 아이들의 엄마가 되고 나와 영원히 함께해줄 사람 말이다. 나는 소리가 있는 세상에서 소리를 듣지 못하는 사람끼리 의지하며 살고 싶었다. 그래서 우리만의 세계, 침묵의 세계를 함께 만들고 싶었다. 함께 있어서 강해지고 아이들을 위해서 강해지는 그런 부부가 되고 싶었다."

어느새 진눈깨비가 멈추고 가느다란 햇살이 식탁 위에 깔렸다. 아버지는 씩 웃음을 지었다.

"물론 아이들이 태어나기 전에 둘만의 시간을 만끽할 생각도 있었지."

황금빛 햇살을 받으며 추억에 잠겨 있던 아버지의 손이 식탁 위에 조용히 놓여졌다. 침묵이 흘렀다. 나는 아버지의 손이 이야기를 다시 들려주기를 기다리며 가만히 앉아 있었다.

어머니,
코니아일랜드 해변에서

나는 아버지와 함께하는 침묵의 시간이 좋았다. 그리고 아버지의 손에 담긴 이야기들이 좋았다.

활기를 되찾은 아버지의 손이 1932년 브루클린의 어느 따뜻한 봄날을 이야기하기 시작했다.

"좋은 인상을 주어야겠다는 생각이 들었다. 당연히 옷도 잘 입어야 했지. 그래서 새로 산 정장을 빼입었다. 사실 그건 내가 가진 유일한 정장이었지. 대공황이 아직 끝나지 않았고 단돈 1달러 쓰는 것도 아까울 때였으니까."

아버지는 근사한 모직 정장을 사기 위해 2주치의 봉급을 털었다. 근사한 정장의 디자인과 마음속에 일어나는 초조함이 부조화를 빚는 가운데 아버지는 사라의 가족이 사는 아파트를 향해 출발했다. 아가씨의 아버지에게는 찾아뵙겠다는 편지를 미리 부쳐둔 상태였다.

아버지의 손이 그날의 여정을 이야기하는 동안 영화처럼 생생한 장면이 눈앞에 펼쳐졌다.

아버지는 지하철에서 내려 계단을 따라 출구를 빠져나왔다. 겨드랑이에 땀이 찼다. 저녁식사를 위해 집에 돌아가기 전 마지막 쇼핑으로 분주한 토요일 늦은 오후의 인파가 거리를 가득 메웠다.

거리의 상점과 노점의 차일이 머금고 있는 대서양의 소금 냄새가 이 따뜻한 봄날 브롱크스 북부의 집에서부터 얼마나 먼 거리를 왔는지 새삼 알려주는 것 같았다. 흥청거리는 코니아일랜드의 해변이 멀지 않은 브루클린에 도달하기까지 아버지는 전차를 한 번 타고 지하철을 두 번 갈아타야 했다. 엉덩이에까지 땀이 차는 이 따뜻한 오후 땀으로 미끈거리는 손에는 꽃 한 다발을 든 채 아버지는 왜 이곳까지 와야 했을까? 이날 오후 아버지는 난생 처음 신붓감으로 점찍어둔 아가씨의 가족을 만날 예정이었다.

아버지로서는 유감스러운 일이었겠지만, 장차 내 어머니가 될 아가씨는 집으로 찾아올 남자가 따분하기 그지없는데다 나이도 너무 많다고 생각했다. 게다가 자신은 아직 결혼할 나이도 아니고, 주말마다 코니아일랜드의 해변에서 자신에게 벌떼처럼 달려들어 손짓 발짓으로 온갖 아첨을 떠는 젊은 남자들과의 재미있는 시간을 포기하고 싶지도 않았다. 무엇보다 그녀는 자신에게 열렬하게 구애를 하고 있는 한 남자를 마음에서 밀어낼 수 없었다. 정상적인 청력을 가지고 있는 그 매력적인 남자에게 어머니도 호감을 가지고 있었다.

초조한 마음으로 손에 든 약도를 보면서 아버지는 번잡한 거리를 걸었다. 검은머리의 아가씨와 그녀의 아버지에게 자신이 훌륭한 신랑감이라는 사실을 증명하기 위해 아버지의 양손은 할 말을 미리 연습하고 있었다. 이 날을 위해 아버지는 2주 동안 당신이 내세울 만한 것들을 하나하나 정리해 보았다. 아버지는 안정적인 직장과 노동조합원증을 가지고 있었다. 신중하고 진지한 성격에 신의를 지킬 줄 알며 위급한 상황에서도 침착함을 잃지 않았다. 글을 읽고 쓸 수도 있었다. 수화도 능숙했다. 그리고 만일 그녀가 자신을 받아준다면 일편단심으로 영원히 그녀만을 사랑할 준비가 되어 있었다. 어느 모로 보나 자질은 충분했다. 아버지는 앞날이 밝은 청년이었다. 게다가 앞가르마를 단정하게 빗어 넘기고 콧수염을 깔끔하게 다듬은 외모도 나름 훌륭했다.

아버지, 1932년경

지하철역에서 열다섯 블록을 지나 모퉁이를 돌자 가로수가 줄지어 있는 좁은 길에 그녀의 아파트가 나타났다. 엘리베이터가 없는 전형적인 구조의 5층짜리 아파트였다.

아버지는 1층 현관 입구의 계단에 올라섰다. 그리고는 낡은 나무 계단을 따라 5층으로 올라갔다. 복도에는 음식 만드는 냄새와 이민자들의 궁핍한 삶의 냄새가 났다. 5층 B호 문 앞에서 아버지는 심호흡을 했다. 문 너머에 미래가 놓여 있었다. 아버지는 생각했다. '사라의 부모님이 내가 마음에 들지 않는다고 하시면 어떡하지? 내가 청각장애인이라는 사실을

1. 침묵의 소리 *35*

못마땅하게 여기시면 그땐 어떡하지? 아, 결혼에 반대하시면 정말 어떻게 하지? 사라를 아내로 맞아들이지 못한다면 그걸 내가 어떻게 견디느냐 말이야.' 아버지는 속으로 승낙을 얻을 수만 있다면 무엇이든 다 하겠다고 다짐했다. 승낙을 얻기 위해 필요하다면 브루클린에 신혼살림을 차릴 각오도 되어 있었다.

아버지는 노크를 했다. 문이 열렸다. 정장의 상의와 하의가 전혀 어울리지 않는 땅딸막한 남자가 페인트 묻은 손으로 의미를 알아차리기 힘든 수화를 했다. 아버지는 그의 수화를 전혀 이해할 수 없었지만 안으로 들어오라는 뜻임을 짐작할 수 있었다.

안으로 들어서자 거실이 한눈에 들어왔다. 반짝반짝 윤이 나는 짙은 색깔의 원목 가구가 종류별로 두 점씩 거실을 가득 메우고 있었다. 사람이 지나다니기가 힘들 정도였다. 아버지는 이곳이 한 가족의 거주 공간이라기보다는 이스트 사이드 가에 있는 가구점에 가깝다고 생각했다. 이날 아침 아가씨의 아버지는 변변찮은 형편을 감추고 사윗감에게 좋은 인상을 주기 위해 새 가구를 가구점에서 빌려다 허겁지겁 배치했다. 하지만 아버지는 좋은 인상을 받기는커녕 정신만 사나웠다.

어머니는 두 개의 거실 테이블 가운데 한 쪽에 앉아 있었다. 아버지가 상기된 표정으로 인사를 건네자 어머니는 갑자기 울음을 터뜨렸다. 외삼촌 세 분과 이모는 외할머니와 함께 두 개의 소파에 나란히 앉아 무뚝뚝한 표정으로 아버지를 쳐다보기만 했다.

셀 수 없이 많은 가구와 돌처럼 굳어 있는 가족들의 표정 그리고 어머니의 갑작스러운 울음에 아버지는 어찌할 바를 몰랐다. 아버지는 일단 두 개의 테이블 주위에 있는 열두 개의 의자 가운데 하나를 골라 앉았다.

그 순간, 마치 동전을 집어넣으면 작동하는 코니아일랜드의 게임 기구처럼 정지 화면 같았던 분위기에 생기가 돌았다. 어머니의 가족들은 저마다 양손을 휘저으며 아버지에게 수화로 무엇인가를 이야기했다. 아버지의 마음을 편하게 해주려는 의도였지만 어머니의 집에서만 통하던 그 수화는 아버지의 눈에 뜻 모를 외국어처럼 들렸다. 아버지는 어쩌면 그들의 수화가 브루클린 사투리일지도 모른다고 생각했다.

아버지는 전혀 이해할 수 없으면서도 눈치껏 적당한 대목에서 미소를 지으며 고개를 끄덕였다.

어머니도 어느새 눈물을 닦고 아버지가 집에 들어선 이후 처음으로 수줍은 미소를 보였다. 아버지의 마음에서 걱정과 불안이 완전히 사라졌다. 아버지는 장차 장인어른이 될 분께 간단한 수화와 글로 당신의 의사와 포부를 밝혔다. 외할아버지는 아버지의 수화를 한마디도 이해하지 못했다. 외할아버지는 아버지가 브롱크스 사투리로 수화를 한다고 생각했다. 물론 외할아버지는 아버지의 글 역시 거의 이해하지 못했다.

그럼에도 불구하고 외할아버지는 아버지의 수화에 미소로 화답했다. 외할아버지의 반응에서 승낙의 조짐을 읽은 아버지는 거침없이 밀고나갔다. 지금은 『뉴욕 데일리 뉴스』에서 "바닷가재 근무"를 하고 있지만 노동조합원증을 발급받았기 때문에 곧 주간 근무를 하게 될 것이라는 이야기도 빼놓지 않았다.

어머니는 아버지의 수화를 가족들끼리만 통하는 수화로 다시 통역했다. 외할아버지의 얼굴이 환해지면서 끄덕이는 고갯짓에 힘이 들어갔다. 외할아버지는 이 젊은이가 당신의 오랜 기도에 대한 응답이라고 확신했다. 딸이 속한 세상에서 찾아온 이 젊은이야말로 당신의 딸을 잘 보살펴줄 최고의 사윗감이었다.

아버지는 외할아버지에게 할 말을 모두 마쳤다. 문제는 어머니였다.

아버지는 외할아버지에게 어머니와 외출을 해도 되겠느냐고 물었다. 가까운 곳으로 잠시 산책이나 하고 오겠다고 했다. "그럼, 그럼. 어서 다녀오게나." 외할아버지는 밝은 표정으로 고개를 연신 끄덕였다.

아버지와 이 아리따운 처녀는 코니아일랜드에서 브라이튼

아버지와 어머니,
코니아일랜드 해변 산책로에서

해변까지 산책을 했다. 어머니는 렉싱턴 농아학교를 졸업했기 때문에 아버지처럼 수화에 능했지만 두 사람의 손은 산책을 하는 동안 거의 말이 없었다. 두 사람은 해변의 벤치에 앉아 밀려오는 파도를 바라보았다. 두 사람의 손은 여전히 말이 없었다.

결코 잊지 못할 하루가 저물며 코니아일랜드 해변에 어둠이 내리기 시작했을 때 아버지는 식자공의 억센 손으로 어머니의 손을 잡았다. 어머니도 아버지의 손에 가볍게 힘을 주었다.

일주일 후 세 명의 일꾼이 낡은 나무 계단을 올라 5층 B호에 있던 가구를 들어냈다. 어머니가 아버지의 청혼을 받아들이면서 일주일간 임대했던 가구들은 그 목적을 다했다. 새 가구를 싣고 간 일꾼들은 원래 있던 낡은 가구들을 도로 가져다 놓았다. 물론 이번엔 종류별로 한 점씩이었다.

루이스와 사라의 결혼식 아홉 달 후, 천둥을 동반한 폭우가 쏟아지던 날 나는 코니아일랜드 종합병원에서 태어났다.

아버지의 손이 숨 막히던 그날의 상황을 묘사했다. 아버지의 손은 마치 두려움을 불러일으키는 어떤 미지의 상대와 맞서는 표정이었다. "찜통 같은 날이었지." 아버지는 관자놀이에서 두 손을 앞으로 쭉 뻗으며 수화로 말했다. "끔찍했어!"

그해 여름의 가장 더운 날이었다. 브루클린 전역이 무더위에 기진맥진해 있었다. 성난 태양은 코니아일랜드 해변을 뜨겁게 달구었고 푸른 대서양을 부글부글 끓게 만들었다. 펄펄 끓던 태양이 멀리 서쪽으로 기울면서 하늘은 어두워졌지만 지상의 열기는 그대로였다.

아버지의 손이 병원 복도를 초조하게 왔다 갔다 하는 모습을 보여주었다. 통풍이 되지 않는 병원 복도의 한쪽 끝에서 반대쪽 끝을 오가며 아버지는 발걸음의 수를 셌다. 가는 데 백 걸음, 오는 데 백 걸음. 그리고 매 걸음마다 아버지는 당신의 불안과 두려움을 혼잣말처럼 수화로 쏟아냈다.

분만실 앞을 쉴 새 없이 왔다 갔다 하며 아버지는 끝없는 불안의 궤도를 맴돌았다. 아내의 양수가 터지고 분만실에 들어간 지 벌써 열 시간이 흘렀다.

태어날 아이에게 신경을 쓸 겨를이 없었다. 오로지 분만대 시트를 땀으로 흠뻑 적시고 있는 아내 생각뿐이었다. 분만실에서는 산모의 상태를 알려주는 쪽지를 밖으로 내보내지 않고 있었다.

해가 지고 얼마간의 시간이 흘렀을 때 갑자기 한랭전선이 브루클린 상공으로 들어오면서 기온이 15도 이상 뚝 떨어졌다. 차가운 공기가 아직 식지 않은 상공의 뜨거운 기단과 충돌했다. 번개가 여기저기에서 요란하게 하늘을 찢었고 코니아일랜드의 뜨거운 아스팔트 위로 차가운 빗줄기가 세차게 쏟아졌다. 순식간에 하늘이 캄캄해졌다.

이내 병원 밖 거리로 바닷물이 밀려들어왔다. 하수구에서는 물이 역류했고 주차장에 세워진 자동차 바퀴의 절반 높이까지 물이 차올랐다. 인근 건물의 지하실로 물이 쏟아져 들어갔다. 번개를 동반한 강력한 폭풍이 나무와 전신주를 쓰러뜨리는 동안 아버지는 병원 5층 복도를 서성이며 사랑하는 아내 사라 없이 홀로 어떻게 이 세상을 살아갈 수 있을까 안절부절못하고 있었다.

뉴저지에서는 유류 저장 탱크가 번개에 맞아 불꽃 기둥이 수백 피트 높이까지 치솟으며 깜깜한 하늘을 대낮처럼 밝혔다. 퀸즈 지역에서는 서커스 공연장의 대형 천막이 강풍에 찢어지면서 관람객 4백 명이 비를 머금은 천막 지붕을 머리에 뒤집어썼다. 브루클린 지역은 정전으로 온통 암흑에 뒤덮였다. 그리고 마침내 아버지는 첫 아이의 아빠가 되었다.

"나는 병원 마당으로 뛰어나가서 두 주먹을 하늘로 쭉 내뻗었다." 아버지의 손이 말했다. "아마 미친 사람으로 보였을 거다. 나이아가라 폭포처럼 폭우가 내리고 번개가 밤하늘을 어지럽게 달리고 있었지."

폭우와 번개가 쏟아지는 하늘을 향해 아버지는 침묵의 외침을 내질렀다. "하나님, 제발 우리 아들이 소리를 듣게 해주세요!"

아기는 정상적인 청각을 가지고 태어났을까? 그게 문제였다. 아버지는 그것을 확인할 방법이 없었다.

"하지만," 아버지의 손이 이야기를 계속했다. "우리는 어떻게든 빨리 확인해보기로 마음을 먹었다."

아버지의 조급증은 당신이 왜 청각장애를 갖게 되었는지 당신은 물론 당신의 부모님조차 그 이유를 분명히 알 수 없었던 데에서 비롯되었다. 아버지가 어린 시절 몹시 앓은 적이 있다는 것은 모두가 아는 사실이었다. 심한 고열을 앓고 회복

되었을 때 아버지는 청력을 완전히 잃고 말았다. 어머니 역시 마찬가지였다. 갓난아기 때 성홍열을 앓은 후 어머니는 청력을 잃었다.

하지만 양가의 부모는 아기의 질병과 청력의 상실 사이에 직접적인 관련이 없다고 생각했다. 다른 아이들도 병치레를 했고 고열로 고생을 했지만 청력을 잃지는 않았기 때문이다.

"양가 어른들은 우리가 아이를 가지는 것에 완강히 반대하셨다." 아버지의 손이 말했다. "그분들은 우리의 아이는 당연히 청각장애를 가지고 태어날 거라 생각하셨지. 구닥다리 같은 나라에서 건너온 무지몽매한 분들이셨으니까." 아버지의 손이 갑자기 화가 치민 표정으로 허공을 휘저었다. "도대체 노인네들이 뭘 알겠어? 그분들은 우리를 어린애 취급하셨다. 항상 그러셨어. 우리가 성인이 되었는데도 말이야. 그분들에게 우리는 귀머거리고 스스로는 아무것도 할 수 없는 애로 보였던 거다. 우리는 항상 어린애 취급을 받았다. 그래서 우리는 그분들 말을 듣지 않기로 했다. 그리고 너를 가진 거다. 멀쩡한 애가 태어나니까 노인네들이 얼마나 놀랐겠어? 아무 이상이 없는 멀쩡한 아기더란 말이다. 그분들 눈에는 '정상적인' 아기였겠지."

아버지의 손이 잠시 생각에 잠기더니 다시 말을 이었다. "엄마와 나는 너를 너무나 아끼고 사랑했다. 하지만 마음 한

편에는 너도 청각장애였으면 하는 생각도 있었다."

나는 아버지와 어머니를 사랑했지만 나 자신이 소리가 들리지 않는 세상에 산다는 것은 상상해본 적도 없었다. 그리고 아무리 마음 한구석의 생각이었다 하더라도 아들에게 그런 운명이 주어지기를 바랐다는 것이 나로서는 이해가 되지 않았다.

"너는 엄마 아빠의 첫 아이잖니." 아버지의 손이 말했다. "우리는 소리가 있는 세상에서 아무 소리도 듣지 못하는 사람들이었다. 아이를 어떻게 키우라고 말해주는 사람도 없었다. 뭘 물어보고 싶어도 말을 할 수가 없고, 소리를 듣는 사람들은 우리의 언어를 모르는 거다. 엄마 아빠는 혼자였다. 늘 그랬다. 우리를 도와줄 사람이 없었다. 네가 뭘 원하는지, 뭘 요구하는지 알 수가 없었다. 네가 한밤중에 숨이 넘어가게 운다고 해도 우리가 그걸 어떻게 알겠니? 네가 젖을 달라고 칭얼대는지, 기분이 좋아서 옹알거리는지, 무섭다고 우는지 우리는 알 도리가 없었다."

"그리고," 아버지는 말했다. "너에게 사랑한다는 말을 어떻게 해줘야 할지도 몰랐다."

아버지의 손이 말을 멈추고 잠시 생각에 잠겼다.

"네가 소리를 듣는다면 아빠가 너를 이해하지 못하게 될까봐 두려웠다. 그리고 소리를 듣지 못하는 아빠를 네가 이해하지 못할까봐 두렵기도 했다."

아버지와 나

 이내 아버지의 얼굴에 미소가 번졌다. "그런데 엄마는 달랐다. 자기는 엄마니까 당연히 너를 이해할 수 있다고 했다. 그리고 엄마 배에서 나온 아들이 엄마를 이해하는 것도 당연하지 않겠느냐고 했다. 엄마는 입으로 하는 말은 물론이고 손으로 하는 말도 필요 없다고 했다."
 아버지의 손이 이야기를 계속했다. "너를 병원에서 집으로 데리고 온 다음 나는 네 외갓집 식구들에게 부탁을 했다. 매주 토요일 우리 집에 와달라고 말이야. 고맙게도 네 외가 식구들이 내 부탁을 들어줘서 네가 첫 돌이 될 때까지 코니아일랜드에서부터 우리 집까지 그 먼 길을 한 번도 빠지지 않고 오셨다. 이모와 외삼촌들까지 전부 말이야. 식구들이 한 번 올 때마다 집에 있는 음식이 완전히 동이 났지만 그래도 그만한 값어치가 있었다."

"말이 안 통하니까 오시면 굉장히 심심했겠어요." 나는 동그란 숫돌을 누르듯 코를 손가락으로 누르며 수화로 말했다.

"그러거나 말거나 상관하지 않았다. 내 계획은 따로 있었거든." 아버지의 손에 활기가 넘쳤다. "나는 매번 네가 자는 시각에 맞춰서 와달라고 부탁을 드렸어. 식구들이 도착하면 곧바로 네가 자고 있는 유아용 침대 주위로 모이게 했지. 그리고 프라이팬과 냄비를 하나씩 나눠드리고 그걸 힘껏 두들겨 달라고 부탁했다. 그러면 너는 자지러지게 놀라며 눈을 번쩍 뜨고 빽빽 울어댔다. 네가 빽빽대면서 울어대는 모습은 정말 최고였다."

"최고였다고요?" 내가 물었다. "제가 자다 말고 깜짝깜짝 놀라서 깨는 이유를 이제 알 것 같아요."

아버지는 내 볼멘소리를 무시하고 말을 이었다.

"우리는 축하 파티를 열었어. 엄마가 차와 케이크를 준비했다. 네 외할아버지는 찻잔에다 다른 식구들 몰래 챙겨온 위스

키를 따르셨다. 차 조금 드시고 위스키 따르고, 차 한 모금 드시고 위스키 또 따르고. 그러니 나중엔 찻잔에 위스키만 가득한 거야. 한 모금 드시고 웃고 또 한 모금 드시고 웃고 오후 내내 그러시더니 혼잣말을 하시더라. '아이고, 하나님. 마이런의 귓구멍이 제대로 뚫렸답니다.' 그리고는 또 한 모금 드시고. 네 외할머니는 한밤중에 주방의 불을 켜면 도망가기 바쁜 바퀴벌레를 바라보듯 입술을 꾹 다물고 외할아버지를 쳐다보셨다. 외할머니는 외할아버지를 어떻게든 말리고 싶은 눈치였지. 그걸 아무도 알아차리지 못했지만 엄마 아빠처럼 귀가 먼 사람들에겐 그런 게 잘 보여. 아빠는 소리를 듣는 네 삼촌이나 고모들이 한 시간 동안 이야기하면서 이해하는 것보다 눈 한번 깜빡하는 것으로 더 많은 의미를 이해할 수 있다. 소리를 듣는 사람들은 도대체 이해하는 게 없어. 입으로 하는 말은 아무것도 전달하지를 못해. 아빠도 네 삼촌과 고모들을 좋아하기는 하지만 그분들은 아빠처럼 영리하지가 못해."

그 순간 아버지는 이야기가 빗나간 것을 알아챘다. "네가 갓난아기였을 때 이야기를 하다가 딴 데로 샜구나. 내가 엉뚱한 얘기를 하고 있었네."

아버지의 기억은 너무나 생생하고 너무나 촘촘하게 엮여 있었기 때문에 한 가지 이야기를 하다가 다른 이야기로 흐르는 경우가 많았다. 마치 오랫동안 마개에 눌려 있던 기억이 이야기할 상대가 생기면 펑 터져 나오는 것 같았다. 그럴 때마다 아버지는 스스로 "엉뚱한" 이야기를 하고 있었음을 깨닫고 원래의 이야기로 되돌아가곤 했다. 나는 그 즈음 아버지의 이야기를 듣다 보면 어느 대목에선가 "엉뚱한" 이야기가 나오리라는 것을 예상할 수 있었다.

"일요일에는 브롱크스에서 네 할아버지, 할머니, 삼촌과 고모들이 오셨지. 네 외갓집 식구들 애기를 믿을 수 없었던 거야. 손에는 프라이팬과 냄비를 하나씩 들고 말이야. 그걸 들고 브롱크스에서 우리 집까지 지하철을 두 번 갈아타서 두 시간 걸리는 길을 오신 거다. 소음이 심해지는 터널 구간에서는 각자 손에 든 걸 두들기는 연습까지 했다지. 지하철 바퀴가 요란하게 쇳소리를 내는 동안 냄비 두들기는 소리를 눈치챈 승객이 아무도 없었다고 하더라. 지하철에서 내린 다음에는 손에 든 냄비와 프라이팬을 두들겨대면서 우리 아파트까지 행진을 하셨다. 그 모습이 오합지졸의 혁명군 같았을 거다. 그렇게 우리 집에 도착하면 모두들 네 침대 주위에 모여서 일제히 발을 구르며 각자 들고 온 걸 마구 두들겨댔다. 나는 발바닥으로 그 소리를 들을 수 있었다. 다들 연습을 얼마나 했는지 리듬까지 맞추더라. 결과는 마찬가지였다. 네가 경기를 일으키면서 잠에서 깼으니까."

"그걸 1년 내내 하셨다고요?" 나는 손으로 물었다.

"응. 할아버지 할머니는 네 청력이 어느 날 갑자기 사라질지도 모른다고 생각하셨거든. 엄마 아빠가 어렸을 때처럼 말이다."

"이웃집에서 가만히 있었어요? 두들기고 발을 구르고 난리를 쳤는데 뭐라고 안 그랬어요?" 내가 물었다.

"어땠을 것 같니?" 아버지가 되물었다. "집주인에게 전화해서 당장 퇴거를 시키겠다고 난리였지. 그래서 엄마가 이웃집들을 찾아다니면서 사정을 이야기했다. 엄마가 쓴 쪽지가 온 동네를 돌고 나니까 이웃들도 잠잠해졌다. 사실 동네 사람들도 너를 예뻐했거든. 그리고 이웃들도 내심 네가 소리를 들을 수 있을지 궁금했던 거야. 청각장애인 부부가 과연 소리를 듣는 아이를 가질 수 있는지 말이다. 우리는 동네 사람들이 알고 있는 유일한 청각장애인이었기 때문에 우리가 어떻게 사는지에 대해 다들 궁금하기는 했을 거다."

잠시 생각에 잠긴 아버지의 손이 다시 말을 이었다. "너를 어떻게 키워야 할지 엄마 아빠는 걱정이 많았다. 하지만 우리는 해냈다. 밤에 네가 울 때 어떻게 알아챌 수 있을까 궁리를 하다가 방법을 찾았지. 우리는 네 침대를 엄마 아빠 침대 바로 옆에 두고 밤새 희미한 조명을 켜두었다. 그리고 엄마의 손목과 네 발목을 끈으로 연결했다. 네가 발버둥을 치면 엄마가 깨서 네가 뭘 원하는지 살펴보았지. 엄마는 지금도 그 끈을 어딘가에 보관하고 계실 거다. 수화가 네가 배운 첫 언어였다. 그리고 네가 배운 첫 수화는 '사랑해'였다. 좋은 수화지. 최고의 수화야."

브루클린의 여우

시계의 태엽처럼 기억이 천천히 풀려나온다.

어린 시절의 내 모습이 보인다. 나는 부모님의 침실에서 잠들어 있다. 어둔 밤이다. 무엇인가에 의해 나는 잠에서 깬다. 나는 아버지에게 달려간다. 아버지의 어깨를 살짝 건드리는 것이 내가 배운 최초의 의사소통 방법이었다. 잠에서 깬 아버지가 손의 언어로 반응을 보인다.

"뭐?" 아버지는 어깨를 으쓱하는 동시에 앞으로 내민 손바닥을 가볍게 흔들며 나의 대답을 기다린다. 아버지의 놀란 표정은 한밤중에 잠을 깨운 이유를 묻고 있다. 아버지는 목을 쑥 빼고 대답을 기다린다. '뭐?'라고 묻는 수화가 거듭 나의 대답을 재촉한다. 듣지 못하는 아버지와 들을 수 있는 나 사이에 서로의 뜻을 잘못 이해하는 일은 있어서는 안 되었다.

'뭐?'는 내가 가장 먼저 익힌 수화들 가운데 하나였다. 아버지와 나 사이의 거의 모든 의사소통은 '뭐?'로 시작되었다. 내 요구, 내 기분, 내 감정, 내 질문이 모두 그러했다.

사실상 의사소통의 전부가 그 질문에 대한 나의 반응으로 이루어졌다. 일단 이 본질적인 질문에 대한 의사소통이 이루어지고 나면 아버지는 한 걸음 더 나아갈 수 있었다.

이날 밤, 나의 '뭐'는 무서움이었다.

"무슨 소리가 들렸어요." 나는 손가락으로 내 귀를 가리킨 다음 조그만 두 주먹을 맞부딪치는 수화를 했다. 그 소리가 너무 무서웠기 때문에 나는 두 주먹을 세게 부딪쳤다. 아버지는 내 손을 꼭 쥐며 침대에서 일어났다.

"보여줘 봐." 아버지가 수화를 했다.

아주 오래 전의 그날 밤을 돌이켜보면 아마 나는 아버지가 소리를 듣지 못한다는 사실을 그때 처음 깨달은 것 같다.

그나저나 그 소리를 어떻게 '보여' 주지?

나는 아버지의 손을 끌어서 벽장을 가리켰다. 바로 그 소리가 들린 곳이었다.

나는 벽장문을 여는 아버지의 다리에 대롱대롱 매달려 있었다. 벽장문이 열리자 어둠 속에서 털이 복슬복슬한 여우 한 마리가 눈도 한번 깜빡거리지 않고 뾰족한 귀를 쫑긋 세운 채 나를 노려보았다. 나는 공포에 질린 채 아버지의 다리 뒤에 숨어서 실눈을 뜨고 벽장 속의 여우를 쳐다보았다. 녀석은 뾰족한 하얀 이빨을 드러내며 금방이라도 튀어나올 듯 몸을 잔뜩 웅크리고 있었다. 여우의 날카로운 이빨이 내 팔을 마구 물어뜯을 것 같았다.

나는 비명을 지르며 엄마를 찾았다. 하지만 아들이 여우에게 산 채로 잡아먹힐 위기에 처해 있는데도 엄마는 침대에 누워 등을 돌린 채 깊은 잠에 빠져 있었다. '엄마는 걱정도 안 되나?' 어린 마음에 나는 아들의 보드라운 팔을 뜯어먹으려고 으르렁거리는 여우의 소리를 엄마가 듣지 못한다는 사실을 이해할 수 없었다.

아버지가 벽장 속에 있던 여우의 목덜미를 확 낚아채더니 녀석을 앞뒤로 마구 흔들어서 숨통을 조였다. 여우의 눈에 초점이 흐려지더니 아버지의 억센 손에서 녀석은 마침내 꼬리를 축 늘어뜨리며 죽고 말았다. 나를 늘 부드럽게 안아주던 아버지의 손이 내 머리를 쓰다듬으며 말했다. "이제 무서워할 것 없다. 나쁜 여우가 더 이상 널 괴롭히지 못할 거야."

아버지는 죽은 여우를 벽장 속에 던져 넣고는 내 악몽의 문을 쾅 닫아버렸다. 내 눈에 고인 눈물을 닦아주면서 아버지는 나를 다시 침대로 데리고 갔다. 아버지는 나를 침대에 눕히고 이불을 덮어준 다음 얼굴에 미소를 머금은 채 한참 동안 나를 내려다보았다. 그리고 그 크고 억센 손으로 내 얼굴을

어머니와 여우목도리

부드럽게 어루만지며 볼에 입을 맞추었다. 나는 스르르 잠이 들었다.

 이 장면은 내 오랜 기억의 바닷가에 있는 작고 날카로운 조약돌 하나였다. 이따금 내 어린 시절이 펼쳐지는 기억의 바닷가를 맨발로 거닐 때마다 나는 이 조약돌 앞에서 걸음을 멈추곤 했다. 벽장 속에 숨어 있다가 내 꿈속으로 살금살금 기어들어온 그 무서운 녀석은 도대체 무엇이었을까? 물론 브루클린에 야생 여우 따위는 없었다. 적어도 우리 동네에, 우

1. 침묵의 소리 *53*

리 아파트에, 부모님 침실의 벽장에 야생 여우가 있을 리는 없었다.

세월이 흐른 뒤 나는 그날 밤 아버지가 죽인 괴물이 틀림없이 어머니의 여우 목도리였을 거라고 생각했다.

2

아이는 어른의 아버지

 나의 두 번째 언어는 영어였다.
 내가 몇 살 때 어떻게 말을 배웠는지에 대한 기억은 없다. 내 유년기는 시작과 동시에 끝이 났다. 청각장애를 가진 아버지의 아들로서 나는 눈에 보이는 침묵의 손짓을 귀가 들리는 사람들에게 소리와 의미로 바꿔주는 연금술사가 되어야 했다. 동시에 아버지를 위해 보이지 않는 소리를 눈에 보이는 수화로 바꾸는 마법도 부려야 했다.
 세월이 흘러 대학에 다니면서 나는 "아이는 어른의 아버지"라는 워즈워스의 시구를 접하게 되었다. 워즈워스가 의도한 바는 그것이 아니었겠지만 나는 그 구절의 의미를 단번에 이해할 수 있었다.
 나는 소리와 수화의 통로 역할을 하며 내가 우리 동네의 전신주 사이에 길게 이어진 케이블 같다는 생각이 들었다. 이 케이블을 통해 마법처럼 변환되고 전송된 소리는 저 끝 어딘가의 수화기 밖으로 알아들을 수 있는 말이 되어 나갔다. 부모님이 청각장애인이었기 때문에 우리 집엔 전화기가 없었다. 대신 내가 우리 집의 인간 전화기였다. 발신음을 내지는 않았지만 주인이 필요할 때면 언제라도 사용할 수 있었다는 점에서 나는 유용한 전화기였다.

이러한 역할뿐만 아니라 나는 아버지로부터 소리를 설명해달라는 요구도 받았다. 마치 눈에 보이지 않지만 손으로는 만져지는 대상처럼 아버지에게 소리는 적절한 설명만 주어진다면 머리로 이해할 수 있는 실체로 받아들여졌다.

내게 남아 있는 가장 오래된 기억 속에서도 내 곁엔 라디오가 있었다. 냄비와 프라이팬의 요란한 불협화음처럼 음악과 말의 음률 또한 내가 유아용 침대에 누워 있던 시절의 기억에서 떼어놓을 수 없다. 아버지는 나를 병원에서 집으로 데리고 오자마자 소리를 듣는 법을 '익히게' 했다. 아버지는 일단 듣는 법을 익히면 그 능력을 잃지 않을 거라 생각했다. 소리를 듣는다는 것이 어떤 건지 설명해준 사람이 아무도 없었기 때문에 아버지는 청력이 연습에 의해 습득되고 유지될 수 있다고 믿었다. 내가 소리에 끊임없이 노출될 수 있도록 아버지가 사온 필코 라디오는 내 침대맡의 작은 탁자 위에 놓여졌다.

이 라디오는 밤낮으로 켜 있었다. 주파수 다이얼에는 노란 불빛이 들어왔다. 매일 밤 나는 천이 덧입혀진 조그마한 나무상자의 불빛과 소리를 자장가 삼아서 잠이 들곤 했다.

내가 조금 자라 울타리가 있는 유아용 침대를 벗어나 진짜 침대를 사용하게 되었을 때 내 방에는 커다란 라디오가 새로 놓였다. 탁자 위에 올려놓는 소형 라디오를 졸업하고 나는 묵직한 원목가구처럼 다리가 네 개 달린 라디오를 갖게 되었다. 그 라디오는 나보다 키가 컸고 스테인드글라스 대신 천이 씌워져 있었을 뿐 격자무늬의 전면부와 반구형의 윗부분은 마

수화로 "여자아이"라고
말하며 내가 장난감 유모차를
밀고 있다.

치 샤르트르 대성당의 유리창처럼 웅장하게 느껴졌다. 주파수를 맞추는 굵고 둥근 다이얼은 내 손에 다 들어오지도 않았다.

말을 어떻게 배웠느냐는 질문은 지금까지 수천 번도 넘게 들어왔지만 말을 처음 알아들은 '유레카!'의 순간은 기억이 나지 않는다. 아마도 온종일 귓가에 들리던 라디오가 침묵의 세계에 묻혀 있던 언어의 암호를 내 두뇌가 깨치도록 도움을 주었으려니 생각할 뿐이다.

라디오는 소리의 정체를 해독하고 이해하기 위한 아버지의 끝없는 여정을 가로막는 로제타석Rosetta Stone이었다. 로제타석에 새겨진 상형문자와 달리 라디오는 연구와 분석을 통해 해독할 수 있는 시각적 기호가 없었다. 대신 다이얼에 들어오는 불빛과 숫자가 적힌 눈금들 그리고 눈금을 가리키는 바늘이 있을 뿐이었다. 눈금의 양쪽 끝에서는 다이얼을 돌려도 바늘이 도로 밀려나왔다.

아버지는 라디오의 원리를 이해하기 위해 무던히도 애를 썼다. 라디오 뒷면의 커버를 열어서 진공관 회로를 이리저리 살펴보는가 하면 깜빡거리던 불빛이 주파수가 맞춰지면 일정한 상태로 켜져 있는 것을 유심히 바라보기도 했다.

"참 신기하지만 우리 같은 사람들을 위한 건 아닌 것 같다." 아버지의 손은 슬프다기보다는 체념에 가까운 표정을 지었다.

 그럼에도 하나의 사물인 동시에 그 자체로 현상이기도 한 이 놀라운 기계 장치는 아버지를 매혹시켰다. "소리는 시간과 장소의 제한을 받니? 숫자와 숫자 사이에도 소리가 있어?"

 다이얼이 일정한 눈금에 맞춰지면 불이 들어오고 손끝에 라디오 본체의 열이 느껴진다는 사실이 아버지에게 또 다른 궁금증을 불러일으켰다.

 "소리에서 따뜻한 느낌이 나? 라디오가 추운 데 있으면 소리가 안 나와? 북극에도 소리가 있대? 적도 지방에 가면 온 사방에 소리가 가득할까? 아프리카는 시끄러운 곳이고 알래스카는 조용한 곳이래?"

 대성당의 둥근 지붕 같은 라디오의 윗부분에 두 손을 가져다 댄 채 아버지는 나무 재질의 커버를 통해 전달되는 소리의 진동을 느꼈다. "소리에 리듬이 있니? 파도처럼 높낮이가 있어?" 아버지에게 불가해한 것을 설명하기 위해 나는 오랫동안 무척 애를 썼다.

 비록 아버지는 라디오에서 나오는 소리를 들을 수 없었지만 발바닥으로 느낄 수는 있었다. 나에게 질문을 하다 지치면 아버지는 어머니의 팔을 잡고 딱딱한 나무 바닥에서 올라오는 음악의 리듬에 맞춰 춤을 췄다. 두 분의 춤은 프레드 애스

테어와 진저 로저스(Fred Astaire, Ginger Rogers: 전설적인 댄싱 파트너로 〈스윙 타임〉 등 10편의 영화에 함께 출연했다—옮긴이)처럼 호흡이 척척 맞았다.

아버지는 어른이고 나는 어린아이였지만 침묵의 집을 나서서 듣는 이들의 세상에 들어서면 나는 듣지도 말하지도 못하는 아버지의 귀와 입이 되어야 했다. 이는 내가 대여섯 살에 불과했을 때부터 시작된 일이다. 어느 날 아버지는 천장의 갈고리에 닭을 주렁주렁 매달아놓고 파는 상점에 나를 데리고 갔다. 초점이 사라진 닭들의 눈이 톱밥으로 덮인 바닥을 향하고 있었다. 아버지의 손이 움직이기 시작했다.

"허먼 씨에게 통통한 놈으로 한 마리 달라고 해라." 새가 부리로 쪼는 모습처럼 아버지의 두 손가락이 위아래로 크게 움직였다. 아버지의 수화가 너무나 실감이 나서 나는 웃음을 터뜨렸다. 아버지도 웃으면서 내게 그 수화를 다시 한 번 큰 동작으로 보여주었다. 그러자 우리 주변에 있던 사람들이 따라 웃기 시작했다. 후일 그날 일을 떠올리면서 나는 사람들이 우리와 함께 웃은 것이 아니라 우리를 보고 웃었다는 사실을 깨달았다.

우리는 이어서 채소 가게에 들렀다.

"엄마가 좋아하는 옥수수 좀 사 가자." 아버지의 손은 가상의 옥수수에서 낱알들을 떼어냈다. "신선한 것으로, 아주 신선한 것으로." 나는 알이 굵고 노란 옥수수와 빨갛고 묵직한 토마토, 그리고 굵은 감자와 싱싱한 양상추를 골랐다.

"좋아." 아버지는 엄지를 치켜들었다. "완벽해." 내가 고른 토마토에서 새끼손가락만한 벌레가 꾸물꾸물 기어 나오는데도 아버지는 그렇게 말했다.

"이렇게 완벽한 토마토에만 벌레가 꼬이는 법이거든."

채소 가게를 나서면서 아버지의 손이 말했다. "우리 내일은 동물원에 가자."

아버지의 손이 마술처럼 여러 가지 동물로 변신했다. 먼저 천천히 흐느적거리는 코끼리의 코가 되었다가 볼을 긁어대는 원숭이가 되었다. 이어서 구부러진 손가락이 콧등을 살짝살짝 건드리는 생쥐가 되어 수염을 움찔거리다가 이내 굽은 손등 아래에서 엄지가 쑥 나오며 거북이의 머리가 되었다. 아버지의 손이 마술을 부리는 동안 나는 날아다니는 새와 스르르 기어오는 뱀, 입을 쫙 벌리고 물 밖으로 튀어나오는 악어와 매끄럽게 헤엄을 치는 바다표범까지 온갖 동물로 가득한 동물원을 이미 구경하고 있었다.

사람들이 걸음을 멈추고 우리를 쳐다보았다. 나는 다음날 보게 될 재미있는 광경들을 상상하며 아버지의 손만 바라보았다.

집으로 돌아오는 길에 우리는 길모퉁이에 앉아 있는 어느 걸인을 지나쳤다. "배가 고파요. 한 푼만 도와줍쇼." 그가 웅얼거리듯 말했다.

나이가 많이 든 노인의 행색은 꾀죄죄했다. 나는 그냥 지나치고 싶었다.

"저 사람이 뭐라고 하는 거냐?" 아버지가 물었다.

"배가 고프대요." 나는 대답했다.

아버지는 들고 있던 종이봉투에서 사과 몇 개와 빵 한 덩어리를 꺼내 그에게 건네주었다.

"많이 드리지 못해 죄송하다고 해라." 아버지는 주먹을 쥐고 가슴 위에서 원을 그렸다. "그리고 힘내시라고 말씀드려라." 그리고는 내 손을 잡고 아버지는 다시 집으로 발걸음을 향했다.

집에 다다르자 어머니가 문을 열어주었다. 아버지는 미소를 지으며 종이봉투를 내려놓고 어머니와 가볍게 포옹을 했다. 물론 아버지의 품에는 내가 들어갈 틈도 있었다.

내가 아직 어렸을 때 닭고기나 채소를 파는 상점에서 아버지의 수화를 말로 전달할 때마다 나는 스스로 대단한 일을 하고 있다는 느낌이 들었다. 그러나 뿌듯함의 원천이 된 통역사의 역할이 종종 나를 혼란스럽게 만들기도 했다. 나는 어른인 아버지의 입이 되어 다른 어른에게 말을 해야 했다. 하지만 나는 어른이 아니었다. 나는 고작 여섯 살이었다. 그런데 그 시절 아이의 역할은 정해져 있었다. 아이들은 잠자코 어른의 말을 들어야 했다. 아이들은 늘 어른이 시키는 대로 해야 했다. "이거 해라." "저거 해라." "이리 와." "저리 가." 그러나 무엇보다 굴욕적인 순간은 마치 강아지를 다루듯 할 때였다. "앉아!" 그 시절 아이가 강아지보다 유일하게 나은 대접을 받은 것은 부모가 부를 때 휘파람을 불지는 않았다는 것이다.

1939년 만국박람회에서. 온종일 아버지를 위해 통역을 하느라 지친 모습이다.

아이의 삶은 명령의 연속이었다. 아이가 부모에게 자신의 의견을 말한다는 것은 있을 수 없는 일이었다. 떼를 부리는 것은? 아슬아슬하지만 어느 정도까지 가능했다. 의견을 말하는 것은? 전혀. 턱도 없는 일이었다.

그런데 아무 생각 없이 부모님이 시키는 대로만 하는 내 친구들과는 달리 나에게는 이중의 역할이 있었다. 친구들의 아버지는 귀가 멀쩡했기 때문에 아이들에게 아쉬울 게 없었다. 아버지는 달랐다. 다른 사람들과 의사소통을 할 필요가 있을 때 아버지는 아이의 위치로 떨어졌다. 무시되거나 관심 밖의 존재로 밀려나는 것이었다. 그 시절 아버지는 내가 어른으로 순간적으로 변신을 해서 다른 사람들과 어른 대 어른으로 이야기해줄 것을 기대했다.

말을 수화로, 수화를 말로 옮길 수 있는 나만의 특기는 아버지와 나의 관계를 아주 이상하고 부자연스럽게 만들었다. 보통의 경우와는 반대로 귀가 먼 아버지는 소리를 들을 수 있는 아들에게 전적으로 의존해야만 했다.

게다가 가상의 어른 역할을 하는 나 자신이 투명 인간처럼 느껴지면서 나는 더욱 혼란스러웠다. 아버지는 내가 당신의 의사를 전달할 때 단순히 통로의 역할만 수행하도록 했다. 아버지는 나 '에게' 말을 한 것이 아니라 나를 '통해' 말을 했다. 나는 한 장의 유리나 다름없었다.

이런 현기증 나는 상황은 통역사로서의 내 역할이 불필요해지는 순간 내가 다시 아이가 되면서 종료되었다.

이러한 변신은 너무나 갑작스럽고 전면적이어서 나는 무력할 수밖에 없었다. 한 순간 어른들 사이의 말을 이해하고 전달하느라 진땀을 빼다가 다음 순간 나는 뛰어다니지 말고 가만히 좀 앉아 있으라는 아버지의 잔소리를 들어야 했다. 그러고 나면 아버지는 좀이 쑤셔서 꼼지락거리는 내 손을 잡고 산책을 나서곤 했다. 내가 다시금 당신의 어린 아들로 돌아가는 순간이었다.

자라면서 내 역할은 조금씩 복잡해졌다. 내 감정도 마찬가지였다. 아버지는 여전히 토요일마다 나를 데리고 일주일치 장을 보러 나갔고 나 역시 아버지가 나에게 의존한다는 사실에 자부심을 느꼈다. 하지만 나는 소리를 듣지 못하는 아버지를 향한 사람들의 편견과 멸시에 점점 민감해졌다.

조금 더 자라 아버지의 목소리로서 내 역할이 더욱 커졌을 때, 아버지를 마치 생명이 없는 돌덩이처럼 대하는 사람들의 태도에 나는 좌절과 수치 그리고 분노를 느끼기 시작했다. 아버지를 아예 눈앞에 없는 존재처럼 대하는 사람들의 무관심은 멸시보다도 더 가혹했다.

아버지와 길을 걷다 보면 사람들이 다가오는 경우가 있었다. "지하철역이 어느 쪽이죠?" "실례지만 지금 몇 시나 됐습니까?" "여기에서 가장 가까운 빵집이 어디죠?"

아무 대답도 하지 못하는 아버지를 향해 사람들은 먼저 떨떠름한 표정을 지었다. 이어서 아버지가 어눌하고 부정확한 발음으로 소리를 듣지 못한다고 말하는 순간 그들은 싸늘한 표정으로 마치 청각장애가 전염이라도 되는 것처럼 황급히 뒷걸음질을 쳤다. 종종 겪는 일이었음에도 나는 사람들의 그 표정에 익숙해질 수가 없었다.

70년의 세월이 지난 지금도 어린 시절 종종 겪은 모욕적인 기억들은 강한 산酸처럼 내 혈관을 녹이고 서러움으로 목젖을 뜨겁게 만든다.

어느 날, 아버지와 나는 정육점에 고기를 사러 갔다. 여느 토요일과 마찬가지로 그 날도 정육점엔 손님이 많았다. 줄을 서서 기다리는 동안 아버지는 내게 갈빗살 5파운드를 사라고 시켰다. "지방은 떼고 달라고 해라." 아버지가 덧붙였다.

"우리 아빠가 갈빗살 5파운드 달래요. 지방 떼고요." 우리 차례가 되어 나는 주인에게 말했다.

"나 지금 바쁘거든." 그는 아버지에게 눈길 한번 주지 않고 퉁명스럽게 대답했다. "네 아버지한테 뒤로 가서 줄이나 서라고 해라."

"뭐라고 하시니?" 아버지가 내게 물었다.

"뒤로 가서 줄 서래요."

"우리는 줄을 섰고 이제 우리 차례가 맞아. 주인에게 고기 달라고 해, 어서."

"아빠가 우리 차례 맞대요. 갈빗살 5파운드 주세요. 지방 떼고요." 그리고 나는 한마디를 공손하게 덧붙였다. "아저씨, 부탁드릴게요."

"야, 네 멍청이 아빠한테 차례가 되면 알아서 준다고 해. 가서 줄이나 서. 싫으면 당장 꺼지든지."

우리 뒤에 서 있던 손님들은 일순간 동상처럼 얼어붙은 채 불편한 시선으로 이 상황을 지켜보았다.

"주인이 뭐라고 하니?" 아버지가 물었다.

아버지는 어떠한 경우에도 다른 사람의 말을 내 맘대로 고쳐서 전달하지 못하게 했다. 아버지는 있는 그대로의 사실을 원했다. 나는 수화로 말했다. "저 아저씨가 아빠 보고 멍청이래요." 여섯 살 꼬마의 몸이 용광로처럼 달아올라 불길에 휩싸이는 것 같았다.

나는 그때까지 어느 누구도 아버지를 가리켜 멍청이라고 부르는 소리를 들어본 적이 없었다. 그 단어를 들어본 것은 라디오의 찰리 매커시 쇼에서 에드거 버겐이 찰리를 그렇게 부른 때밖에 없었다. "찰리, 자넨 멍청이야. 나무토막이나 다름없다니까."

하지만 아버지는 나무토막이 아니었다. 멍청이도 아니었다. 아버지의 얼굴이 분노로 달아올랐다.

"저 녀석한테 고기는 자기 엉덩이에나 처넣으라고 해라." 아버지는 평소보다 큰 동작으로 수화를 했다.

"우리 아빠가 다음에 다시 오겠대요. 안녕히 계세요."

거리에 나서서 아버지는 무릎을 굽혀 나와 눈높이를 맞췄다.

"네가 정육점 주인에게 아빠가 한 말을 전하지 않았다는 거 안다." 아버지의 손이 말했다. "네 얼굴 표정을 보면 안다. 괜찮다. 이해한다. 네가 몹시 부끄러웠겠다." 아버지의 손은 잠시 침묵했다.

"부당한 거다. 아빠도 안다. 나는 소리가 없는 세상에 있고 너는 들리는 세상에 있으니까. 그런데 아빠는 네 도움이 필요하다. 듣는 사람들은 아빠 같은 사람을 기다려주지 않아. 쪽지에 글을 써서 보여주려 해도 잠깐을 기다려주지 않는다. 사람들은 귀가 먼 사람을 귀찮게 여기지. 그리고는 나보고 멍청이라고 한다. 하지만 아빠는 멍청이가 아니다."

아버지의 손이 다시 침묵에 빠졌다.

"네가 어떻게 생각할지는 모르겠지만," 마침내 아버지의 손이 다시 말을 이었다. "그래도 여전히 아빠는 저런 사람들을 상대해야 한다. 그래서 네 도움이 필요하다. 넌 들을 수 있고 말할 수 있으니까."

아버지는 늘 자신감이 넘치는 분이었다. 그런데 이번엔 달랐다. 나는 아버지가 울지도 모른다고 생각했다. 나는 그때까지 아버지가 우는 모습을 한 번도 본 적이 없었다. 그건 상상조차 할 수 없는 일이었다. 나는 갑자기 무서워졌다.

아버지는 내 눈을 똑바로 쳐다보면서 말했다. "네게 이런 일을 겪게 해서 정말 마음이 아프다. 너는 아직 어린아이에 불과한데 말이야. 네가 이해해주었으면 좋겠다. 그리고 아빠를 미워하지 않았으면 좋겠다."

아빠를 미워한다고? 나는 충격을 받았다. 아빠가 왜 그런 생각을 하시지?

"안 미워해요." 나는 고개를 가로저었다.

"안 미워해요." 내 손도 말했다.

아버지는 내 볼에 입을 맞추며 나를 꼭 안아주었다. 아버지의 가슴에서 쿵쾅쿵쾅 심장 뛰는 소리가 들렸다.

정육점 사건이 있고 얼마 후 할머니가 내게 말했다. "네가 부모님을 잘 보살펴 드려라." 그게 전부였다. 할머니는 더 이상의 설명을 덧붙이지 않았다. 그 말을 듣는 순간 너무나 당혹스러웠기 때문에 그날의 기억은 지금도 생생하다. 아이인 내가 어른인 부모님을 어떻게 보살펴 드리지? 그것도 보통 어른이 아닌 우리 부모님 같은 어른들을. 하지만 차차 나는

2. 아이는 어른의 아버지

그 방법을 익혀 나갔다.

체온의 언어

내가 어렸을 때부터 아버지는 시도 때도 없이, 아무 이유도 없이 나를 안아주었다. 우리 동네에서 그러한 아버지의 모습은 꽤나 별난 것이었다. 그 시절의 아버지들은 일을 해서 돈을 벌어오는 사람일 뿐 요즘처럼 아이들을 양육하는 역할은 요구되지 않았다. 그러한 역할은 온전히 어머니들의 몫이었다.

매일 아침, 아직 날이 밝지도 않은 시각 우리 동네의 모든 집에서 아버지들은 출근 준비에 바빴다. 무겁게 감기는 눈꺼풀을 치켜뜨며 아버지들은 거의 줄을 서다시피 킹스 하이웨이 지하철역으로 걸어갔다. 그곳에서 출발한 지하철은 브루클린과 "도시"—동네 사람들은 그곳을 "맨해튼"이라고 부르지 않았다—곳곳에 흩어져 있는 일터로 아버지들을 실어 날랐다. 아버지들은 의미 없이 반복되는 노동을 묵묵하게 숙명으로 받아들였다. 대공황의 그늘을 갓 벗어난 때였다. "적성"에 맞거나 "보람"있는 일을 한다는 것은 그 시절의 아버지들은 들어본 적도 없는 얘기였다. "일자리"를 가지고 있다는 것, "식탁에 빵을 올리고" 집세를 낼 능력이 있다는 것, 그것이 그 시절 아버지들에게 주어진 일상의 과제였다.

저녁식사를 하기 정확하게 한 시간 전 아버지들은 고개를 숙이고 어깨를 축 늘어뜨린 채 옆구리에 『뉴욕 데일리 뉴스』를 한 부씩 끼고 집으로 돌아왔다.

아내는 현관문에서 남편을 맞으며 이따금 그날 저지른 아이들의 못된 짓 목록을 읊었다. 긴 목록의 낭독이 끝나면 아이는 둘둘 만 『뉴욕 데일리 뉴스』로 머리를 한 대 맞는 게 보

아버지와 나

통이었지만 그보다 심각한 상황과 맞닥뜨리는 경우도 있었다. 그 시절 우리 동네 대부분의 아버지와 아들 사이의 신체적 접촉은 그게 전부였다.

  하지만 우리 집은 달랐다. 퇴근을 해서 집에 들어온 아버지는 무릎을 꿇고 눈높이를 맞춘 다음 마치 잃어버린 아이를 찾기라도 한 것처럼 나를 꼭 끌어안았다. 그리고는 내 팔을 잡고 몸을 뒤로 젖힌 채 한참 동안 깊은 눈으로 나를 바라보곤 했다. 그때마다 아버지의 얼굴엔 새삼 놀란 듯한, 설명하기 힘든 표정이 읽혀졌다. 그 순간 아버지와 나는 수화를 주고받지 않았다. 아버지가 나를 얼마나 사랑하는지는 나를 꼭 감싸는 아버지의 체온만으로도 충분했다. 아버지는 나에게 사랑한다고 말했다. 내가 들은 것은 체온의 언어였다.

3

권투 경기

 아버지를 위한 통역은 이를테면 대외 업무였다. 그것은 집 밖에서, 듣는 사람들의 세상에서 하는 일이었다. 하지만 어느 날 나는 그 일을 집에서 하게 되었다. 이번에는 내 나이보다 몇 년, 아니 몇 광년을 뛰어넘는 수화 실력이 요구되었다.

 1938년 6월 어느 저녁, '갈색 폭격기'라는 별칭으로 잘 알려진 미국의 흑인 권투 선수 조 루이스와, 아돌프 히틀러가 민족적 우월성의 살아 있는 표본으로 자랑한 막스 슈멜링의 재대결이 벌어졌다. 두 선수의 첫 번째 대결에서는 슈멜링이 루이스에게 KO승을 거두었는데 당시 히틀러는 온 세상을 정복한 양 거드름을 피워댔다. 이제 갈색 폭격기가 이전의 패배를 설욕하고 히틀러가 지껄이는 아리안의 우월성이 헛소리임을 까발릴 차례였다.

아버지는 그날 저녁 잔뜩 흥분한 모습으로 퇴근을 해서 『뉴욕 데일리 뉴스』를 흔들어댔다. "네가 이 역사적인 경기를 아빠한테 들려줘야겠다." 아버지는 허공에 주먹을 쭉쭉 뻗으며 수화를 했다. "조 루이스가 막스 슈멜링과 맞붙는 거야. 조의 성姓이 아빠의 이름과 같잖아." 아버지는 손가락으로 당신 이름의 철자를 그렸다.

아버지는 너무 흥분한 나머지 어머니가 여러 시간 정성스럽게 준비한 저녁식사를 서둘러 마치라고 재촉했다. 평소 때의 아버지는 나보다 식사를 천천히 하는 편이어서 음식을 최소한 세 번은 씹어서 삼켰고 (내가 너무나 싫어했던) 송아지 간처럼 아주 질긴 음식의 경우 다섯 번은 꼭 씹었다. 하지만 그날 저녁 아버지는 음식을 씹는다기보다 단숨에 들이켜다시피 했다. 아버지는 식사를 마치자마자 자리에서 벌떡 일어났다. "자, 가자!"

나는 라디오의 다이얼을 돌려서 중계방송에 주파수를 맞췄다. 경기가 시작되기까지는 아직 시간이 많이 남아 있었다. 캐스터가 두 선수의 전적을 자세히 소개한 다음 지난 경기의 하이라이트가 이어졌다. 이어서 이날 경기의 정치적 의미에 대한 해설이 장황하게 스피커를 통해 흘러나왔는데 그 내용이 너무 어렵고 복잡해서 나의 이해력과 수화 실력으로는 감당이 되지 않았다. 하지만 아버지는 개의치 않았다. 아버지의 관심은 오로지 경기 그 자체에 있었다.

드디어 라디오 스피커를 통해 공이 울리는 소리가 들렸다. 성난 맹수들처럼 관중들이 내지르는 함성에 죽은 사람도 벌떡 일어날 것 같았다. 아버지는 미동도 하지 않고 자리에 앉아 내 손과 라디오 스피커만 응시하며 보이지도 들리지도 않는 소리가 내 손을 통해 눈에 보이는 수화로 변환되기를 기다렸다.

경기가 시작되었다. 관중의 함성, 캐스터의 고함소리가 라디오에서 폭포수처럼 쏟아졌다.

나는 경기의 진행 상황을 듣는 그대로 수화로 옮기려 애를 썼다. 하지만 너무 많은 소리들이 한꺼번에 쏟아져 나왔다. 게다가 내가 알고 있는 수화의 어휘 목록에는 권투 경기의 용어들이 없었다. '닭'을 수화로 전달하기는 쉬웠다. '옥수수'도 마찬가지였다. (아버지가 가르쳐준 덕분에 나는 모든 채소를 수화로 표현할 수 있었다.) 하지만 이런 내용이라면 문제가 간단하지 않았다. "갈색 폭격기 어퍼컷을 날립니다. 이어서 잽을 던집니다. 잽, 잽. 쉬지 않고 공격을 퍼붓습니다. 슈멜링의 눈이 벌써 붓고 있네요. 잽, 다시 안면에 잽. 조 루이스가 슈멜링을 일방적으로 몰아붙이고 있습니다. 어퍼컷, 다시 복부에 강한 어퍼컷. 슈멜링이 몸을 웅크리고 있습니다. 아, 저러다 점심 먹은 걸 다 토하겠는데요."

거의 이해가 불가능한 내 수화를 바라보는 아버지의 표정이 일그러졌다. 답답하기는 나도 마찬가지였다. 나는 거의 본능적으로 자리를 박차고 일어나 허공에 주먹을 휘두르기 시작했다. 링에서 벌어지고 있는 상황을 나는 귀에 들리는 대로 아버지 앞에서 몸으로 보여주었다. 상체를 좌우로 움직이다가 앞으로 파고들며 나는 슈멜링에게 펀치를 날렸다.

내가 펀치를 날리고 동시에 그 펀치를 내가 맞았다. 복부에 강타를 맞고 나는 고통스러워하며 상체를 수그렸다. 하지만 얼굴에는 조 루이스의 결연한 표정을 지었다. 아버지가 가져온 신문에서 보았던 그 표정이었다. 나는 나치의 생쥐 슈멜링을 매섭게 몰아붙였다. 내 주먹 맛 좀 봐라! 한 방 더! 피가 흐르는 슈멜링의 입에 나는 강한 펀치를 날렸다. 나는 히틀러가 떠들던 그 잘난 아리안의 얼굴을 묵사발로 만들고 있었다. 우월한 민족 따위는 이쯤에서 끝내주지.

뒷걸음을 치며 양팔로 안면과 복부를 가리는 슈멜링을 나는 링의 구석으로 몰아넣었다.

캐스터는 거의 악을 쓰고 있었다. "네, 슈멜링 선수 뒷걸음질 치지만 숨을 곳이 없습니다. 루이 선수, 슈멜링을 코너로 몰고 있습니다. 복부 라이트, 레프트. 아, 다운입니다! 다운! 슈멜링이 쓰러졌습니다."

나는 벌러덩 거실 바닥에 드러누웠다.

"루이 선수 슈멜링을 내려다보고 있습니다."

나는 벌떡 일어나 거실 바닥을 내려다보았다.

"슈멜링 선수 고통스러워하고 있습니다."

나는 다시 바닥에 엎드려서 몸을 둥글게 말고 고통스러워했다.

"슈멜링 선수 전혀 움직이지 못하고 있습니다."

나는 전혀 움직일 수 없었다.

"주심이 루이 선수를 중립 코너로 보냅니다."

나는 벌떡 일어나 주심의 지시를 따라 마음속으로 중립 코너로 정해둔 구석자리로 갔다.

"원."

나는 커다란 몸짓으로 숫자를 셌다. 원.

"투, 스리, 슈멜링 선수 일어나려고 합니다." 나는 엎드린 채 몸을 일으키려 애썼다. "포, 파이브, 아, 그러나 슈멜링, 다시 쓰러집니다." 나는 도로 드러누웠다. "식스." 나는 누운 채로 숫자를 셌다. 세븐, 에이트, 나인, 텐. 나는 주먹을 내뻗었다.

"경기 끝났습니다! 슈멜링 선수 일어나지 못하고 있습니다!" 나는 미친 사람처럼 수화를 했다. "갈색 폭격기가 헤비급 세계 챔피언에 올랐습니다!"

라디오에서 쏟아지는 함성으로 귀가 멍멍했다.

승리의 기쁨을 만끽하며 나는 방을 빙글빙글 돌았다. 라디오에서 나오는 폭풍 같은 함성이 감미로운 음악처럼 들렸다.
"히틀러, 보고 있냐?" 나는 악을 썼다.

아버지도 "아!" 하는 소리를 내며 기뻐서 펄쩍펄쩍 뛰었다.

아래층에서 빗자루로 천장을 쾅쾅 두들기는 소리가 들렸다. 옆집도 신경질적으로 벽을 탕탕 두들겼다. 위층에서도 발을 쿵쿵 굴리는 소리가 들렸다. 온 사방이 혼돈이었다.

발바닥으로 진동을 느낀 어머니가 놀라서 방에 뛰어 들어왔다.

물론 아버지는 아무 소리도 듣지 못하고 있었다. 하지만 아버지의 표정이 모든 것을 설명해주었다. 아버지는 내 연기에 웃음을 참지 못했다. 어찌나 웃었는지 아버지는 눈물을 다 흘렸다.

"최고의 경기였어!" 아버지는 겨우 숨을 고르면서 손으로 말했다. "네 덕분에 전부 이해했다."

몸은 지쳤지만 마음은 뿌듯했다. 나로서는 그 경기가 1라운드에 끝난 것이 천만다행이었다. 경기가 끝까지 갔다면 감당이 되지 않았을 것이다.

"네가 권투에 대해 그렇게 잘 아는지 미처 몰랐다." 아버지의 손이 다시 말을 꺼냈다. "네가 몸으로 설명을 해줘서 이해가 정말 쉬웠다." 그러더니 아버지는 다시 웃기 시작했다. 이번에도 웃음은 그치지 않았다.

그 일이 있은 후 조 루이스의 경기가 있을 때마다 나는 링에 올라야 했다. 조 루이스는 수많은 상대 선수들을 연이어 물리쳤다. 1939년 조 루이스가 존 헨리 루이스를 1회에 KO로 이긴 것도 나에게는 다행이었다. 존 헨리는 조 루이스의 맞수가 되지 않았다. 그는 갈색 폭격기의 치명적인 한 방에 링에 드러눕고 말았다.

내가 일곱 살이 되었을 때, 루이스는 조니 페이체크Johnny Paycheck라는 재미있는 이름을 가진 상대와 맞붙었다. 그 불쌍한 권투 선수는 그날 밤 자신의 봉급paycheck을 루이스로부터 받아야 했다. 나는 속으로 봉급이 아니라 세상의 돈을 다 준다고 해도 나라면 루이스를 상대로 링에 오르지는 않을 거라고 생각했다.

그 경기는 1라운드에 끝나지 않았다. 내 수화 실력과 함께 체력도 좋아지고 있을 때였다. 하지만 아버지는 여전히 권투 경기를 위한 나만의 특별한 '수화'를 더 좋아했다.

1941년, 내 체력과 특별한 수화가 시험대에 올랐다. 6월의 어느 저녁 조 루이스는 신예 빌리 콘과 맞붙었다. 그는 라이트 헤비급 챔피언 출신으로 몸집은 루이스보다 작았지만 위협적인 상대였다. 경기를 앞두고 아버지는 잔뜩 흥분하면서도 동시에 적지 않은 갈등을 겪어야 했다. 빌리 콘은 헤비급 세계 챔피언에 도전하는 유대계 선수였다. 아버지는 머리로는 종교적 형제인 콘의 편이었지만 마음은 당신의 오랜 영웅인 루이스의 편이었다.

쉽지 않은 경기를 예상하면서 나는 훈련에 돌입했다. 아버지는 이미 이 경기가 싱겁게 끝나지 않을 거라고 예고했다. 콘은 아주 날렵한 선수였다. 그는 루이스와 정면승부를 벌이지 않을 게 분명했다. 나는 지구력을 키워야 했다. 이번에는 끝까지 갈 수도 있었다. 아버지는 콘의 경기 스타일이 마치 춤을 추는 것 같다고 했다. 아버지는 오른손의 두 손가락을 세워 V 모양을 만들고 왼손의 두 손가락은 아래를 향하며 다리를 나타내는 V를 만들어 보였다. 아버지의 손에서 빌리 콘이 춤을 추고 있었다. 나는 춤추는 동작을 연습했다. 나는 라디오에서 음악이 흘러나올 때 아버지와 어머니가 바닥의 진동을 느끼며 춤을 추는 모습을 종종 본 적이 있었다. 나는 그 모습을 그리며 연습에 매진했다.

마침내 결전의 날이 왔다. 나는 만반의 준비를 갖추고 있었다. 이번에는 어머니도 관중석에 초대했다. 어머니는 권투에 대해 아는 것이 거의 없었고 관심은 더더욱 없었다. 하지만 어머니도 내 독특한 경기 스타일에는 관심을 보였다. 아버지가 또다시 웃음을 터뜨리는 동안 어머니는 감탄하는 표정으로 나를 바라보았다.

두 분이 경기를 관전할 준비를 마침에 따라 나는 라디오를 틀었다. 경기가 시작되었다. 나는 상체를 굽혔다가 좌우로 흔들면서 우아하게 춤을 추기 시작했다. 나는 빌리 콘이었다.

앞뒤 좌우로 몸을 움직이며 나는 방을 빙글빙글 돌았다. 그리고 위치를 바꿔 이번에는 조 루이스가 되었다. 나는 성큼성큼 앞으로 나아가면서 콘이 요리조리 빠져나간 허공에 주먹을 휘둘렀다.

땡! 1라운드가 끝났다.

긴장감 속에 경기가 계속되었다. 2라운드, 3라운드. 나는 뒤로 물러섰다가 앞으로 파고들며 몸을 좌우로 흔들었다. 나는 춤을 췄다. 아, 그날 밤 나는 여덟 살의 심장을 춤으로 마음껏 표현했다. 어머니의 표정에 번지는 경이와 감탄을 보며 나는 힘을 얻었다.

10라운드, 11라운드, 12라운드가 지나갔다. 경기 상황은 똑같았다. 루이스는 파고들고 콘은 춤을 췄다.

"빌리 콘 선수 마치 춤을 추는 것 같습니다." 캐스터는 거의 고함을 지르고 있었다. "강렬한 춤, 춤, 춤입니다. 루이스가 콘의 빠른 발을 잡지 못하고 있습니다."

매 라운드가 끝날 때마다 나는 코너(미리 갖다놓은 식탁의자)에 가서 앉았다. 나는 완전히 지쳐 있었다. 얼마나 더 내가, 그러니까 빌리 콘이, 버틸 수 있을까?

13라운드가 답을 주었다. "콘 선수, 뒤로 물러나며 춤을 추듯 루이스의 주먹을 피하고 있습니다. 아, 루이스 선수 콘을 링의 구석자리로 몰아넣습니다. 콘, 위기입니다. 빠져나갈 데가 없습니다." 나는 왼쪽 오른쪽으로 피하려 했지만 완전히 갇히고 말았다.

"루이스 선수, 연타를 날리고 있습니다. 콘, 필사적으로 커버링하고 있습니다. 루이스가 콘의 얼굴에 펀치를 꽂습니다. 저 펀치를 보십시오! 6인치 거리지만 엄청난 파괴력입니다." 나는 양팔로 얼굴을 가렸다. 루이스의 주먹에 내 머리가 좌우로 휘청거렸다. "아, 펀칭 머신처럼 콘을 두들기고 있습니다." 나는 위치를 바꿔서 허공에 연이어 펀치를 꽂았다. 나는 갈색 폭격기, 조 루이스였다. 말뚝을 박는 인간 피스톤이었다.

엄청난 함성이 라디오에서 쏟아졌다. "콘, 다운입니다! 다운됐습니다! 턱에 결정타를 맞고 쓰러졌습니다!" 내 날렵한 몸놀림이 멈춰졌다. 턱이 뒤로 크게 젖혀지면서 나는 쓰러졌다. "갈색 폭격기를 피해 도망 다녔지만 숨을 곳은 없었습니다." 나는 링에 누운 채 조 루이스의 독백을 했다. "네가 도망갈 수는 있겠지만 숨을 곳은 없다."

조 루이스의 경기답게 카운트다운이 정해진 결과를 향했다. "나인, 텐! 경기 끝났습니다!"

나는 일어나서 카운트다운을 한 다음 수화로 경기 종료를 알렸다.

"최고다, 최고!" 아버지의 손이 기쁨에 들떠 소리쳤다.

어머니는 마치 처음 보는 사람을 바라보듯 할 말을 잃고 나를 쳐다보았다. 8년 동안 나를 키우면서 어머니는 내가 그런 식의 수화를 하는 모습을 한 번도 본 적이 없었다. 어머니는 감격했다.

1942년 수많은 미국의 젊은이들과 마찬가지로 조 루이스도 군에 징집되었다. 어머니의 두 남동생도 이 시기에 입대를 했다. 조용한 성격의 해리 외삼촌은 외할머니의 반대를 무릅쓰고 이탈리아인 아가씨와 교제를 하고 있었다. 막내인 밀턴 외삼촌은 달변가였다. 밀턴 외삼촌의 이야기는 늘 자본주의 체제가 실패할 것이라는 결론으로 끝났다. 그 시절 많은 젊은이들은 징집영장이 날아올 때까지 기다리지 않고 자원입대를 했다. 이전과는 완전히 다른 전쟁이자 다른 시대가 열리고 있었다.

한동안 권투 경기는 열릴 수 없었다. 어린 꼬마들조차 "한동안"이 전쟁이 끝날 때까지임을 알고 있었다. 세상 반대편에서 목숨을 건 전투가 벌어지고 있는 동안 모든 꼬마들의 삶도 일시 중지되었다. 우리가 뭔가를 요구할 때마다 모든 어머니들의 입에서는 똑같은 말이 튀어나왔다. "지금이 전쟁 중이라는 걸 몰라?" 그 말 한마디가 모든 소란을 잠재웠다.

'특별한' 수화를 중단하게 된 것이 나로서는 나쁘지 않았다. 조 루이스와 빌리 콘의 역사적인 경기 이후 나는 두 번 다시 그런 수화를 할 엄두를 내지 못했기 때문이다.

1946년, 전쟁이 끝나고 조 루이스가 링에 복귀했을 때 나는 열세 살이 되어 훨씬 강해져 있었다. 그리고 훨씬 정교하고 복잡한 수준의 수화를 할 수 있었지만 아버지는 여전히 나의 '특별한' 수화를 고집했다. 그나마 체력과 지구력이 생겼다는 사실이 나로서는 다행스러운 일이었다. 조 루이스도 이젠 나이가 들어 예전의 기량이 아니었다. 그는 더 이상 경기 초반에 상대를 쓰러뜨리지 못했다. 1947년 조 루이스는 새파랗게 젊은 저지 조 월콧을 상대로 15라운드까지 가는 접전 끝에 판정승을 거두었다. 아버지는 그 경기가 권투 선수로서, 그러니까 통역사로서, 내가 벌인 최고의 경기였다고 말했다.

1949년 아버지는 듀몽사에서 만든 텔레비전을 샀다. 할인가로 999달러였다. 당시의 최저임금은 시간당 40센트였다. 아버지가 그 큰돈을 어떻게 마련했는지는 지금도 수수께끼이다. 하지만 소리를 들을 수 없는 아버지에게 텔레비전은 사치품이 아닌 생필품이었을 것이다.

수상기 앞쪽에 두 개의 고리로 고정된 확대경은 손바닥보다 조금 큰 화면을 울룩불룩한 20인치짜리 화면으로 만들어주었는데, 그 화면을 들여다보고 있으면 마치 내가 둥근 어항 속의 금붕어가 된 느낌이었다.

그때부터 아버지는 TV로 권투경기를 시청했다. 나의 특별한 수화는 더 이상 필요하지 않았다.

나는 링에서 은퇴했다. 어머니가 은퇴식을 지켜보는 가운데 아버지는 내게 신문지로 만든 모자를 왕관처럼 씌워주었다. 나는 수화계의 세계 챔피언에서 그렇게 물러났다.

은퇴식을 마무리하며 아버지의 손이 아쉬움이 가득한 표정으로 말했다. "물론 TV로 권투를 보는 것도 재미있다. 하지만 네가 전성기에 보여준 경기만큼 짜릿하지는 않구나." 나는 뭉클한 기분이 들었다. 그때 아버지가 한마디를 덧붙였다. "그리고 TV로 보는 권투는 하나도 웃기지가 않아."

한밤중의 소리

고요한 밤 나는 이상한 소리에 잠에서 깼다. 누군가 맞고 있는 것 같았다. 그와 동시에 그르렁거리는 소리와 희미한 신음소리도 들렸다.

나는 침대를 빠져나와 부모님의 방으로 달려갔다. 문은 닫혀 있었지만 잠겨 있지는 않았다. 부모님은 긴급한 상황에 대비해서 소리를 들을 수 있는 내가 못 들어오게 문을 잠가둘 수는 없었다.

나는 문을 벌컥 열고 들어갔다. 소리가 부모님의 방에서 나오고 있었기 때문이다. 희미한 등이 켜 있는 방에서 아버지가 어머니를 깔아뭉개고 있는 모습이 보였다. 끔찍한 광경이었다. 나는 달려가서 아버지의 등에 올라타 소리를 질러댔다. "때리지 마세요! 왜 엄마를 죽이려고 하세요!"

화들짝 놀란 아버지가 벌떡 몸을 일으켰다. 나는 바닥에 굴러 떨어졌다. 아래층의 아브로모비츠 아줌마가 빗자루로 천장을 쿵쿵 치는 소리가 들렸다.

아버지가 나를 품에 안았다. 나는 울고 있었다. 아버지는 손끝으로 내 눈물을 닦아주었다.

"무슨 일이니?" 아버지가 수화를 했다.

"왜 엄마를 때리세요?" 나는 수화로 되물었다. '때리다'라는 뜻을 가진 수화는 다섯 가지가 있는데 나는 그 표현을 모두 사용했다.

나의 격한 반응을 바라보던 아버지가 갑자기 웃기 시작했다.

아버지는 웃음을 참으며 수화로 말했다. "때리는 거 아니야." 그리고는 잠시 머뭇거리더니 덧붙였다. "엄마 아빠는 지금 운동하고 있는 거야." 아버지는 계속 웃기만 했다.

나는 아버지가 왜 웃는지 이해할 수가 없었다. 하지만 아버지의 표정에서 상황이 그렇게 심각한 게 아니라는 것은 짐작할 수 있었다.

그리고 내 짐작은 틀리지 않았던 것 같다. 그 후로도 가끔 나는 아버지와 어머니가 운동하는 소리를 들었기 때문이다.

4

동생

 내가 네 살 때 동생 어원이 태어났다. 외할아버지와 외할머니는 이번에도 어머니가 아이를 가지는 것에 반대를 했다. 두 분은 여전히 소리를 듣지 못하는 아이가 태어날 것을 걱정했다. 내가 소리를 들을 수 있다는 사실도 두 분에게는 그저 기적으로 받아들여졌을 뿐이다. 왜 기적을 두 번이나 바라느냐는 것이 그분들의 생각이었다. 나중에 후회할 일을 해선 안 되었다. "더 이상은 안 돼. 아이는 하나면 충분하다."

 아버지 역시 두 분의 생각에 동의했다. 이것은 매우 이례적인 일이었다. 왜냐하면 아버지는 늘 외할아버지와 외할머니를 갓 이민 온 무식쟁이 노인네로밖에 생각하지 않았기 때문이다. 겉으로 드러내지는 않았지만 사위가 결정할 일에 장인 장모가 번번이 끼어드는 것을 아버지는 몹시 언짢아했다.

"이 노인네들은 도대체 언제까지 이래라 저래라 할 생각이야?" 아버지의 손은 혼잣말처럼 투덜대곤 했다. "듣지 못한다고 나를 아주 멍청이로 안다니까. 어린애 취급하고 말이야." 하지만 친정 엄마의 사랑을 듬뿍 받은 사랑하는 아내를 위해 아버지는 입을, 그러니까 손을 꾹 다물었다. 화가 머리끝까지 치밀었을 때, 예컨대 외할아버지가 아버지를 가리켜 "귀머거리에 벙어리"이기 때문에 철이 없고 무책임하다고 한 말을 메리 이모가 전했을 때 아버지는 말 그대로 두 손을 엉덩이에 깔고 앉아야 했다. 가만히 놔두면 마치 두 손이 저절로 헝가리 출신의 그 멍청한 노인네의 목을 조르기라도 할 것처럼 말이다.

하지만 이번만큼은 아이는 하나면 충분하다는 장인 장모의 생각에 아버지는 전적으로 동의했다. 반면에 어머니는 늘 그랬듯이 부모의 뜻을 거역했다. 어머니는 외할머니를 무척 사랑했다. 하지만 당신의 삶은 외할머니와는 다르다고 생각했다. 당신의 인생은 사랑하는 남편과 함께하는 것이었다. 어머니는 둘째를 갖겠다는 뜻을 아버지에게 분명히 밝혔다.

어머니는 이 문제를 가지고 아버지와 3년 넘게 입씨름을 했다. 아버지는 아이가 둘일 때보다 하나일 때 더 잘 키울 수 있을 거라고 주장했다. 때는 1937년이었고 대공황의 먹구름이 아직 완전히 걷히기 전이었다. "회사에서 내 임금을 삭감

하면 어떻게 할 거요?" 아버지는 이성적으로 접근했다. "아이를 하나 더 갖고 싶어요." 어머니는 미소를 띠며 동문서답을 했다. "내가 다시 야간근무에 배치되면 그땐 어떻게 할 거요? 밤에 아이를 어떻게 돌볼 건데?" 아버지는 계속해서 이성적으로 접근했다. "마이런이 도와주겠죠." 어머니의 대답이었다.

옥신각신해봐야 소용이 없었다. 어머니는 둘째를 갖겠다는 고집을 꺾지 않았다. 그리고 아버지는 어머니를 떠받들고 살았기 때문에 결국 두 손을 들고 말았다. 두 분의 의견이 대립될 때마다 늘 그랬지만 이번에도 결과는 정해져 있었다. 사라가 원하면 사라의 뜻대로 되었다. 그렇게 해서 사라와 루이스 부부는 둘째 아이를 갖게 되었다.

내 동생 어윈도 소리를 들을 수 있었다. (실제로 청각장애인 부부가 낳는 아이의 90퍼센트는 정상적인 청력을 가지고 태어난다.) 병원에서 아기가 소리를 들을 수 있다고 알려주었을 때 양가의 부모는 귀가 머는 '저주'가 드디어 풀렸다고 생각했다. 냄비와 프라이팬을 들고 우리 집을 찾아오는 수고도 더 이상 필요하지 않았다.

부모님이 병원에서 동생을 데리고 온 그날부터 나는 동생의 대리 부모 역할을 해야 했다. 어머니는 더 이상 아기의 발과 당신의 손목을 끈으로 연결할 필요가 없었다. 내가 그 끈의 역할을 하면 되었다. 어머니로서는 갓난아기와 당신을 연결하는 훨씬 편리한 끈을 가지게 된 셈이었다. 어쨌든 끈은 수화를 하지 못하니까.

동생의 유아용 침대가 내 침대 바로 옆에 놓여졌다. 아기가 밤에 젖을 찾으면서 깨면 나는 어머니를 깨우러 가야 했다. 아기가 몸이 불편해서 깨면 나는 어머니를 깨우러 가야 했다. 아기가 아무런 이유도 없이 깨면 나는 어머니를 깨우러 가야 했다. 그런데 시간이 조금 지나면서 낮에 실컷 잔 아기가 밤에 말똥말똥 깨어 있기 시작했다. 그럴 때면 나는 눈을 비비고 일어나 유아용 침대에 누워서 바동거리는 동생과 놀아주어야 했다.

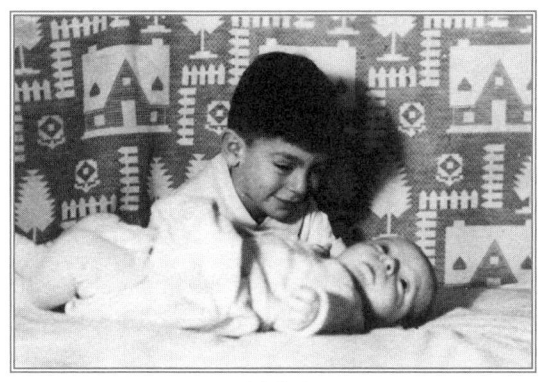

어원과 나

어윈은 무척 얌전했다. 눈을 맞추면 금세 입이 벌어지며 방긋방긋 웃는 귀여운 아기였다. 내가 쳐다보고 있으면 동생은 신이 난 것처럼 팔다리를 마구 휘저었는데 그러면 나는 아기가 또 다른 반응을 보일까 궁금해서 손을 흔들어 보였다. 이게 통하지 않으면 다양한 표정을 지어보이기도 했다. 나는 과장된 얼굴 표정이 청각장애인들에게는 언어의 한 부분이라는 사실을 부모님으로부터 무의식적으로 배웠다. 그래서 동생의 반응을 보기 위해 눈썹을 갑자기 치켜뜨거나 볼을 터질 듯이 빵빵하게 만들어 보이곤 했다.

내가 동생에게 말을 가르친 것은 그러한 밤 시간이었다고 기억된다. 라디오에서 흘러나오는 소리를 제외하고는 우리 집은 늘 고요했다. 나는 동생이 말을 하게 되면 이야기를 주고받을 친구가 생겨서 좋을 거라 생각했다. 나는 동생의 목소리가 어떨지 궁금했다. 소리가 들리지 않는 집에서 생활했기 때문에 나는 사람들의 목소리—저마다 다른 우리 동네 사람들의 억양과 말투, 그리고 이탈리아에서 이민을 온 내 친구 제리네 식구들의 노랫소리 같은 억양—에 매우 민감했다. 조금도 졸리지 않은 듯 눈을 동그랗게 뜨고 나를 쳐다보는 동생에게 나는 단어를 하나씩 또박또박 반복해서 들려주었다. 물론 옹알이밖에 하지 못하는 동생으로부터 기대한 반응을 얻어내지는 못했다. 그럼에도 나는 동생을 위해 내가 아기였을 때 줄곧 말을 걸어준 라디오의 역할을 기꺼이 대신했다. 시간이 흘러 동생은 또래의 아이들보다 훨씬 일찍 말을 하기 시작했다.

지금도 내 방에는 동생이 세 살 때 찍은 흑백사진 한 장이 걸려 있다. 사진 속의 귀여운 아이는 다보록한 머리를 왼쪽 눈썹 위로 빗어 넘겼다. 마치 천진스러운 악동 허클베리 핀을 보는 듯하다. 동글동글한 얼굴에 통통한 양 볼은 사탕을 하나씩 물고 있는 것 같다. 동생의 얼굴에서 도드라지게 보이는 크고 검은 눈엔 생기가 흐른다. 총기가 흐르는 두 눈은 마치

어윈. 1940년경

무슨 장난을 칠까 궁리를 하는 듯 카메라를 의식하지 않고 엉뚱한 곳을 쳐다보고 있다. 입술을 꼭 다물고 짓는 미소엔 무엇인가 기대감이 가득하다.

동생은 어머니가 직접 짠 스웨터를 입고 있다. 볼록한 배 위에 달라붙어 있는 스웨터는 소매가 거의 팔꿈치 높이까지 걷어져 있다. 통통한 손을 아래로 늘어뜨리고 있는 동생의 손가락은 마치 열 개의 조그만 소시지 같다. 어머니는 뜨개질과 재봉질에 능숙했고 독창적이기도 했다. 하지만 문제는 크기였다. "금방 작아져서 못 입게 될까봐 그래." 무릎까지 내려올 정도로 큰 옷을 입어보면서 내가 불평을 터뜨리면 어머니는 늘 그렇게 말했다. (하지만 어린 시절 내내 옷이 작아져서 못 입게 된 경우는 단 한 번도 없었다.)

어머니가 짠 스웨터 밑으로 동생은 구김이 간 반바지를 입고 있다. 다리는 통통하고 무릎에는 살이 접혀 있다. 역시 어머니가 직접 짠 양말이 가죽 구두 위로 빼꼼히 나와 있다. 구두 한 짝은 끈이 풀려 있다. 이 사진은 구식 카메라로 아버지가 찍은 것이다.

2년 후 동생에게 최초의 간질발작이 나타났다.

어느 늦은 밤, 나는 이전에 한 번도 들어보지 못한 소리에 잠에서 깼다. 나는 침대 옆에 놓인 램프를 더듬어 스위치를

켰다. 불이 켜지는 순간 눈앞의 광경에 숨이 멎는 것 같았다. 내 침대와 나란히 놓인 침대에서 동생은 끔찍할 정도로 심한 발작을 일으키고 있었다. 눈알이 돌아가서 동생의 눈에는 흰자위밖에 보이지 않았다. 새파랗게 변한 얼굴은 마구 일그러졌고 혀끝을 깨문 입은 굳게 다물어져 있었다. 동생의 하얀 베갯잇은 피로 범벅이 되어 있었다. 나무토막처럼 뻣뻣해진 동생의 몸이 움찔거리며 거칠게 뒤틀렸다. 동생의 팔다리가 마구 돌아가는 풍차 날개처럼 허공을 휘저었다. 동생은 땀에 흠뻑 젖어 있었다. 너무나 큰 충격에 나는 그 자리에 얼어붙고 말았다.

시간이 흐른 뒤에도 나는 그 발작이 지속된 시간이 1분이었는지 한 시간이었는지 판단할 수 없었다. 시간은 아무 의미가 없었다. 마치 낯선 생명체로 변신한 듯한 동생의 모습에 머릿속이 하얘지면서 나는 그 어떤 것도 생각할 수 없었다.

마침내 발작이 멈추었다. 피와 땀으로 범벅이 된 동생은 정신을 잃고 누워 있었다.

나는 아버지와 어머니에게 달려갔다. 아버지를 흔들어 깨웠을 때 내 얼굴에 나타난 표정만으로 아버지는 공포에 질렸고 어머니는 비명을 내질렀다. 내 방으로 달려온 아버지와 어머니는 악몽 같은 장면을 목격해야 했다. 피범벅이 된 어린 아들은 희미한 호흡을 유지하며 죽은 듯이 누워 있었고 이불과 베개는 온통 피로 물들어 있었다.

몸에서 생명이 빠져나간 듯 흐느적거리는 동생을 어머니가 안고 있는 동안 아버지는 젖은 수건으로 동생의 얼굴과 몸에서 피를 닦아내며 그 많은 피가 어디에서 나왔는지 살펴보았다.

그날부터 1년 동안 동생의 발작은 매일 밤 이어졌다. 잠자리에 들기 전 아버지는 침대에 누워 있는 동생의 팔과 내 팔을 끈으로 연결했다. 동생의 침대는 내 침대 옆에 바짝 붙여졌다. 침대 옆 탁자에는 설압자舌壓子가 놓여졌다. 아버지는 나무로 된 설압자에 거즈를 칭칭 감아두었다. 내가 해야 할 일은 간단했다. "끈이 갑자기 당겨지면 그건 발작이 시작된다는 신호니까 얼른 일어나야 한다. 그리고 동생의 입을 벌리고 혀를 깨물지 않도록 설압자를 끼워 넣어야 한다. 명심해라. 동생이 혀를 깨물지 않도록 빨리 움직여야 한다. 설압자가 잘 고정된 것을 확인한 다음 네 손가락을 빼내라. 경련이 시작되면 동생의 배 위에 올라가서 네 양쪽 무릎으로 동생의 몸통을 꽉 끼고 앉아 있어라. 무슨 일이 있어도 동생이 침대에서 떨어지게 해서는 안 된다." 아버지는 한마디를 덧붙였다. "엄마 아빠는 너만 믿는다. 우리는 소리를 듣지 못하지만 너는 들을 수 있으니까." 나는 당시 아홉 살이었다.

나는 동생의 발작에 대처하는 방법에 곧 익숙해졌다. 나는 깊이 잠들지 않았고 동생의 몸에 신호가 오는 순간 벌떡 일어났다. 첫 발작 이후 마치 자명종 시계를 맞춰 놓은 것처럼 1년 동안 동생은 매일 밤 거의 똑같은 시각에 발작을 했다. 팔목의 끈이 당겨지는 느낌이 오는 동시에 나는 거의 반사적으로 동생의 침대 위에 뛰어올라가서 동생의 몸을 양 무릎 사이에 끼고 거즈가 칭칭 감긴 설압자를 집어 들었다. 나는 동생의 입을 벌리고 혀를 옆쪽으로 밀어내고는 설압자를 입 안에 밀어 넣었다. 대개의 경우 이 동작은 신속하고 성공적으로 이루어졌다. 하지만 동생의 입이 다물어지기 전에 손가락을 빼내는 데는 성공했지만 혀를 완전히 옆으로 밀어내지 못하는 경우가 있었다. 이런 날은 피가 온 사방에 튀었다. 또 어떤 날은 내가 손가락을 제때 빼내지 못할 때도 있었다. 이런 날엔 내 피가 동생의 피와 섞여 온 사방에 튀었다.

그해 말 동생은 하룻밤에도 여러 차례 발작을 일으키기 시작했다. 이런 경우에는 아래층의 아브로모비츠 아주머니를 깨워서 911(또는 이와 비슷한 65년 전의 기관)에 전화를 해달라고 부탁해야 했다. 아주머니는 한밤중에 겪는 불편에도 불구하고 한 번도 불평을 하지 않았다. 구급차가 도착하면 아버지와 나는 의식을 잃은 동생과 함께 구급차에 올라탔다. 코니아일랜드 종합병원을 향해 달려가는 구급차에서 나는 아버지의 귀와 입이 되어야 했다. 하지만 이 상황에서는 의식이 없는 동생의 귀와 입 역시 되어야 했다.

나는 그런 상황이 소리를 들을 수 없는 아버지에겐 악몽이나 다름없다는 사실을 직감적으로 깨달았다. 구급차 운전사로부터 간호사와 의사에 이르기까지 모든 병원 직원들의 냉담하고 무관심한 태도가 아버지로서는 너무나 고통스러운 일이었다. 아버지는 철저히 무시되었다. 그리고 그들 모두가 나만 쳐다보았다. 나도 나이가 들어 아이들을 다 키워낸 지금 그 시절을 돌이켜보면 아버지가 느꼈을 모멸감이 사무치게 다가온다. 내가 어원의 부모인 양 의료진에게 이야기를 하는 동안 아버지에게 주의를 기울이는 사람은 아무도 없었다.

동생의 발작은 그 후로도 5년간 계속되었지만 그 횟수는 차츰 줄어들었다. 그 오랜 기간 동안 동생은 페노바르비탈 성분이 들어 있는 진정제를 매일 복용했다. 그 약을 먹은 동생은 좀비나 다름없었다. 나이에 맞게 초등학교에 입학했지만 교실에서 배우는 것은 아무것도 없었다. 동생은 늘 몽유병자 같았다. 후일 동생은 당시를 이렇게 회상했다. "아무것도 모르겠더라." 간질을 앓는 아동에게 오늘날에는 결코 처방되지 않는 진정제에 늘 취해 있던 동생이 무엇을 배우고 할 수 있었겠는가?

마침내 동생의 발작은 멈췄다. 하지만 어머니의 가슴은 이미 무너져 있었다.

동생에 대한 내 감정은 복잡했다. 동생의 발작이 시작되었을 때 나는 아홉 살이었다. 그때부터 고등학교에 진학해서 미식축구라는 탈출구를 찾을 때까지 동생에 대한 나의 사랑은 끊임없이 나를 필요로 하는 그 아이에 대한 애증과 뒤엉켰다. 동생은 단순히 나보다 나이가 어린 가족 구성원이 아니었다. 나는 책임이라는 실타래로 동생과 엮여 있었다. 사실 동생이 태어났을 때부터 나는 그 아이에게 "신경을 쓰는" 책임을 떠안았다. 그것은 곧, 나의 주된 관심사가 나 자신이 아닌 동생임을 의미했다. 아버지와 어머니의 시선 역시 늘 내가 아닌 동생의 필요에 고정되어 있었다. 동생의 간질 발작이 계속되면서 나의 요구는 단순히 무시되는 것에 그치지 않고 아예 제거되고 말았다.

물론 밤에는 여전히 내가 동생을 전적으로 책임져야 했다.

동생이 자라면서 나는 동생에게 말을 가르치는 역할뿐만 아니라 동생과 부모님 사이에서 통역을 하는 역할까지 맡게 되었다. 동생도 간단한 수화를 배우기는 했다. 하지만 내 유년 시절 부모님과 동생 사이의 복잡한 의사소통은 대개 나를 거쳐야 했다.

나의 첫 언어는 수화였다. 나로 인해 동생의 첫 언어는 영어가 될 수 있었다. 동생이 갓난아기였을 때 나는 이 아이에게 말을 가르치면 무척 재미있겠다는 생각을 했다. 하지만 곧 그것은 짐이 되었다. 동생이 말을 배우는 동안 나는 부모님에게 동생의 언어 습득에 얼마나 진전이 있는지 매순간 알려드려야 했다. 청각장애를 가진 부모님으로서는 내 개인지도가 어떤 효과를 거두고 있는지 달리 알 방법이 없었다.

나는 동생을 무척 사랑했다. 그리고 마음속으로부터 동생의 고통을 함께 나누었다. 하지만 내가 늘 보호자가 되어줄 것이라는 동생의 전적인 기대와 의존이 내겐 부담이 되었다. 아버지에 대한 감정도 비슷했다. 비록 아버지를 사랑했지만 아버지는 내게 짐이기도 했다. 가끔은 내게 주어진 짐이 너무 무겁다는 생각이 들었다.

'왜 우리 동네에서, 아니 브루클린을 통틀어서, 어쩌면 세상을 통틀어서 나만 간질에 걸린 동생과 소리를 듣지 못하는 부모님을 책임져야 하는 거야?' 나는 자기연민에 빠져 자문하곤 했다. '왜 나는 우리 동네의 다른 애들처럼 살 수 없는 거야? 이건 불공평해. 나는 어린애라고.'

나는 부모님이 청각장애인이라는 사실과 그에 수반되는 온갖 의무에 대해서는 이미 체념을 하고 있었다. 하지만 간질을 앓는 동생과 거기에 더해지는 책임은 전혀 다른 문제였다. 동네에서 나는 3층 A호에 사는 "귀머거리들"의 아들로 통했다. 두 분은 루이스와 사라, 또는 얼버그 씨 부부가 아니라 "3층 A호에 사는 귀머거리들"이었다. 호기심, 심지어는 동정의 대상으로 바라보는 사람들의 시선에 나는 이미 적응이 되어 있었다. 하지만 따뜻한 오후 어머니가 집에서 청소를 하는 동안 밖에서 동생을 데리고 놀다가 갑자기 동생이 길바닥에 쓰러져 눈에 흰자위를 드러내며 온몸이 뻣뻣해질 때라면 문제는 달랐다. 어찌 손써볼 겨를도 없이 동생은 그 자리에 쓰러져 어린 소년의 동상처럼 뻣뻣하게 굳어버렸다.

길바닥에 누워 발작을 일으키는 동생 주위에 친구들이 몰려들어 입을 다물지 못하고 그 광경을 지켜보았다. 그러는 동안 나는 마구 날뛰는 말에 올라탄 카우보이처럼 두 다리를 벌린 채 동생의 몸통을 깔고 앉아 있었다.

삐딱한 유머 감각을 지닌 무심한 신으로부터 청각장애인들이 선사받은 텔레파시로 어머니는 3층 창문을 열어젖히고 이 광경을 내려다보며 비명을 질렀다.

초저녁이 되도록 친구들과 어울려 놀다가 집에 들어가면 대화에 열중하고 있는 아버지와 어머니의 모습을 보게 될 때가 있었다. 서로의 수화에 집중한 나머지 두 분은 내가 들어온 것을 알아차리지 못하기도 했다. 내가 들어왔다는 것을 알리기 위해 나는 (아래층에서 빗자루로 천장 치는 소리를 듣게 될 위험을 감수하고) 발을 구르거나 분주하게 움직이는 두 분의 손 사이에 끼어들어야 했다. 그런데 한 번은 아버지가 어머니에게 하는 수화를 보고 나는 너무 놀라 우두커니 서 있을 수밖에 없었다.

"왜 그때 내 말을 안 들었어? 내가 분명히 말했잖아. 아이는 하나면 충분하다고. 밤에는 발작을 하고 낮에는 잠만 자는 저 불쌍한 아이를 한번 보라고. 약에 취해서 깨어 있어도 깨어 있는 것도 아니잖아. 내가 분명히 말했는데 당신이 듣지 않았어."

"지금 와서 이런 얘기 하면 뭐 해요?" 어머니의 손이 말했다. "이미 벌어진 일이잖아요. 돌이킬 수도 없고요. 당신이 시키는 대로 한 달 동안 뜨거운 물에도 들어갔어요. 그래도 소용없었잖아요. 소용없었으니 다행이죠. 저 아이가 태어난 건 하나님의 뜻이라고요. 어원이 아픈 건 그 애 잘못이 아니에요. 저 애는 잘 클 거예요. 이젠 그만하세요."

"나한테 하나님 따위 얘기는 하지도 말라고. 그 잘난 하나님이 나한테 해준 게 뭔데?" 아버지의 손이 머리 위로 높이 올라갔다가 다시 내려왔다. "저 위에 계시는 분이," 하나님을 가리키는 아버지의 손에 냉소가 가득했다. "나를 귀머거리로 만들고 내 동생들은 멀쩡하게 내버려뒀지. 당신도 마찬가지잖아. 당신 형제들은 다 멀쩡하니까."

두 분이 그와 같은 문제로 말다툼을 벌이는 것이 내게는 견디기 힘든 일이었다. 그런 다툼은 극히 드물었지만 나는 너무나 두려웠다. 소리를 듣지 못하는 부모님과 병을 앓는 동생 사이에서 내가 표류하고 있는 것만 같았다. 나는 조용히 돌아서서 다시 친구들 사이에서 도피처를 찾았다. 어머니가 창가에서 내게 손짓을 할 때까지 나는 무거운 마음으로 친구들과 어울렸다. 집에 다시 들어갔을 때 두 분은 더 이상 동생 문제나 무심한 하나님을 두고 다투지 않고 있었다.

기차, 기차, 기차

내가 일곱 번째 생일을 맞은 날 퇴근해서 집에 들어온 아버지는 커다란 선물 상자 하나를 내밀었다. 기차놀이 세트였다.

"이 기차는 말이지," 아버지가 수화로 말했다. "애틀랜틱 특급이야." 아버지는 바닥에 앉아 기차를 조립했다. 석탄을 실은 화차와 객차가 기관차에 연결되어 선로 위에 조심스럽게 놓여졌다.

"자, 이제 애틀랜틱 특급열차가 출발한다." 아버지는 손가락으로 열차 이름의 철자를 또박또박 보여주었다.

잠자리에 들 시각이 되자 아버지는 기차와 선로를 분해해서 상자에 도로 집어넣었다.

다음날 저녁 아버지는 또 다른 상자를 옆구리에 끼고 들어왔다.

"이건 펜실베이니아 급행열차야." 아버지의 손가락이 다시 철자를 보여주었다.

두 개의 기차놀이 세트에서 꺼내진 선로가 길게 조립되고 새로 사온 기차가 애틀랜틱 특급의 뒤에 놓여졌다. 아버지가 상자에서 꺼낸 기관사 모자를 눌러썼다. "자, 출발!"

그날 밤 선로와 기차를 분해해서 상자에 다시 담는 데에는 시간이 조금 더 걸렸다. 나는 상자를 침대 밑에 밀어 넣고 잠자리에 들었다.

다음날 아버지는 상자를 또 하나 들고 퇴근했다. 아버지는 줄무늬가 있는 회색 기관사 정복을 입고 모자를 고쳐 썼다.

바닥에 앉아 아버지는 수화로 소리쳤다. "모두 승차하십시오!" 그리고는 애틀랜틱 특급과 펜실베이니아 급행열차, 그리고 새로 사온 앨리게이니 특급열차가 연이어 출발했다. 내 방의 바닥 전체를 차지한 선로를 따라 열차들이 찰카닥 찰카닥 소리를 내며 달리기 시작했다.

토요일 오후 아버지는 커다란 합판 몇 장과 온갖 잡다한 물건들을 한 상자 가득 사왔다. 그리고는 내 방에 톱과 여러 연장들을 들여놓았다. 아버지는 문 바깥에 '출입금지'라고 쓴 종이를 붙이고 내게 수화를 했다. "아빠가 들어오라고 할 때까지 들어오면 안 된다."

그날 밤 아버지가 나를 불렀다. 내 방의 문은 닫혀 있었다.

"눈 감아봐." 아버지의 손이 말했다.

나는 아버지가 시키는 대로 했다. 잠시 후 문이 열리는 소리가 들리더니 아버지가 눈을 뜨라고 했다. 내 방에 커다란 탁자가 놓여 있었다. 나와 동생의 침대는 원래 있던 자리 반대편 벽에 바짝 붙여져 있었다. 탁자 위에 좌우 위아래로 곡선을 그리며 선로가 깔려 있었다. 선로에는 파랑, 빨강, 검정색의 기관차가 놓여 있었고 석탄을 실은 화차와 객차, 무개화차와 유개화차 그리고 하인즈 상표가 붙어 있는 화차 하나가 연결되어 있었다.

터널과 다리, 집, 역도 있었다. 언덕에는 풀을 뜯는 소와 양 떼 미니어처가 놓여 있었다. 언덕 사이로 유리로 만든 강이 흐르고 연필로 만든 전봇대와 이쑤시개로 만든 울타리도 있었다. 가로등이 있는 도로에는 조그만 자동차들이 세워져 있었다.

여기저기에 손톱만한 크기의 사람들도 있었다. 아버지의 손재주는 놀라웠다. 아버지의 손이 말하는 방식은 한 가지가 아니었다.

내가 눈앞의 광경에 입을 다물지 못하고 서 있는 동안 아버지는 천장의 전등을 끄고 탁자 정중앙에 만들어놓은 제어판에 손을 뻗었다. 갑자기 탁자 전체가 환해졌다. 미니어처 주택의 종이 창문으로 꼬마전구의 불빛이 흘러나왔다. 검정색으로 칠해진 도로를 따라 가로등에도 불이 들어왔다. 철길 건널목의 신호등에는 노란색과 빨간색 등이 깜빡거렸고 유리의 강을 가로지르는 다리에도 조명이 들어왔다. 불빛은 마분지 지붕이 덮여 있는 플랫폼 안까지 흘러들었다.

내 손이 할 말을 잃고 있는 동안 아버지는 내 머리에 기관사 모자를 씌워주었다. "이제 네가 기관사다. 생일 축하한다."

나는 그날 밤 잠을 이루지 못했고 침대에 누워서도 기관사 모자를 벗지 않았다.

동생이 네 번째 생일날 받은 선물 중에는 작은 기관사 모자도 있었다. 그때까지 나는 동생이 제어판을 절대로 못 만지게 했다. 나는 하루에도 몇 번씩 동생에게 경고를 했다. "야, 만지지 말라고!" 그런데 동생도 기관사 모자를 쓰게 된 이상 나는 넓은 아량으로 화차에서 짐을 내리는 자석 기중기를 동생이 조작하게 허락해 주었다. 그런데 나는 이 관대한 조치를 곧 후회하게 되었다. 동생은 기차가 기중기 앞을 지날 때마다 멈춰 세워서 화물을 내려야 한다고 고집을 피웠다.

나이를 한두 살 더 먹으면서 나는 기차에 대해 흥미를 잃었다. 그리고 동생이 기관사의 전권을 행사했다. 동생은 모든 기차를 동시에 전속력으로 달리게 해서 탈선 사고를 일으키기를 좋아했다.

마침내 어윈도 기차에 흥미를 잃었다. 어느 날 아버지는 탁자 위에 꾸며놓은 당신의 작품을 모두 분해해서 기관사 모자와 함께 우리보다 나이가 어린 사촌동생에게 보냈다.

5

낙원

 나에게 전적으로 의존하는 동생이 원망스러웠지만 나는 동시에 죄책감을 갖기도 했다. 그런 종류의 감정이 있다는 사실을 대부분의 아이들이 의식조차 하지 못할 나이에 나는 죄책감으로 고통을 받았다. 이 지독한 감정이 나를 집어삼키려 할 때면 나는 온전히 혼자 있을 수 있는 장소를 찾았다. 바로 우리 아파트 건물의 옥상이었다.

 옥상은 나의 낙원이자 안식처였다. 여름날 오후 나는 옥상 가장자리의 따뜻한 벽돌담에 등을 기댄 채 앉아 있곤 했다. 머리 위에는 탁 트인 푸른 하늘이 펼쳐져 있었다. 그런 오후 내 귀는 동네의 온갖 소음으로부터 멀어질 수 있었다. 그리고 내 눈은 아버지의 손에서 끊임없이 쏟아져 나오는 수화나 갑자기 몸이 뻣뻣해지며 바닥에 고꾸라지는 동생의 모습으로부터 자유로워질 수 있었다.

나는 옥상으로 한 아름 안고 올라간 만화책을 읽고 또 읽었다. 질주하는 기차와 성난 사자들, 아슬아슬한 위기에서 벗어난 주인공과 비열한 악당과의 대결을 그린 이야기에 푹 빠지기도 하고 평범한 가정의 평범한 아이가 된 내 모습을 상상하기도 하면서 나는 시간 가는 줄을 몰랐다.

물론 옥상은 나 혼자만의 공간이 아니었다. 저녁이 되면 아파트 주민들은 더위를 식히기 위해 옥상에 올라가 자리를 깔고 가족끼리 모여 앉아 닭고기와 맥주, 레모네이드, 감자 샐러드, 케이크, 쿠키를 나눠 먹었다. 우리 꼬마들은 다른 집 엄마가 만든 음식 맛이 어떤지 알아보기 위해 여기저기 몰려다니며 쿠키나 닭다리를 하나씩 얻어먹었다.

여름 한철 매주 화요일 밤에는 특별한 일이 있었다. 코니아일랜드의 하늘에 어둠이 깔리면 붉은 기운이 감도는 수평선을 향해 형형색색의 불꽃이 화려하게 밤하늘을 수놓았다. 옥상에 모인 사람들은 하늘을 쳐다보며 합창을 하듯 "와!" 하고 탄성을 질렀다. 아버지의 탄성도 이 순간만큼은 다른 사람들의 목소리에 묻힐 수 있었다. 동생은 자리에 가만히 앉아 입을 벌린 채 게슴츠레한 눈으로 불꽃이 한번 터질 때마다 고개를 끄덕였다.

옥상 한쪽 구석에는 프랭키의 새장이 있었다. 앞면에 철조망이 쳐 있는 커다란 새장에는 비둘기 수십 마리가 모두 한 방향을 향해 어깨를 나란히 하고 있었다.

육중한 옥상 철문이 열리는 소리가 들리면 나는 재빨리 벽돌 굴뚝 뒤에 숨었다. 그리고 그곳에서 프랭키가 비둘기들에게 주절주절 이야기를 하는 모습을 지켜보았다. 프랭키는 어디가 모자란 아이가 아니었음에도 비둘기들에게 아기 말투로 이야기를 했다. 비둘기들도 프랭키의 이야기를 좋아하는 것 같았기 때문에 그 점에 대해 내가 뭐라 할 말은 없었다. 어쩌면 비둘기들이 프랭키의 말을 알아듣는 것인지도 모를 일이었다. 실제로 그렇게 보이기도 했다.

이야기를 마친 프랭키는 새장의 문을 열었다. 그리고는 긴 막대기로 비둘기들을 몰아 새장 밖으로 나오게 했다. 비둘기들은 마치 회색 구름처럼 한 덩어리가 되어 옥상 위의 푸른 하늘로 날아올랐다. 비둘기들이 날아오른 허공에서 안개처럼 천천히 깃털이 떨어졌다.

프랭키는 킹스 하이웨이 쪽 하늘을 향해 막대기로 크게 원을 그렸다. 자신의 마법이 잘 통하지 않자 프랭키는 더 크게 막대기를 돌렸고 비둘기들은 어느새 시야에서 사라졌다.

이 광경을 처음 보았을 때 나는 비둘기들을 모두 잃어버린 프랭키가 안쓰러웠다. 이제 저 애의 아기 말투를 누가 들어주나? 물론 난 아니었다. 나는 비둘기들이 조지 워싱턴 대교 위를 지나 뉴저지를 거쳐 멀리 캘리포니아까지 날아가겠지 하고 생각했다. 바로 그때 프랭키가 막대기로 바닥을 힘차게 내리쳤다. 그러자 브루클린의 하늘에 비둘기들이 다시 나타났다. 공중을 선회하며 점점 작은 원을 그리던 비둘기들이 옥상에 내려앉더니 일렬종대로 새장으로 들어갔다.

프랭키는 새장의 문을 닫고 다시 비둘기 언어를 중얼대기 시작했다. 비둘기들은 횃대에 앉아 고개를 끄덕이며 프랭키의 말을 경청했다.

날씨가 맑을 때 나는 비행기 그림 카드와 아버지의 쌍안경을 들고 옥상에 올라갔다. 적기 조종사의 눈에 띄지 않도록 벽돌담에 바짝 붙은 채 나는 코니아일랜드 쪽을 경계했다. 바로 독일 공군기가 출현하는 방향이었다. 독일 공군기가 브루클린에 날아와야 할 이유는 생각해보지 않았다. 이유를 만들자면 맛있는 핫도그로 브루클린 시민들의 사기를 북돋아주는 네이선스 페이머스Nathan's Famous를 폭격하기 위해 그럴 수도 있었다. 프랑크 소시지와 옥수수 버터구이의 파괴는 우리로서는 치명적인 피해가 될 수 있었다.

독일 공군기는 한 번도 나타나지 않았다. 적의 정보부대는 내가 경계를 서며 브루클린 상공을 지키고 있다는 사실을 알고 있는 게 틀림없었다.

옥상은 여름 한철만을 위한 공간이 아니었다.

눈이 많이 내린 겨울날 아이들이 모두 거리로 뛰어나갈 때 나는 반대 방향을 택했다. 쌓인 눈을 밀어내며 옥상의 철문을 여는 것은 쉬운 일이 아니었다. 하지만 일단 문을 여는 데 성공하기만 하면 나는 옥상을 독차지할 수 있었다. 나는 뽀드득뽀드득 눈을 밟으며 긴 시간을 보냈다. 넓은 옥상의 눈밭에는 오직 내 발자국만 남아 있었다.

눈이 많이 쌓였을 때 나는 대포알만한 눈뭉치를 만들었다. 그리고는 독일의 공습을 걱정하지 않으며 길을 걷는 이웃사람들 머리 위로 폭격을 감행했다. 나는 '하늘의 요새' B-17 폭격기의 폭격수도 아니고 노든 조준경(제2차 세계대전 당시 미 공군이 사용한 폭격 조준경-옮긴이)도 가지고 있지 않았지만 그 정확성은 무시무시했다.

6

아동용 정장

 여름이 끝나가던 어느 아침 아버지가 식자공의 억센 손으로 나를 흔들어 깨웠다. 매년 한 번씩 치르는 행사가 곧 시작되려는 참이었다.
 "개학이 한 달 남았다." 아버지의 손이 큰소리로 말했다. "메이시스 백화점에서 의류 할인판매를 한단다. 서둘러라."
 어렸을 때 아동용 정장을 한 번도 입어본 적이 없는 아버지가 아들에게는 매년 한 벌씩 정장을 사 입혔다. 매년 여름, 새 학년(미국의 학교는 9월에 새 학년을 시작한다—옮긴이)의 시작을 한 달 앞둔 시점이 되면 아버지는 연례행사를 치르듯 나를 데리고 아동용 정장을 사러 나갔다. 이것은 곧 여름의 끝을 알리는 의식이기도 했다. 물론 달력은 아직 "8월"을 알리고 있었지만 이날이 되면 달력이 거짓말을 하고 있다는 생각이 들었다.

8월임에도 맨살에는 쌀쌀함이 느껴졌다.

"시간 없다. 서둘러!" 아버지의 손이 쉴 새 없이 재촉을 했다. "꾸물거리다가 다른 사람들이 좋은 물건 다 채가겠다."

"좋은 물건? 채가긴 누가 채간다고?" 나는 혼잣말처럼 중얼거렸다. 아버지는 소리를 듣지 못했기 때문에 구태여 중얼거릴 필요는 없었지만 그래도 조심해야 했다. 아버지는 입술 모양으로 무슨 말을 하는지 알아챘기 때문이다.

나는 꼼지락대며 침대를 빠져나왔다. 나로서는 서두를 이유가 전혀 없었다. 힘든 하루가 기다리고 있다는 것을 나는 잘 알고 있었다. 온종일 옷값을 흥정하는 아버지를 대신해서 끝없는 창피함을 당해야 했고, 판매수당에만 관심이 있는 성미 급한 점원들의 냉담한 표정을 내내 감당해야 했기 때문이다. 점원들에게 시간은 곧 돈이었다. 반면에 아버지는 아들에게 잘 어울리는 옷을 고르기 위해서라면 시간은 얼마든지 있었다.

"블루밍데일 의류점부터 가보자." 아버지의 손이 말했다. "그곳 지하매장에 옷이 아주 많아. 좋은 가격에, 정장을 사면 바지가 두 벌 딸려온다."

좋은 가격? 그건 맞는 말이지만 그곳에 여러 번 가서 옷을 전부 뒤집어놓고도 실제로 옷을 산 적은 없었다. 블루밍데일의 지하매장은 긴 하루의 출발점일 뿐이었다.

"혹시 아냐?" 아버지가 덧붙였다. "한 벌 가격에 좋은 옷 두 벌을 사게 될지."

브루클린 변두리의 집을 떠나 지하철을 한 번 갈아타고 우리는 마침내 맨해튼의 지하철역을 빠져나와 가로수가 없는 숨 막히는 거리로 나섰다. 외할머니는 항상 우리 동네와 맨해튼의 59번가는 "상트페테르부르크와 흑해 연안의 오데사만큼이나 다른" 곳이라고 말하곤 했다. 평소 말이 별로 없는 외할머니로부터 그게 그나마 자주 듣는 말이었다.

내 손을 꼭 잡고 아버지는 렉싱턴가의 건널목을 성큼성큼 건넜다. 거리는 이미 경적을 울려대는 트럭과 택시로 꽉 막혀 있었다. 땀에 흠뻑 젖은 운전자들의 욕설과 경적소리가 아버지의 닫힌 귓가에 몰려들었다. 길 건너편에 도착해서 아버지는 잡고 있던 손을 놓고 요란스럽게 수화를 했다. "기분이 정말 좋다. 아빠가 우리 아들 마이런과 옷을 사러 나왔단 말이다. 야, 정말 좋다! 들어봐라. 저기 쇼윈도에 있는 빨간 드레스에 햇빛이 닿는 소리가 들려? 저 햇살 좀 봐라. 저기 모퉁이의 웅덩이에 햇살이 부서져서 다이아몬드처럼 반짝거린다. 자동차 매연 냄새도 좀 맡아봐라. 혀끝에 냄새가 느껴져?"

소리를 듣지 못하는 아버지에게 다른 모든 감각들은 청각의 몫을 대신했다. 아버지는 심지어 색깔의 "소리"를 들어보라고 할 때도 있었다.

햇살 가득한 거리를 뒤로하고 우리는 한 벌 가격에 두 벌을 살 수 있는 블루밍데일 의류점의 지하매장으로 들어갔다. 매장에는 수천 점의 옷이 어둑한 조명 아래 걸려 있었다. 아버지는 기대감으로 입맛을 다셨다.

실용성을 강조하며 아버지는 무게가 많이 나가는 옷만 골라서 입어보게 했다. 디자인은 중요하지 않았다. 개버딘이 최악이었지만 옷감 역시 중요하지 않았다. 가격도 고려 대상이 아니었다. 그 어떤 것도 무게만큼 중요하지 않았다.

"이거 괜찮다." 만족스러운 미소와 함께 아버지의 손이 말했다. "이 정도면 총알도 막아낼 수 있겠다."

"좋네요." 내 손이 떨떠름하게 말했다. "이거 입고 유럽의 전쟁터에 가도 되겠어요. 어느 독일 병사가 이런 격자무늬 옷을 입고 브루클린에서 온 아이에게 총을 쏘겠어요? 그리고 혹시 총을 쏘더라도 총알이 옷깃을 맞고 다시 튀어나오는 걸 보면 엄청 놀랄 걸요."

나는 아버지의 표정에서 내 농담이 전혀 먹히지 않았음을 확인했다. 그런 농담으로 주춤할 아버지가 아니었다. 아버지의 반응은 간결했다. "따라와."

탈의실로 향하는 아버지의 어깨에 족히 열 벌은 되는 옷이 걸쳐져 있었다. 나는 그 뒤를 말없이 따라갔다. 축 처져 있는 아버지의 어깨가 그 무게를 짐작하게 했다.

"점원들이 다 어디 갔지?" 갑자기 썰렁해진 매장을 둘러보며 아버지가 말했다. "이 사람들은 꼭 필요할 땐 안 보인다니까."

마치 한밤중에 물을 마시기 위해 주방의 불을 켜면 일제히 달아나는 바퀴벌레들처럼 우리를 본 점원들이 모두 기겁을 하며 사라졌다는 얘기를 나는 차마 할 수 없었다. 오로지 판매 실적으로만 임금을 받는 점원들에게 매년 매장에 와서 옷만 죄다 뒤집어놓고 빈손으로 사라지는 우리의 모습은 분명히 각인되어 있었다. 매년 똑같았다. 아버지가 매장에 들어서자마자 점원들은 순식간에 사라졌다.

"걱정할 것 없다." 아버지가 수화로 말했다. "이 가게는 우리 집 옷장을 들여다보듯 내가 훤하다. 매번 와도 달라지는 게 없거든."

나는 옷을 한 벌 입어보았다. 꼬챙이에 끼워진 닭처럼 나는 한 벌을 새로 입을 때마다 아버지와 거울 앞에서 한 바퀴 빙그르 돌아야 했다.

"별로야." 아버지가 말했다. "어깨가 툭 튀어나와서 꼭 꼽추같아 보인다. 영화에 나오는 그 꼽추 있잖니. 성당 종치기 말이야. 이걸 한번 입어봐라." 아버지는 다른 옷을 건네주었다.

"너무 꽉 낀다. 그거 벗고 이걸 입어봐." 나는 아버지가 시키는 대로 했다.

"격자무늬 때문에 좀 뚱뚱해 보이네. 너 이렇게 보니까 꼭 루이 코스텔로 같다." 아버지는 웃음을 터뜨렸지만 그렇다고 아버지가 버드 애보트(애보트와 코스텔로는 2인조 코미디언으로 1940년대 미국에서 큰 인기를 끌었다—옮긴이)를 닮은 것도 아니었기 때문에 나는 같이 웃고 싶은 생각이 전혀 없었다. 사실 나는 울고 싶은 심정이었다.

"이걸 입어봐라." 아버지는 또 다른 옷을 건넸다.

"녹색 줄무늬 옷을 입으니까 꼭 강낭콩 깍지 같다. 너 참 맛있어 보이는데 강낭콩 깍지 옷을 입은 우리 아들을 엄마한테 데리고 가서 요리를 해달라고 할까?"

아, 뭐 이런 날이 다 있담. 내 농담이 아버지에게 통하지 않은 것처럼 아버지의 농담도 내겐 조금도 웃기지 않았다.

"그거 벗고 이걸 입어봐라."

까끌까끌한 모직 옷을 입었다 벗기를 반복하며 나는 아버지 앞에서 모델 노릇을 해야 했다.

어느 것도 아버지의 눈에 차지 않았다.

벌써 몇 시간이 흘렀다. 아버지는 매장의 옷걸이에서 새로운 옷을 가지고 들어왔다. 한번 입어보고 벗은 옷은 처음엔 탈의실 벽에, 그 다음엔 의자 위에, 나중엔 바닥에 차곡차곡 쌓였다.

내 몸에 맞는 치수는 물론이고 유행 — 유행에 맞는 옷이 있기는 한 건지 의심스러웠지만 — 이 지나기 전에 결코 그만큼 자랄 수 없을 만한 크기의 옷까지 모두 입어본 다음에야 아버지는 두 손을 들었다. "여기엔 우리가 살 만한 옷이 없는 것 같다. 우리는 분명히 기회를 주었는데 이 매장이 우리를 만족시키지 못하네."

"우린 어차피 여기에서 옷을 안 사잖아요." 나는 아버지에게 불만을 터뜨렸다. "매년 올 때마다 제 몸에 맞는 옷은 다 입어보고 큰 옷도 다 입어본다고요. 아빠가 '조금만 더 크면 이 정도는 입을 수 있어'라고 해서 말이에요. 그래서 격자무늬랑 줄무늬랑 오늬무늬까지 전부 다 입어보라고 하고선 '여기선 살 게 없는 것 같다' 그러시잖아요."

"문제는 품질이야." 아버지는 학업부진아를 다루는 선생님처럼 나긋나긋 설명을 했다. "우리가 원하는 건 품질이거든. 우리 아들 마이런에겐 최고의 품질을 가진 옷이 어울려."

아버지는 왼손으로 내 손을 붙잡고 오른손은 약어로 수화를 하며 렉싱턴가로 나섰다.

"여기서 조금만 가면 메이시스 백화점이 있다. 세상에서 가장 큰 의류점이지." 아버지는 잠시 내 손을 놓고 메이시스 백화점의 어마어마한 크기를 양손을 뻗어가며 설명했다. 하지만 그곳을 가야 한다는 생각만으로도 나는 이미 절망감을 느꼈다.

건널목을 건너다가 우리를 거의 칠 뻔한 택시 운전사를 한참 노려본 다음 아버지는 나를 데리고 길 건너편에서 버스를 탔다. 그리고 몇 정거장을 간 다음 다시 지하철을 탔다.

34번가의 지하철역을 빠져나와 우리는 메이시스 백화점의 입구에 도달했다. 어마어마한 규모였다. 한 블록 전체를 차지할 만큼 큰 규모는 그 안에 도대체 얼마나 많은 옷이 진열되어 있을까 상상하는 것조차 허락하지 않았다. 나는 메이시스 백화점이 24시간 연중무휴로 문을 여는지 궁금했다. 아무래도 개학하기 전에 매장에 있는 옷을 다 살펴볼 방법이 없을 것 같았다.

결연한 표정을 지으며 아버지는 내 손을 꾹 움켜쥐고 거대한 회전문 안으로 들어갔다. 우리는 쇼핑객에 떠밀리듯 엘리베이터를 탔다. 덜컹하며 위로 움직이기 시작한 엘리베이터가 잠시 후 아동용 정장 매장 한가운데에 우리를 내려주었다.

눈앞에 드넓은 정장의 바다가 펼쳐졌다. 상의 한 벌에 바지를 두 벌 주지만 아버지의 깐깐한 품질 테스트를 끝내 통과하지 못한 블루밍데일 의류점에 있는 것들을 빼고 이 세상 모든 정장이 이곳에 진열되어 있는 것 같았다.

나는 이 많은 옷을 만들기 위해 얼마나 많은 양들이 털을 깎였을까 생각했다. 스코틀랜드 어딘가의 언덕에서 털이 모두 깎인 채 몸을 부들부들 떨며 서로 몸을 맞대고 있을 양떼의 모습이 눈앞에 그려졌다.

아버지의 얼굴에 행복한 미소가 번지는가 싶더니 이내 굳은 결의가 비쳐졌다.

내 손을 꼭 잡은 채 아버지는 엘리베이터 해안으로 밀려드는 옷의 파도를 향해 용감하게 나아갔다. 나는 거대한 파도에 몸서리를 치며 아버지의 뒤를 따랐다.

끔찍한 연극의 2막이 시작되었다. 메이시스 백화점은 블루밍데일 의류점보다 옷은 훨씬 많았지만 눈에 띄는 점원의 수는 오히려 적었고 그들마저도 블루밍데일의 점원들처럼 재빨리 사라진다면 2막 역시 아주 오래 이어지리라는 사실은 충분히 예상할 수 있었다. 나일 강의 수원水源을 찾아 나선 리처드 버튼처럼 아버지는 불굴의 의지를 가지고 앞으로 나아갔다. 아버지는 내가 마치 존 해닝 스피크(John Hanning Speke: 19세기 영국의 탐험가로 리처드 버튼과 함께 나일 강을 탐사했다—옮긴이)라도 되는 것처럼 굳게 잡은 손을 놓지 않았다. "나일 강의 수원을 찾든지 아니면 죽든지 둘 중 하나일세."

연례행사를 마치고 득의양양한 표정으로 쇼핑백을 든 아버지와 함께 우리 동네로 돌아오면 연극의 3막이 시작되었다. 킹스 하이웨이 지하철역을 빠져나오면서 아버지의 손이 말했다. "오늘 아빠 말을 아주 잘 들었다. 대견하다. 네가 도와

메이시스 백화점에서
새로 산 옷을 입고

준 덕분에 아주 맘에 드는 옷을 고를 수 있었다. 너랑 같이 다니니까 정말 재미있구나. 이제 아빠가 상을 줘야겠는데."

우리 동네에는 '아라비안나이트'라는 이름의 사탕 가게가 있었다. 그곳에는 사탕뿐만 아니라 아이들이 좋아하는 온갖 물건들이 있었다. 이곳에서 우리는 (빗자루를 잘라 만든 배트로 완벽한 스윙을 해서 공이 찢어질 경우) 5센트짜리 고무공을 새로 샀고 은박지에 포장된 키세스 초콜릿도 샀다. 우리는 작은 단추 모양의 알록달록 달콤한 사탕을 입에 물고 사탕 뒷면에 들러붙은 종이 포장지의 맛까지 행복하게 음미했다.

이곳에서 파는 최고의 인기 품목은 '입술 사탕'이었다. 입 밖으로 불룩 튀어나온 빨간 입술 모양의 이 사탕을 물면 아이들은 영락없는 피에로가 되었다. 우리는 얼굴의 절반을 덮는 이 사탕을 물고 온 동네를 신나게 돌아다니며 마주치는 이웃 어른들에게 얼굴을 디밀었다. 지금 생각하면 왜 그랬는지 모르겠다.

"갖고 싶은 거 아무거나 골라라." 아버지의 손이 말했다. "오늘은 두 개 골라도 된다."

신난다! 자, 그럼 뭘 골라볼까?

아버지는 인내심의 화신이었다. "천천히 골라봐." 옷을 고르던 아버지의 모습 그대로 나는 상점 안에 있는 모든 만화책과 장난감을 하나하나 천천히 살펴보았다. 양철 개구리 장난감은 예외였다. 브루클린의 모든 아이들은 딸깍딸깍 소리를 내는 양철 개구리를 5분만 가지고 놀면 부모님들을 모두 신경쇠약 직전까지 몰고 갈 수 있다는 것을 잘 알고 있었다. 물론 우리 부모님은 예외였다. 마침내 나는 배트맨 만화책과 입술 사탕을 골랐다. "집에 입술 사탕을 물고 들어갈 거예요." 나는 아버지에게 말했다. "엄마가 절 못 알아보실 걸요." 아버지는 입꼬리가 올라간 입술 사탕을 물고 바보처럼 어머니에게 히죽거리는 내 모습을 상상하며 미소를 지었다.

"아빠, 어원 것도 사요." 나는 아버지를 졸랐다. "그럼 엄마가 두 배로 놀랄 거예요."

연극의 총감독으로 3막의 마지막 장면을 연출하며 아버지는 크림소다도 한 병씩 샀다. 이렇게 해서 연극은 막을 내렸다. 나는 새 정장을, 아버지는 아들과 보낸 둘만의 시간을 품에 안고 집으로 돌아갔다.

7

도시에서 보낸 하루

아버지의 직업에 대해 내가 아는 것이라고는 퇴근길에 가져온 신문으로 아버지가 만들어주는 종이 모자가 전부였다. 그러던 어느 날 휴가 중이던 아버지가 나를 『뉴욕 데일리 뉴스』 사옥에 데리고 갔다.

그날 아침 아버지는 내가 입을 옷—물론 그해에 산 정장—을 골라주었다. 아버지도 제일 좋은 옷을 꺼내 입고 구두에도 윤을 냈다. 어머니와 동생에게 입을 맞춘 다음 아버지는 나를 데리고 집을 나섰다. 말쑥한 정장에 중절모를 눌러쓴 아버지는 내 손을 잡고 킹스 하이웨이 지하철역을 향했다. 플랫폼에서 맨해튼행 열차를 기다리는 아버지의 표정에 행복감이 가득했다.

열차는 우리를 맨해튼—브루클린 사람들이 "도시"라고 부르는—에 데려다주었다. 그곳에서 우리는 열차를 갈아타고 아버지의 직장에서 가장 가까운 지하철역까지 갔다.

지하철역을 빠져나오면서 아버지는 내 손을 잡으며 빨리 걸으라고 재촉을 했다. 잠시 후 우리는 『뉴욕 데일리 뉴스』 사옥 앞에 도착했다.

나는 화려한 문양으로 장식된 로비 정문 앞에서 위를 올려다보았다. 아무리 몸을 뒤로 젖혀도 건물의 꼭대기가 보이지 않았다. 건물 외벽에 붙은 흰색 벽돌 무늬 패널이 인도에서부터 하늘 끝까지 수직으로 이어졌다. 머리 위로 37층 건물의 꼭대기가 하늘과 하나의 점으로 맞붙어 있었다. 하얀 구름이 하늘을 유유히 떠다니는 비행선처럼 건물 꼭대기에 내려앉을 것만 같았다.

회전문을 통해 건물 안으로 들어서자 높은 반구형 천장 아래로 화려한 로비가 눈에 들어왔다. 천장 곳곳의 홈에서 나오는 조명이 넓은 로비를 은은하게 비추었고 바닥엔 매끈한 대리석이 깔려 있었다. 반구형으로 넓고 깊게 파인 로비의 정중앙에는 크롬 난간을 두른 거대한 지구본이 돌고 있었다. 천장의 조명등이 천천히 돌아가는 지구본을 부드럽게 비추었고 아래쪽에서도 나선형 유리 계단을 따라 적도 위에 걸쳐진 황동 빛깔 띠에 이르기까지 조명이 비춰지고 있었다.

자칫 밋밋하고 어둡게 느껴질 수 있는 로비가 이 거대한 지구본에 집중된 정교한 조명 효과로 인해 은은하면서도 화려한 분위기를 연출했다. 내가 사는 지구를 나타내는 이 거대한 회전체를 처음 본 순간 나는 숨이 멎는 줄 알았다. 잘 알려진 나라와 도시들이 밝은 색으로 표시되었고 대륙을 갈라놓은 대양이 파랗게 펼쳐져 있었다. 회전체의 꼭대기에 북극이 하얀 색으로 표시되었고 남극은 보이지는 않았지만 움푹 파인 바닥 아래에 있었다. 나는 그 거대하고 화려한 모습에 완전히 압도당했다. 이 놀라운 볼거리를 만든 천재가 처음에는 지구본을 실제와 반대 방향으로 돌도록 설계했다는 이야기는 나중에야 들을 수 있었다.

지구본에서 시선을 떼지 못하고 있다가 나는 문득 우리 동네가 어디쯤 있을지 궁금해졌다. 그러려면 먼저 브루클린을 찾아야 했다. 하지만 이내 우리 동네가 표시되려면 지구본의 크기가 어마어마하게 커야 한다는 사실을 깨달았다. 적어도 코니아일랜드의 대관람차 정도는 되어야 할 것 같았다. 그렇다면—상상의 나래가 활짝 펼쳐졌다—그렇게 큰 지구본을 로비에 들여놓으려면 건물의 크기가…… 아, 머리가 복잡했다. 대관람차 크기의 지구본을 들여놓을 수 있을 만큼 큰 로비를 가진 건물을 지으려면, 활짝 나래를 편 나의 상상력조차 한계에 부딪쳤다.

"멋져요." 나는 수화로 말했다.

로비 구경을 마친 다음 우리는 엘리베이터를 타고 아버지가 일하는 층으로 올라갔다. 빠른 속도로 올라가는 엘리베이터 안에서 속이 울렁거렸다.

엘리베이터의 문이 열리자 인쇄실에서 흘러나오는 굉음이 복도에서 우리를 맞았다. 말 그대로 머릿속에 있는 생각이 들리지 않을 정도로 소음이 컸다. 그날 인쇄실이 있는 층을 떠날 때까지 나는 귀에서 손을 뗄 수 없었다.

어마어마한 규모의 인쇄실에 들어서자 2층 주택 크기의 윤전기 일곱 대가 각각 시간당 6천부의 『뉴욕 데일리 뉴스』를 찍어내고 있었다. 롤러와 톱니바퀴와 체인과 지지대가 복잡하게 얽혀 있는 이 거대한 기계는 한쪽 끝에서 말려들어가는 커다란 종이 롤을 반대쪽 끝에서 인쇄가 된 신문으로 쏟아냈다.

손으로 귀를 아무리 세게 틀어막아도 윤전기의 소음을 막을 수는 없었다. 게다가 소음은 귀로만 들어오는 것이 아니었다. 천둥처럼 우르르 바닥을 울리는 진동이 다리와 척추를 타고 올라왔다. 나는 생명의 위협을 느낀 수천 마리의 코끼리들이 내달리는 아프리카의 초원이 이와 같을 거라 생각했다.

아버지는 윤전기 사이를 돌아다니며 동료들에게 나를 소개했다.

윤전기가 돌아가는 동안 청각장애가 있는 작업자들은 (윤전기에서 날리는 잉크 때문에) 신문지로 만든 네모난 모자를 쓴 채 원활하게 진행되는 작업에 흡족한 미소를 띠고 있었다. 정상적인 청력을 지닌 작업자들 역시 신문지로 만든 모자를 쓰고 있기는 마찬가지였지만 귀에 솜을 잔뜩 틀어막고도 고통스러운 표정을 짓고 있었다. 나는 그곳에서 패터슨 회장이 아버지와 같은 청각장애인들을 고용한 이유를 알 수 있었다.

마침내 컨베이어벨트로 그날의 마지막 신문을 토해낸 윤전기가 덜덜거리며 멈춰 서자 아버지는 동료들에게 인사를 건네고 나를 식자실로 데리고 갔다. 바로 아버지가 일하는 곳이었다. 길게 줄지어 있는 식자기 앞에 작업자들이 달라붙어 있었다. 이곳의 소음은 조금 달랐다. 코끼리들이 우르르 내달리는 인쇄실과는 달리 식자실에는 쉴 새 없이 딸깍거리는 금속성 소음이 가득했다. 이곳은 마치 원숭이 무리가 악을 질러대는 정글 같았다. 나는 다시 귀를 막았다.

작업자들은 민첩한 손놀림으로 허리 높이의 금속 선반에서 뽑아낸 납 활자를 활판에 끼워 넣었다. 간혹 헐겁게 끼워진 납 활자들이 바닥에 떨어지기도 했다. 한 "페이지"가 완성되면 활판은 못으로 고정되었다.

아버지는 이곳에서 정년퇴임을 할 때까지 한 해도 쉬지 않고 일주일에 5일을 일했다. 밝은 조명이 쏟아지는 식자기 앞에 구부정하게 서서 아버지는 낱개의 납 활자를 단어와 문장으로 만드는 일을 했다. 아버지는 그 일을 정말 좋아했다.

아버지는 나를 앞세우고 청각장애가 있는 동료들에게 다가갔다. 모두들 하던 일을 멈추고 나를 따뜻하게 반기며 서로 경쟁이라도 하듯 큰 동작의 수화로 내 시선을 끌려고 했다. 아버지는 그날 집에 돌아오는 길에 동료들이 자신들의 아이와 내 수화 실력을 비교하더라는 이야기를 했다. 수화를 제대로 하지 못하는 아이를 둔 일부 동료들의 눈에 내 수화 실력은 부러움의 대상이었다. 둘째 아이는 (당시에는 보통 한 집에 아이가 둘이었다.) 수화를 제대로 하지 못하는 경우가 많았다. 둘째에게는 집에서 통역사의 역할이 요구되지 않았기 때문이다. 물론 둘째가 딸인 경우는 달랐다. 보통은 여자아이가 남자아이보다 수화를 훨씬 잘했기 때문이다. (그날 밤 아버지는 어머니에게 그날 있었던 일을 이야기하며 내가 계집애처럼 수화를 잘한다는 칭찬을 들었다고 전했다. 아버지가 "계집애처럼"이라는 수화를 하는 순간 동생은 배꼽을 잡고 웃었다. 하지만 나는 그 "칭찬"이 전혀 재미있지 않았다.)

식자실에서 일하는 아버지의 동료들 가운데 정상적인 청력을 지닌 직원들의 태도는 사뭇 달랐다. 그 오랜 기간을 바로 옆에서 어깨를 맞대고 일하면서도 아버지는 그들과 제대로 된 의사소통을 한 번도 나눠보지 못했다. 나는 귀에서 손을 떼 공손한 태도로 악수를 나눴지만 손을 놓자마자 그들이 아무렇지 않게 내뱉은 말들은 지금도 내 가슴을 저리게 한다. 내 면전에서 그들은 이렇게 말했다. "반갑다, 애야. 그런데 너는 어떻게 귀가 멀쩡하냐?" "네 아빠 수화할 때 보면 정말 웃긴다." "네 아빠 어렸을 때 학교는 다녔다니?" 그리고 이렇게 물은 이도 있었다. "아기가 바닥에 머리부터 떨어지면 귀머거리가 된다던데 네 할머니가 아빠를 떨어뜨린 거 아니야?" 그건 농담으로 한 말이 아니었다.

그런 말을 들을 수 없는 아버지는 당신의 아들이 조그만 손을 내밀어 "동료들"과 악수를 나누는 모습을 흐뭇하게 바라보았다. 그리고 그것이 내 마음을 더 아프게 했다.

비록 못 들은 척하기는 했지만 돌아서는 우리의 뒤통수에 그들이 내뱉은 말들은 어린 나에게 지워지지 않는 상처를 남겼다. "저 병신이 애는 멀쩡하네." "저 친구 아들 인물이 좋네. 자기 아이가 맞을까?" "저 애 봤어? 말을 해." "놀라운데. 귀머거리의 자식이 말을 하네." 그 시절 나는 어떤 경우에도 부끄러워해서는 안 된다는 것을 알고 있었다. 하지만 모멸감을 극복하기는 쉽지 않았다.

세월이 아주 오래 흐른 뒤, 돌아가시기 얼마 전 아버지는 『뉴욕 데일리 뉴스』에서 일하던 시절 정상적인 청력을 지닌 동료들이 당신을 어떻게 생각했는지 잘 알고 있었다고 털어놓았다.

하지만 화창했던 그날 오후 아버지의 표정엔 자부심이 넘쳤다. 아버지는 당신의 직업을 자랑스럽게 여겼다. 그리고 당신의 아들, 온 마음으로 사랑했던 당신의 아들을 무엇보다도 자랑스럽게 여겼다.

낚시를 가다

아버지의 팔뚝을 기억한다. 단단한 식자공의 팔뚝은 억센 손목으로 이어져서 놀라울 정도로 민감하고 가느다란 손가락으로 흘러내려왔다. 그 섬세한 손가락들은 납에 새겨진 활자를 골라 단어와 문장을 만들고 그것을 다음날 신문의 한 페이지를 구성하는 활판에 밀어 넣었다. 그리고는 능숙한 솜씨로 완성된 활판을 "쐐기"라고 불리는 못으로 단단하게 고정시켰다.

또한 그 손가락들은 물고기가 미끼를 물 때까지 갯지렁이가 죽지 않고 물속에서 꿈틀거릴 수 있도록 낚싯바늘에 꿰는 요령도 알고 있었다.

"우리 낚시하러 가자." 어느 날 아버지가 말했다. 아버지의 손이 강물을 거슬러 올라가는 연어처럼 퍼드덕거렸다.

그날은 내 생일이었다. 아버지는 나에게 대나무 낚싯대를 생일선물로 주었다.

웬 낚싯대? 브루클린에서?

의아한 표정으로 낚싯대를 받아 드는 나에게 아버지의 손이 명령했다. "연습해라!"

연습? 브루클린에서?

일주일 동안 나는 낚싯줄 던지는 연습을 하며 내 방 창가에서 낚싯대를 드리웠다. 낚싯줄이 정확하게 던져진 경우 낚싯바늘은 아래층 아브로모비츠 아주머니네 주방 창문 앞으로 날아갔다. 나는 땅콩버터와 젤리가 발라진 샌드위치 조각을 낚싯바늘에 끼웠다. 상상의 바다에서 아주머니는 커다란 다랑어였다. 나는 다랑어가 땅콩버터와 젤리를 좋아한다는 얘기를 어디선가 들은 적이 있었다. 물론 아브로모비츠 아주머니는 미끼를 물지 않았다.

운 좋게도 나는 아주머니네 주방 창문과 화장실 창문 사이에 걸린 빨랫줄에서 하얀 비행선처럼 생긴 여성용 속바지와 옷가지 몇 점을 낚을 수 있었다.

연습을 반복하면서 나는 아주머니의 브래지어도 낚게 되었다. 끈이 아래로 축 늘어진 채 빨래집게로 고정된 브래지어는 마치 야구에서 포수가 사용하는 두 개의 미트처럼 보였다.

이른 아침 아버지가 나를 깨웠다. 졸린 눈을 비비며 나는 아버지의 손을 잡고 지하철역으로 따라나섰다. 우리가 탄 지하철은 십스헤드만灣을 향했다. 바퀴와 선로의 날카로운 마찰음과 덜컹거리는 진동에도 아랑곳하지 않고 나는 아버지의 무릎을 베고 잠을 잤다. 우리가 내려야 할 역이 가까워지자 아버지가 나를 깨웠다.

나는 아버지의 손을 잡고 바람에 실려 오는 소금 냄새를 맡으며 아직 시야에 들어오지 않는 바닷가를 향해 걸었다.

아직 동이 트지 않은 시각 우리는 브루클린의 끝자락에서 작은 배에 올랐다. 배는 앞뒤로 그리고 위아래로 동시에 출렁거렸다. 나는 몹시 불안했다.

아버지는 난간을 꼭 붙잡으라고 하고는 내 어깨를 팔로 감쌌다. 어둠 속에서 아버지의 손길이 느껴지자 두려움이 사라졌다.

하늘이 밝아오기 시작하면서 배의 엔진에 시동이 걸렸다. 쿨룩쿨룩 기침을 토해내듯 시꺼먼 매연을 내뿜으며 배는 요란한 엔진 소리와 함께 바다를 향해 나아갔다. 마치 코니아일랜드에 있는 사격연습장의 과녁처럼 지평선에서 해가 툭 튀어나왔다. 브루클린을 등지고 배가 지나온 물길의 흔적을 따라 갈매기들이 날아들었다. 갈매기들이 배 주위를 선회하며 마치 "배고파요. 먹을 것 좀 주세요."라고 소리치는 것 같았다. 이걸 어쩌니. 우리가 너희 먹잇감을 다 잡아가면 실망이 크겠구나.

물살을 헤치던 배의 엔진이 꺼지고 선장이 닻을 내렸다. 환해진 지평선을 바라보며 아버지는 짠 공기를 깊이 들이마셨다. 그리고는 나를 내려다보며 말했다. "오늘 저녁 식탁에 올릴 놈을 잡는 거야. 아주 큰 놈으로."

나는 미끼를 낚싯바늘에 꿰었다. 오전 내내 우리는 낚싯대를 드리우고 있었지만 물고기를 한 마리도 낚지 못했다. 점심을 간단하게 때우고 우리는 다시 낚싯줄을 던졌다. 오후 내내 낚시찌를 바라보고 있었지만 결과는 똑같았다. 우리는 한 마

월척을 기대하며 낚시도구를 들고 있는 아버지

리도 낚지 못했다.

뉴저지 쪽으로 해가 기울며 하늘이 어두워지자 선장은 닻을 올리고 브루클린을 향해 뱃머리를 돌렸다. 배의 난간을 붙잡고 있는 아버지의 양손은 할 말이 없어 보였지만 얼굴에는 실망한 기색이 역력했다.

집에 돌아가기 위해 지하철역으로 가는 도중에 아버지는 생선을 한 마리 샀다. 아주 큰 놈으로.

"네가 아무 말 안 하면," 아버지의 손이 말했다. "나도 입 다물 거다."

아파트 문 앞에서 아버지는 신문지에 싼 생선을 내 품에 안기고는 거실과 주방의 깜빡이등에 연결되어 있는 초인종을 눌렀다.

어머니와 동생이 뛰어나와 우리를 반겨주었다.

"하하, 우리 남편 루와 아들이 돌아왔네." 어머니는 요란스럽게 수화를 하며 생선을 받아들었다. 어머니는 아버지를 가리켜 "너희 아빠" 대신 "우리 남편 루"라고 부를 때가 많았다.

어머니가 아버지를 그렇게 부르는 것은 무의식적이었다. 침묵 속에 갇혀 있는 어머니의 세계에는 남편 루와 어머니 두 사람만 있었다. 두 분은 침묵의 우주에 떠 있는 쌍둥이별이었다. 동생과 나는 아주 가까운 궤도를 돌고 있는 행성이었다. 나는 어머니가 우리를 목숨처럼 아끼고 사랑한다는 것을 알고 있었지만 우리는 결코 아버지와 같아질 수 없었다. 우리는 소리를 들을 수 있었기 때문이다. 정상적인 청력을 가지고 있는 당신의 부모형제 역시 먼 궤도를 도는 행성에 불과했다. 그 다음이 이웃들, 그 다음은 아버지의 직장 동료들이었다. 마지막으로 소리를 듣는 대다수의 세상 사람들은 눈에는 보이지만 너무나 멀리 떨어져 있는 밤하늘의 별들과 같았다.

"엄마 남편 루요?" 나는 가끔 농담처럼 어머니에게 되묻곤 했다. "그게 누구더라? 우리 아빠 같기도 한데."

그럴 때마다 어머니는 마치 정신이 나간 사람을 보듯 나를 쳐다보았다. 어머니의 감정과 중요도의 위계질서에서 당신의 "남편"은 "우리 아빠"보다 늘 높은 곳에 있었기 때문이다.

그날 저녁 어머니가 뇌수술을 집도하는 외과 의사처럼 동생을 위해 생선 가시를 조심스럽게 발라낸 뒤 (나는 혼자서 생선 가시를 발라낼 만한 나이가 되었기 때문에) 우리는 그 생선을 맛있게 먹었다. 어머니는 식사시간 내내 미소를 머금은 채 대견한 듯 나를 쳐다보았다. 동생은 마치 내가 고래라도 잡아온 것처럼 호들갑을 떨었다.

어머니와 동생이 그 물고기를 내가 잡은 것으로 믿었기 때문에 나는 죄책감이 살짝 들었다. 하지만 아주 살짝만 그랬다. 생선은 아주 맛이 좋았다.

8

책의 향기

한 달에 한 번 토요일 점심시간에 아버지는 온 가족을 데리고 인근에 있는 중식당으로 외식을 하러 갔다. 대공황의 그림자가 완전히 걷히지 않은 그 시절 외식은 아직 사치였다. 또한 제2차 세계대전의 특수特需에 따른 엄청난 경제적 효과는 아직 평화로운 브루클린의 변두리에까지는 미치지 못하고 있었다.

우리는 들뜬 마음으로 옷을 차려입었다. 나는 메이시스 백화점에서 산 정장을 입었고 동생에겐 최신 유행의 아동복이 입혀졌다. 어머니는 제일 좋은 드레스에 여우목도리를 두른 채 외출을 준비했고 아버지는 트위드 재킷으로 한껏 멋을 냈다. ("이렇게 입으면 꼭 대학 교수 같단 말이야." 아버지는 담배 파이프를 문 채 거울 앞에서 수화를 하곤 했다. 아버지의 모델은 〈굿바이 미스터 칩스〉에 나오는 로버트 도냇이었다. 비록 배우들의 대사를 들을 수는 없었지만 아버지는 그 영화를 제일 좋아했다.)

동생과 내 머리가 단정한지, 옷에 얼룩이 묻어 있지는 않은지, 신발이 지저분하지는 않은지 아버지의 점검이 끝나면 우리는 1층으로 내려갔다. 1층 로비에서 서로의 옷차림을 최종 점검한 다음 우리는 현관 유리문을 열고 밖으로 나갔다. 아버지와 어머니가 가운데에서 팔짱을 끼고 양끝에서 나는 아버지의 손을, 동생은 어머니의 손을 잡은 채 우리는 일렬횡대로 킹스 하이웨이를 향해 씩씩하게 걸어갔다. 정면을 응시하며 거리를 걸어가는 우리 가족의 모습을 동네 사람들이 우두커니 쳐다보곤 했다. 등 뒤에서 들리는 동네 사람들의 말은 늘 똑같았다. "귀머거리 치고는 옷들을 참 잘 입는단 말이야." "귀머거리 부부가 애들 옷을 얼마나 잘 입히는지 좀 봐." "저 집 남편이 귀머거리인데 직장은 좋은 델 다닌대." "병신 부부가 애들 데리고 '짱깨집Chinks'에 가는 모양이네."

유감스럽게도 마지막 말에 포함된 단어는 우리 동네에서, 특히 유대계 주민들 사이에서는 아주 흔하게 사용되었다. 그런데 그 유대인들도 브루클린의 레드 후크 지역에 사는 아일랜드사람들로부터 "이드(Yid: 유대인을 가리키는 매우 모욕적인 표현-옮긴이)"라는 말을 들으면 경악을 했다. 역설은 여기에서

8. 책의 향기 *139*

그치지 않았다. 이들 모두는 "쪽발이Jap"라고 일컬어지던 일본인들이 만주에서 중국인들을 무자비하게 학살한 사건에는 공개적으로 비난을 했다. 나는 이리저리 생각을 해본 결과 이러한 비이성적인 편견의 고리가 너무나 광범위하고 포괄적이어서 누구도 예외가 되지 않는다는 결론에 도달했다. 아일랜드인과 유대인들은 폴란드사람을 "폴랙Polack"이라고 불렀고, 폴란드인들은 이탈리아인들을 "왑Wop"이라고 불렀다. 이탈리아인들은 아일랜드사람을 "믹Mick"으로, 그리고 아일랜드사람은 중국인을 "짱깨"로 불렀다. 이렇게 해서 상호간의 경멸적인 호칭의 고리가 완성되었다.

중국인들이 우리 유대계 주민을 뭐라고 부르는지는 알 수 없었다.

동네 사람들이 사용한 "병신"이라는 단어를 나는 아주 어릴 때부터 들어왔다. 하지만 그 단어는 다른 민족을 경멸적으로 부르는 표현들보다 내게는 더 끔찍하게 들렸다. 집단적인 호칭과는 달리 "병신"은 특정한 개인을, 그것도 우리 동네의 유일한 청각장애인인 아버지와 어머니를 지칭했기 때문이다. 자주 들어서 면역이 되었는지 몰라도 어쨌든 그 단어 때문에 한 달에 한 번 있는 외식의 즐거움을 망칠 수는 없었다.

중식당은 2층짜리 목조건물의 1층에 있었다. 중식당이 위치한 거리에는 온갖 상점들이 줄지어 있었다. 빵집, 정육점,

철물점, 채소 가게, 약국, 이발소, 미용실 그리고 그 어느 곳보다도 중요한 사탕 가게가 있었다.

나에게 이 외식의 하이라이트는 엉터리 영어를 구사하는 중국인 종업원에게 아버지가 엉터리 수화로 의사소통을 시도하는 모습이었다. 음식 때가 꼬질꼬질한 메뉴판에는 이해할 수 없는 한자들이 이해할 수 없는 엉터리 번역과 함께 깨알같이 적혀 있었다. 상냥한 태도의 종업원은 마치 목소리를 높이면 아버지가 알아듣기라도 할 것처럼 그날의 특선 요리에 대해 고래고래 소리를 지르며 설명을 했다. 아버지도 종업원을 향해 고래고래 수화를 했다. 이 경이로운 의사소통을 통해 두 사람이 만족스러운 표정을 지으며 고개를 끄덕이는 동안에도 사실 아버지와 종업원은 상대방의 말을 전혀 이해하지 못했다.

다른 곳이었다면 창피하기 짝이 없는 상황이었음에도 식당의 단골손님들은 그러한 장면에 이미 익숙해 있었다. 우리를 바라보는 낯익은 손님들의 표정은 혐오감 대신 유쾌한 이해를 내비치고 있었다. 나로서는 그 정도면 충분히 만족스러웠다.

어느 토요일 우리는 평소처럼 특선 요리부터 주문했다. ('오늘의 특선 요리'는 늘 똑같았다.) 먼저 불룩 튀어나온 눈으로 나를 원망스럽게 쳐다보는 하얀 생선이 찐득거리는 소스가 얹어진 채로 나왔다. 이어서 A세트(이것도 매달 똑같았다)와 B세트(마찬가지다)로 선택할 수 있는 메뉴가 도저히 마실 수 없는 엷은 녹색의 차와 함께 나왔다. 디저트로는 늘 포춘 쿠키가 나왔다. 아버지와 어머니는 포춘 쿠키에서 뽑은 운세를 주의 깊게 읽으며 웃음을 멈추지 못했다. 나는 말도 안 되는 운세는 제쳐두고 오로지 쿠키의 맛만 음미했다.

그런데 이날의 월례행사는 평소와 조금 다르게 진행됐다.

합계액 말고는 알아보기 힘든 계산서를 꼼꼼히 살펴본 뒤 아버지는 돈을 지불하고 식당을 나서며 나에게 이렇게 말했다. "이젠 너도 글을 읽을 수 있으니까 도서관에서 대출카드를 발급받도록 하자."

중식당 바로 옆에는 도서관이 있었다. 나는 동네 형들로부터 그곳에 대한 이야기를 들어본 적이 있었다. 하지만 대출카드가 없으면 들어가지 못한다고 들었기 때문에 실제로 가보지는 못했다. 동네 형들은 그곳에 가면 이 세상의 모든 책이 다 있다고 했다. '모든 책'이라고? 설마, 기껏해야 몇 백 권 있겠지. 글을 읽게 되면서 나는 도서관에 대한 진실을 알고 싶은 호기심이 생겼다. '모든' 책이라고? 나는 형들의 말을 믿을 수 없었다. 형들이 하는 말은 대개 엄청나게 부풀려져 있다는 사실을 나는 경험을 통해 알고 있었다.

아버지와 어머니는 대단한 독서광이었다. 소리를 듣지 못하는 두 분의 일상에서 책은 오락의 원천이었다. 우리 집에는 책이 많았다. 그 중엔 피라미드와 낙타, 끝없는 모래사막, 어마어마하게 큰 강, 까마득한 폭포, 거대한 협곡, 처음 보는 동물들, 망망대해를 가르는 배 등 이국적인 풍경의 사진들이 가득한 책도 있었다. 나는 거대한 돛을 올리고 하얀 포말이 부서지는 높은 파도를 넘는 범선의 사진을 제일 좋아했다. 글을 배워 사진 밑에 있는 설명을 읽게 되면서부터 나는 내 이름이 찍힌 대출카드를 갖는 꿈을 꾸기 시작했다. 이제 그 꿈이 막 실현되려는 순간이었다.

식당을 나서자마자 우리는 바로 오른쪽에 있는 도서관 건물의 입구에 들어섰다. 계단을 올라 '브루클린 공공 도서관'이라는 글씨가 써진 유리문을 열고 들어간 아버지는 우리를 커다란 방으로 안내했다. 방에 들어서자 한쪽 벽에서 반대쪽 벽까지, 천장에서 바닥까지 이 세상의 '모든' 책이 빼곡하게 꽂혀 있는 놀라운 광경이 눈에 들어왔다. 거기에 또 하나, 서고에서는 중국음식 냄새가 났다. (도서관은 중식당의 주방과 맞붙어 있었다.)

그곳에 있는 책을 모두 공짜로 빌려볼 수 있다는 사실이 도무지 믿기지 않았다. 대공황기의 아이답게 나는 모든 것에는 가격이 붙어 있음을 알고 있었다. "모든 것"에 말이다. 종이 쪼가리 하나에 불과한 대출카드를 제시한다고 그 귀중한 책들을 거저 빌려준다는 것은 정말 이상한 일이었다.

처음에는 도서관의 신뢰가 너무나 부담스러워서 나는 대출할 책을 펼쳐서 한 페이지 한 페이지를 꼼꼼히 살펴보았다. 그래서 귀퉁이가 접혀 있거나 음식이 묻어 있는 페이지가 발견되면 사서에게 그 부분을 보여주었다. 그러면 사서는 책 뒤 표지 안쪽에 끼워진 종이에 가는 글씨로 이렇게 적곤 했다. "36쪽, 땅콩버터" 가장 흔한 경우는, "12쪽, 밑줄" 같은 것이었다. 아주 오랜 세월이 지난 지금도 나는 도서관에서 대출을 하기 전에 반드시 책의 상태를 사서에게 확인시키는 버릇이 있다.

도서관에서 가장 경이롭게 느껴진 것은 자료실을 꽉 채운 수많은 책과 그 책 속에 있는 수많은 단어들이었다. 단어들. 단어들. 단어들. 글로 보존된 단어들. 도서관은 한마디로 단어의 창고였다. 무슨 뜻인지 익혀야 할 단어들. 내 어휘에 추가해야 할 단어들. 내 것으로 만들어야 할 단어들이 그곳에 가득했다.

책에 나오는 단어들은 나의 첫 언어인 수화의 단어들과 큰 대조를 이루었다. 수화는 손의 모양과 위치, 얼굴 표정과 몸짓이 동시에 살아 있는 시각적인 언어였다. 그것은 나에게 가장 아름답고도 풍부한 표현을 갖춘 몸의 언어였다. 수화는 하나의 몸짓으로 천 개의 단어를 말할 수 있었다. 아버지와 어머니는 손과 얼굴과 몸의 언어로 내 의식 안에 직접 들어왔다. 때문에 나는 언어를 별개의 단위들이 모여 하나의 의미를 이루는 것으로 인식하지 않았다. 의미는 내 눈을 통해 한 순간에 전체로서 들어왔다.

인쇄된 단어들은 전혀 달랐다. 그리고 점점 더 많은 단어들을 익히면서 나는 글만의 매력을 발견했다. 책을 읽으며 나는 단어 하나하나를 음미하고 속으로 그 단어를 소리 내어 읽어보는 재미에 빠졌다. 모든 단어가 하나의 음표처럼 느껴졌으며 한 단어의 소리와, 여러 단어들이 결합되어 만들어지는 소리의 아름다움에 나는 매혹되고 말았다. 하나의 완전한 문장이 만들어내는 멜로디는 그 중에서도 최고였다. 수화가 마음의 언어였다면 글은 정신의 언어였다. 수화는 하나의 완결체로 흡수되며 의미와 더불어 감정을 불러일으키는 아름다운 그림이었다. 글은 이해하거나 옮기기 위해 사고가 요구되는 언어였다.

독서가 내 생활의 즐거움이 되었고 우리 동네에 있는 브루클린 도서관의 분관이 내 유년기의 은신처가 되었다. 아버지가 내게 지우는 짐이 너무 무겁게 느껴질 때 나는 대출카드로 무장한 채 간장 냄새와 달콤한 음식 냄새 그리고 오래된 책 냄새가 섞여 있는 이 고요한 성소로 피신을 했다. 책을 펴면 나는 지구의 반대편으로 마법처럼 건너갈 수 있었다.

마음속으로 감미로운 글의 음악을 들으며, 배우고 익히고 싶은 단어들과 희미한 중국요리의 향기에 둘러싸인 채 나는 도서관에서 점점 더 많은 시간을 보냈다.

지금도 나는 도서관에서 빌려온 책에 코를 갖다 대고 냄새를 맡아보곤 한다. 마치 책장 사이에서 차우멘(chow mein: 기름에 볶은 중국식 국수-옮긴이) 냄새가 풍기기라도 할 것처럼.

9

사랑에 빠지다

 나는 초등학교 2학년 때 처음으로 사랑에 빠졌다. 엄밀히 말하자면 사랑에 빠졌다기보다는 주어진 현실에서 사랑을 선택한 것에 가까웠다. (어른이 되고는 달라졌다. 결혼을 세 번 했으니 나는 확실히 현실에 순응하기보다는 미래를 낙관하는 쪽에 속한다.)

 2학년이 시작된 첫 날, 우리 반의 여자아이 하나가 눈에 들어왔다. 학생들의 책상은 앞에서부터 성姓을 알파벳순으로 해서 정해졌다. 내 성은 U로 시작했기 때문에 맨 뒷줄이었고 W인 그 아이는 바로 옆자리였다. 창문으로 쏟아져 들어오는 햇빛을 받아 마치 천사처럼 빛의 테를 두른 금발이 내 기억에 남아 있는 그 아이의 첫 모습이다. 눈부실 정도로 하얗고 가지런한 이를 드러내는 해맑은 미소가 작고 오똑한 코의 주근

깨와 완벽한 조화를 이루었다.

시를 한 편 읽어보라는 선생님의 지시에 그 아이가 의자에서 일어나고서야 나는 그 아이가 나보다 키가 훨씬 크다는 것을 알게 되었다. 학년이 올라가고 후일 고등학교에 진학할 때까지도 나는 그 아이의 키를 따라잡지 못했다. 그 아이는 우리 반에서 키가 가장 컸고 고등학교를 졸업할 때까지도 마찬가지였다. 그 아이의 이름은 이블린이었다.

그날 이블린을 관찰하며 나는 이상한 점을 하나 발견했다. 그 아이의 왼손을 볼 수 없다는 것이었다. 앉아 있는 동안 무릎 사이에 왼손을 내내 찌르고 있던 이블린은 책을 읽기 위해 일어서서는 치마 주머니 속에 손을 넣었다. 그런 행동은 내게 아주 이상하고 어색하게 비쳐졌다. 무거운 책을 한 손으로 들어야 했기 때문이다.

일주일이 지난 뒤 비밀은 밝혀졌다. 어느 날 아침 이블린이 재채기를 했다. 오른손으로 펜촉에 잉크를 묻히려는 순간 재채기가 나오자 이블린은 반사적으로 왼손을 입에 가져다 댔다. 그 순간 나는 약지 위로 말려 올라간 이블린의 새끼손가락을 보았다. 이블린의 새끼손가락은 그림책에서 본 양치기의 지팡이 같았다.

손가락을 쳐다보고 있는 나를 의식한 이블린이 얼른 왼손을 책상 밑 무릎 사이로 감췄다. 모른 척하며 칠판을 쳐다보는 이블린의 얼굴이 빨개졌다. 분명 그 아이는 창피해하고 있었다.

몇 주가 지나면서 다른 아이들도 이블린의 왼손에 대해 알게 되었다. 세상 모든 아이들이 그러하듯 우리 반 아이들도 본능적인 호기심으로 이블린의 왼손이 보이는 순간을 기다렸다. 어쩌다 그 손을 보게 되면 아이들은 일제히 이블린을 놀려대며 웃었다. 그럴 때면 이블린은 고개를 푹 숙이고 몸을 잔뜩 움츠렸다. 이블린은 좀처럼 어깨를 쭉 펴는 법이 없었다. 그 시절 키가 큰 여자아이들은 조금이라도 작게 보이기 위해 어깨를 움츠리곤 했다. 아이들의 웃음소리에 이블린의 어깨가 더욱 움츠러들었다. 물론 아이들은 이블린의 손만 표적으로 삼지는 않았다. 아이들은 그 대상이 무엇이든 놀리고 웃어대기를 좋아했다. 하지만 이블린을 향한 놀림과 웃음은 예외 없이 이상하게 생긴 그 왼손을 향했다.

이블린이 놀림을 당하는 모습을 볼 때마다 나는 마음이 아팠다. 남들과 다르다는 이유로 겪는 모멸감이 어떤 것인지 잘 알고 있었기 때문이다. 아이들에겐 남들과 다른 모든 것이 창피하게 느껴진다. 나에겐 그 이유가 아버지와 어머니였고, 이블린이 자신의 왼손 때문에 겪는 일을 나는 부모님 때문에 겪었다.

이블린이 같은 아픔을 겪고 있다는 사실을 인식하면서부터 나는 그 아이를 좋아하기로 마음먹었다.

시간이 조금 걸렸지만 이블린은 조금씩 나를 편하게 생각했다. 이블린이 사는 웨스트 10번가는 우리 동네에서 지척이었지만 어린 시절 '지척'은 아주 먼 거리였다. 나와 동네 친구들은 여간해선 웨스트 9번가 밖을 나서지 않았다. 웨스트 10번가에 있는 것은 우리 동네에도 다 있었기 때문이다. 물론 이블린을 만나기 전까지 그랬다는 얘기다. 나는 매일 수업을 마치고 이블린의 가방을 집까지 들어다 주기 시작했다. 그리고 아침이면 웨스트 10번가에서 이블린을 기다리고 있다가 등교를 같이 하곤 했다.

마침내 이블린이 나를 집으로 초대해 주었다. 이블린은 아버지가 없었다. 아버지의 부재에 대해 이블린은 아무 얘기도 하지 않았고 나도 묻지 않았다.

얼마 후 이번에는 내가 이블린을 우리 집으로 초대했다. 이블린은 초대를 받아들였고 나는 어머니에게 이블린을 정식으로 소개했다. 자신의 아버지에 대해 이블린이 아무 얘기도 하지 않은 것처럼 나도 어머니가 청각장애인이라는 얘기를 미리 하지 않았다. 사실 어떻게 이야기해야 할지 모르기도 했다. 하지만 이블린에게 그것은 아무 문제도 아니었다.

내가 어머니에게 수화로 자신을 소개해주는 모습에 이블린은 놀라면서도 겉으로 티를 내지 않으려는 기색이 역력했다.

나중에 이블린은 나에게 여러 가지를 물어보았다. "넌 수화를 어떻게 배웠어?" "네가 수화를 배우기 전에는 부모님과 어떻게 말이 통했어?" "네 부모님은 태어날 때부터 소리를 못 들으셨대?" "너는 어떻게 청각장애가 되지 않았어?" 이블린의 질문에서 진정한 관심이 느껴졌기 때문에 나는 창피하다는 생각이 들지 않았다.

나도 질문을 했다. "네 손은 태어날 때부터 그랬어?" "손이 문에 끼어서 그렇게 된 거야?" "의사가 새끼손가락을 펼 수 없대?" 내 질문 역시 이블린을 창피하게 만들지 않았다.

이블린은 나에게 수화를 가르쳐 달라고 했다. 대부분의 수화가 양손의 동작을 요구하기 때문에 이블린은 처음엔 머뭇거렸다. 하지만 곧 내 시선을 의식하지 않고 내가 가르쳐준 가장 복잡한 수화까지 익히게 되었다. 이블린은 우리 집에 놀러 와서 어머니에게 자신이 배운 수화를 해보이기도 했다. 어머니는 이블린의 수화에 높은 점수를 주었다. "정말 잘한다. 아주 예쁘게 하는구나." 나는 어머니의 칭찬을 이블린에게 그대로 들려주었다.

어느 날 선생님이 새로운 학급활동 계획을 발표했다. 한 달 후부터 매일 아침 서너 명씩 차례로 돌아가면서 각자가 수행한 탐구 프로젝트를 발표하자는 것이었다. 프로젝트의 주제는 자유였다. 선생님은 몇 가지 예를 제시했다. 이를테면 우리는 과학 프로젝트로 나비 관찰을 해볼 수 있었다. 선생님이 첫 번째 예를 제시하는 동안 모든 학생들은 속으로 똑같은 생각을 했다. '브루클린에 나비가 어디 있다고?' 교실에 불평과 항의의 목소리가 퍼져나가자 선생님은 두 번째 예를 들었다. "아니면 유리병에 흙과 지렁이를 넣고 관찰해보는 건 어떨까요?" 문제는 지렁이를 어디서 찾느냐는 것이었다. 사실상 브루클린 전체가 콘크리트로 포장되어 있었기 때문이다. 볼멘소리가 더 커졌다. "아니면 개미 관찰 상자를 만들어 보세요." 드디어 실현 가능성이 있는 제안이 나왔다. 하지만 우리 반 학생 모두가 개미 관찰만 할 수는 없었다.

빈약한 레퍼토리가 바닥나자 선생님은 두 손을 들었다. "어떤 프로젝트든 다 좋아요." 그리고는 한마디 덧붙였다. "단 독창성과 프로젝트의 완성도가 중요해요. 그리고 재미도 있어야겠죠. 그리고 원하면 두 사람이 짝을 지어서 공동 프로젝트를 해도 돼요."

나는 이블린을 쳐다봤다. 이블린도 나를 쳐다봤다. 우리는 눈빛으로 공동 프로젝트를 하자는 데 동의했다. 그런데 뭘 하지?

점심시간에 이블린과 의견을 주고받다가 한 가지 아이디어가 떠올랐다. 아주 마음에 드는 아이디어였다. 그것은 선생님이 요구한 것처럼 매우 독창적이었다. 재미도 있을 것 같았다.

남은 일은 우리가 그것을 완벽하게 익히는 것이었다. 적어도 이블린은 그래야 했다. 우리가 하기로 결정한 것은 수화였다. 우리는 프로젝트의 제목을 "허공에 글씨 쓰기"로 정했다.

이후 4주 동안 우리는 방과 후 남는 시간의 대부분을 연습에 쏟아 부었다. 이블린의 집 앞 계단에 앉아 연습을 하고 있으면 우리보다 어린 동네 꼬마들이 구름처럼 몰려들었다.

"우리도 가르쳐 줘!" 아이들이 졸라댔다. "우리도 비밀 신호 가르쳐 줘."

거리에서 아버지에게 수화를 할 때 주위의 시선을 다소 의식하던 내가 이곳에서는 신기한 의사소통 방식을 알고 있다는 이유로 엄청난 인기를 누렸다. 나는 우쭐한 마음에 아버지로부터 배운 복잡한 수화를 짐짓 과장을 해서 보여주었다. 물론 내가 보여준 수화는 기본적으로 단어의 나열에 불과했다. 나는 시각적으로 그럴듯하게 보이는 것에만 신경을 썼을 뿐 내용이나 맥락은 따지지 않았다. 하지만 그것은 중요하지 않았다. 중요한 것은 수화를 복잡하고 능숙하게 보여주는 것이었다.

'곡예사'를 표현하는 수화는 무척 요란했다. 나는 아버지를 따라 매디슨 스퀘어가든에서 열린 링글링 브라더스 서커스단 공연을 보러간 적이 있었다. 그곳에서 아버지는 서커스와 관련된 많은 수화를 가르쳐주었다. 평소 집에서 사용할 일

9. 사랑에 빠지다

이 없었던 그 단어들은 내게 모두 생소했다. 하지만 일단 익히고 나서는 그 단어들을 어떻게든 사용할 핑계거리를 찾았다. "엄마, 보세요." 나는 침대 위에서 껑충껑충 뛰며 수화를 했다. "저는 곡예사예요." 나는 오른손의 검지와 중지로 곡예사의 두 다리를 만들어 왼쪽 손바닥에 올려놓고는 "다리"가 구부려졌다가 껑충 뛰어올라 두 바퀴 공중제비를 한 다음 착지하는 모습을 보여주었다. 착지의 충격으로 손바닥 위에서 다리가 휘청하는 묘사도 잊지 않았다. 내 수화는 완벽했다. 서커스 무대의 바닥에서 톱밥이 풀풀 날리는 모습까지 보였다. 적어도 내 눈에는 그랬다. 물론 어머니는 내게 박수갈채를 보냈다.

'비밀스러운' 수화의 대표적인 예로는 단연 배변에 관한 것을 들 수 있다. 먼저 오른손의 엄지를 왼손으로 감아쥔다. 그리고는 고통스러울 정도로 느린 움직임으로—마치 변비에 걸렸을 때처럼—오른손의 엄지가 주먹 쥔 왼손 아래로 쑥 빠져나오는 것이다. 평소 식이섬유를 많이 섭취한 경우에는 엄지가 빨리 내려온다.

아이들이 가장 좋아한 수화가 바로 그것이었다. 웨스트 9번가와 10번가에서 수화로 '똥'을 모르는 아이는 아무도 없었다.

드디어 예정된 날이 밝았다. 친구들의 발표가 시작되었다.

이블린과 나는 우리보다 먼저 발표하는 세 친구의 따분한 설명을 들으며 우리의 차례를 기다렸다. 첫 번째 발표한 친구는 반딧불이는 왜 빛이 나는지 설명하면서 반딧불이를 포도 젤리 병에 담지 않은 이유를 설명하는 데 더 많은 시간을 할애했다. 두 번째 나온 친구는 모기가 사람의 피를 빨아먹은 다음 어디에서 죽음을 맞이하는지 설명했다. (뚜껑에 구멍이 뚫려 있지 않아 공기가 통하지 않는 병 속에 열 마리의 모기가 평화롭게 잠들어 있었다.) 세 번째 나온 친구는 나방이 어떻게 나비가 되는지를 설명했다. (이건 말도 되지 않는 소리였다.) 그리고 우리의 차례가 되었다.

우리는 교실 앞으로 나갔다. 우리의 계획은, 이블린이 내 등 뒤에서 수화 동작을 그린 그림을 들고 있는 동안—물론 오른손으로—나는 그림과 일치하는 수화를 정확하게 보여주는 것이었다. 마치 몸으로 하는 철자법 대회처럼 이블린이 각각의 그림을 들면서 해당하는 단어를 말할 때마다 나는 몸으로 답을 해야 했다.

선생님이 우리 차례를 소개하자 우리 반 친구들의 절반이 수화로 '똥'을 외쳤다. 나머지 친구들은 배꼽을 잡고 웃어댔다. 선생님은 교실에서 무슨 일이 벌어지고 있는지 눈치를 채지 못하고 우두커니 서 있었다. 친구들의 요란한 손놀림으로 교실은 난장판이 되었다.

똥, 똥, 똥. 수화가 교실 위로 어지럽게 날아다녔다. 그것은 똥의 우박이며 똥의 토네이도였다.

잠시 후 선생님이 친구들을 진정시켰다.

선생님은 무엇 때문인지는 모르겠지만 계속해서 소란을 피우면 교장실로 보내겠다고 경고를 한 뒤 이블린과 나를 다시 소개했다.

이제 우리가 준비한 것을 친구들에게 보여줄 차례였다. 등 뒤에서 이블린이 "펭귄"을 외쳤다. 나는 양 손목을 젖혀서 옆구리에 붙인 채 손바닥을 바닥으로 향했다. 그 상태에서 목을 어깨에 파묻고 양쪽 어깨를 번갈아가며 으쓱거렸다. 나는 통나무처럼 뻣뻣한 걸음걸이로 얼음 위를 뒤뚱거리는 펭귄을 흉내 냈다. 박수가 쏟아졌다.

이블린이 "사슴"을 외쳤다. 나는 어두운 도로 한가운데에서 저만치 달려오는 헤드라이트에 겁을 먹은 사슴 한 마리를 상상했다. 나는 머리 위로 열 손가락을 쫙 펴서 사슴의 뿔을 만들었다. 다시 한 번 박수가 쏟아졌다.

"엘크!"

나는 엘크가 되었다.

"말코손바닥사슴!"

나는 말코손바닥사슴이 되었다.

친구들은 모두 열광했다. "더, 더, 더 보여줘!"

"코끼리!" 나는 컵을 쥐듯 오른손을 동그랗게 말아 코앞에 가져다댔다. 그리고는 부드러운 곡선을 그리며 우아하면서도 묵직하게 손을 아래로 떨어뜨렸다. 상상 속의 서커스 무대에서 나는 바닥에 떨어져 있는 땅콩을 집어 먹었다.

온 교실이 환호했다. 내가 보여준 수화에 친구들은 열광적인 반응을 보였다. 적어도 (앞에서 다른 친구들이 보여준) 열 마리의 죽은 모기나 빛도 나지 않는 반딧불이보다는 나은 게 틀림없었다.

이블린은 정글 속 동물들과 이국적인 새가 가득한 동물원으로 나를 들여보냈다.

이제 훨씬 복잡한 수화를 보여줄 차례가 되었다. 우리는 미리 정해둔 단어들을 시작했다.

첫 번째 수화는 이블린과 나 모두에게 익숙한 단어를 표현하는 것이었다. "수화로 '창피하다'는 어떻게 나타내지?" 이블린이 물었다.

나는 먼저 검지로 입술 위아래를 가리키며 '빨간색'을 나타낸 다음 마치 창피를 당해서 뜨거운 기운이 얼굴 위로 번지는 상태를 보여주듯 얼굴을 덮은 손바닥을 이마 쪽으로 천천히 올렸다.

친구들은 모두 숨을 죽이고 지켜보았다.

이블린이 다음 단어를 말했다. "수화로 '버리다'는 어떻게 나타낼까?" 갑자기 멍해졌다. 아무 생각도 나지 않으면서 나는 그 자리에 우두커니 서 있었다.

이블린이 재촉했다. "마이런, '버리다'?"

교실 앞에 서 있는 내게 모든 시선이 꽂혔다. 나는 두 손을 늘어뜨린 채 어찌할 바를 모르고 있었다. 창피함으로 얼굴이 화끈 달아오르는 것이 느껴졌다. 어찌된 일인지 그 수화가 도무지 기억나지 않았다.

이블린은 다시 재촉하는 것이 소용없음을 간파하고는 들고 있던 그림을 내려놓고 나를 위기에서 구하기 위해 앞으로 나섰다.

'버리다'는 두 손을 모두 사용해야 하는 수화이다.

조금의 망설임도 없이 이블린은 주머니에서 빼낸 왼손을 모든 친구들이 볼 수 있도록 머리 위로 높이 들었다. 친구들 쪽으로 쫙 편 손에서 구부러진 새끼손가락이 눈에 확 들어왔다. 이블린은 "정상적인" 오른손으로 늘 숨기고 싶었던 왼손 위를 천천히 쓸고 지나갔다. 그리고는 마치 어떤 물건을 움켜쥐듯 재빨리 오른손으로 주먹을 쥐고 쫙 펴진 왼손에서 무엇인가를 집어서 바닥에 내던지는 듯한 동작을 보여주었다. 이블린의 표정이 너무나 지긋지긋한 것을 내버리는 것처럼 생생했기 때문에 친구들 역시 바닥에 떨어진 그 징그러운 것이 교실에서 얼른 사라져 주기를 바라는 표정이었다.

이블린이 보여준 수화에 학급 전체가 침묵에 빠졌다. 친구들은 이블린이 방금 무엇을 했는지, 그 아이가 보여준 수화가 무엇을 의미하는지를 이해했다.

아무도 웃지 않았다.

갑자기 친구들이 환호성을 질렀다. 이번엔 이블린의 얼굴이 빨개졌다. 그러나 그것은 창피함 때문이 아니라 뿌듯함 때문이었다.

그날 이후로 이블린은 두 번 다시 왼손을 감추지 않았다.

그리고 그날 나는 이블린에게 완전히 반하고 말았다.

10

어머니의 비밀

학교 수업을 마친 어느 오후 갑자기 쏟아진 비가 동네 아이들을 모두 집으로 들여보냈다. 내가 집에서 할 일 없이 빈둥거리고 있을 때면 늘 그랬듯이 그날도 어머니는 나를 식탁에 불러 놓고 음식을 만들었다. 나는 요리하는 어머니의 모습을 보는 게 좋았다. 준비한 재료에 이것저것 조금씩 넣어가며 (어머니는 조리법이나 계량스푼 따위는 거들떠보지도 않았다) 어머니가 불을 조절하는 동안 나는 군침을 흘리며 음식이 익기를 기다렸다.

내 앞에 갓 만든 마초 브라이(matzoh brei: 밀전병에 버터와 달걀을 넣고 볶은 음식—옮긴이) 한 접시를 내려놓은 어머니가 흐뭇한 표정으로 음식을 먹는 내 모습을 지켜보았다.

"원래 엄마가 결혼하려던 사람이 따로 있었는데 너 몰랐지?"

 잘 익은 달걀과 바삭바삭한 마쪼의 맛있는 만남에 갑자기 찬물이 끼얹어졌다. '이게 도대체 무슨 소리야?'

 "엄마가 얘기해줄게. 네가 알고 있었으면 한다."

 나는 음식 맛이 싹 달아나서 포크를 내려놓고 어머니의 손과 얼굴을 쳐다보았다. 어머니는 수화를 시작하면서 동시에 입으로도 말을 했다. 내 친구들은 어머니의 발음을 전혀 알아듣지 못했지만 나는 어머니의 말을 모두 이해할 수 있었다.

 "너도 알다시피 엄마는 젊었을 때 코니아일랜드 해변에 가기를 참 좋아했어. 세상에서 제일 좋아하는 장소였지. 엄마는 얌전한 숙녀가 아니었단다. 젊은 남자들한테 거의 미쳐 있었지. 남자들도 나한테 미쳐 있었고."

 '미치다'라는 뜻을 나타내는 수화는 여러 가지가 있다. 그런데 남자들을 얼마나 좋아했는지 표현하기 위해 어머니가 사용한 수화는 손등에 입을 맞추는 동작을 포함하고 있었다. 어머니는 그 감정의 세기와 남들로부터 인정받고 싶었던 당시의 욕구를 표현하기 위해 손등에 연거푸 입을 맞추었다.

 남자들에게 얼마나 영향력이 있었는지를 전달하기 위해 어머니는 손을 오므려 얼굴 앞에 가져다 대고 앞뒤로 흔들며 그들이 넋을 빼고/완전히 미쳐서/홀딱 빠져 있었음을 보여주었다.

어머니, 코니아일랜드
해변에서 친구들과 함께

그리고는 잃어버린 옛 사랑의 이야기가 시작되었다.

"엄마가 사랑했던 남자는 정상적인 청력을 가지고 있었어. 나는 그 사람을 정말 좋아했어. 그 사람도 나를 사랑했고."

오랫동안 기억의 안개 묻혀 있던 이 코니아일랜드의 아도니스(Adonis: 그리스 신화에 등장하는 미소년—옮긴이)가 마치 그 시각 해변에서 당신을 기다리기라도 하는 것처럼 어머니의 표정은 상기되었고 그에 대한 묘사는 너무나 생생했다. 그는 해변의 태양과 올리브기름이 만들어낸 구릿빛 피부를 가지고 있었다. "그 사람을 처음 봤을 때," 수화를 하는 어머니의 눈이 아련한 과거를 응시하고 있었다. "온몸이 금빛으로 반짝거렸지."

아마 그 남자는 역기도 꽤 들었던 모양이다. 어머니는 그가 근육질의 몸을 가지고 있었으며, 어떻게 저런 부위에도 근육이 있을까 싶은 곳까지 단단한 근육이 있었다고 말했다. 이 말을 하는 동안, 맙소사, 어머니의 볼이 빨개졌다.

"네 외할아버지는 그 사람을 몹시 싫어하셨어. 이웃 중의 누군가가 그 사람이 나를 건드리고 있다고 말했나봐. 그런데 그건 사실이 아니었어. 내가 허락했다면 그 사람도 그렇게 했을지 모르지. 하지만 나는 그 사람의 애간장을 태우기는 했어도 선을 넘지는 않았단다." 어머니는 미소를 지었다. 머릿속으로는 아마 오래 전의 아름답고 순결한 처녀를 그리고 있었으리라. 그리고 다음 순간 어머니의 표정이 어두워졌다.

"어느 날 해변에서 놀다가 집에 들어왔는데 다짜고짜 아버지가 내 뺨을 때리시는 거야. 나는 큰 충격을 받았지. 아버지는 한 번도 나를 때리신 적이 없었거든. 아버지는 어린 시절 헝가리에서 집시로 살았는데, 어머니는 늘 시댁 식구들이 집도 없이 숲 속을 떠돌아다니는 '짐승 같은' 사람들이라고 하셨어. 지금 생각해보면 어머니는 아버지를 조금도 사랑하지 않으셨던 것 같아." 어머니는 잠시 생각에 잠겼다.

"아버지는 오빠나 남동생들에게는 무척 엄하셨지만 나는

응석받이로 키우셨어. 집은 가난했고 아버지는 일정한 직업이 없었지만 푼돈이라도 생기면 아버지는 그 돈을 모두 나에게 쓰셨단다. 아버지는 내가 장애를 가지고 있다는 사실에 평생 마음 아파하셨어. 그리고 무슨 까닭인지 내 장애에 대해 스스로를 탓하셨어. 어쨌든 그런 아버지가 나를 때릴 정도로 화가 난 이유를 얼마 후에 알게 됐지. 바로 내가 좋아하던 그 남자가 직업이 없었다는 거야. 더군다나 그 사람은 소리를 들을 수 있었거든. 스트라이크 세 개로 그 사람은 그렇게 아웃이 되었어. 그리고 나에게도 그 사람을 다시는 만나지 말라고 하셨지. 그 다음 주에 아버지가 해변에 가서 그 사람을 직접 만나셨어. 황소처럼 힘이 센 아버지는 면전에서 실실 웃는 그 사람을 한 주먹에 때려눕히셨대." 어머니는 짧은 한숨을 내뱉었다.

"그때부터 그 사람은 나를 아는 척도 하지 않더라. 가슴이 무너지는 것 같았지. 특히 그 사람이 청각장애가 있는 다른 여자와 어울리는 모습을 보고는 정말 미쳐버릴 것 같았어. 내가 그 사람을 진정으로 사랑했는지는 잘 모르겠다. 하지만 나중에 돌이켜보니까 그 사람이 그토록 고마웠던 이유는 바로 나에게 보여준 관심 때문이었어. 정상적인 청력을 가진 사람들 중에 나에게 그런 관심을 보여준 사람은 아무도 없었거든."

나는 큰 충격을 받았다. 외할아버지의 과거에 대해 나는 아는 게 거의 없었다. 하지만 〈늑대 인간〉이라는 영화에서 집시들을 본 적이 있었기 때문에 외할아버지가 집시였다는 사실이 오싹하게 느껴졌다. 그 영화에 등장하는 흉측한 외모의 집시들은 마차를 타고 숲 속에 들어가 비밀스러운 생활을 했다. 어머니가 젊었을 때 다른 남자를 사랑했다는 사실 역시 믿기 힘든 얘기였다.

어머니는 이야기를 계속했다. "아버지는 뉴욕에 사는 청각장애인들의 모임에 광고를 하고 다니셨어. '제 딸아이가 시집을 가야 하는데 좋은 남자 좀 소개시켜 주십시오. 다른 조건은 필요 없고 직업만 있으면 됩니다. 노동조합원증을 가지고 있는 총각이면 금상첨화죠.' 이렇게 말이야."

나는 어머니가 정상적인 청력을 지닌 사람과 결혼했더라면 과연 나는 어떻게 되었을까 생각해보지 않을 수 없었다. 부모님 가운데 한 분은 듣고 한 분은 듣지 못한다면 그 가운데에 끼어서 나는 어떻게 살았을까? 그런 상황은 상상할 수조차 없었다. 나는 외할아버지가 구릿빛 피부의 그 근육질 사내를 때려눕힌 게 새삼 고마웠다. 무엇보다도 다른 사람이 내 아버지가 될 수도 있었다는 사실은 상상할 수조차 없었다. 이 세상에서 내가 사랑하는 아버지는 오직 한 분이었다.

"그렇게 해서 아빠를 만나게 된 거야. 엄마는 처음엔 아빠가 별로 마음에 들지 않았어. 헤어진 사람에 대한 감정이 너무 강렬했던 거지. 하지만 그때만 해도 엄마는 사랑이 뭔지 몰랐었나봐. 분만실에서 간호사가 너를 내 품에 안겨주는 순간 그때 깨달았어. 내가 올바른 선택을 했구나 하고."

이야기를 마친 어머니가 내 볼에 입을 맞추며 말했다. "어서 먹어."

이름에 담긴 뜻

동네 친구 폴은 우리끼리 부를 때는 폴리였다. 프랭크는 프랭키, 토머스는 토미 그리고 로널드는 로니였고 나랑 친했던 해럴드는 헤쉬였다. 마이런은 흔한 이름이 아니었기 때문에 일반적으로 부르는 별칭이 따로 없었다. 그렇다고 친구들이 나를 마이런이라고 불렀을 리는 없다. 친구들 사이에서 나는 마이크 또는 마이키로 통했다.

당신이 직접 지어준 이름을 내가 한때 버린 적이 있다는 사실을 알았다면 어머니는 아마 크게 낙담했을 것이다. 소리가 들리지 않는 어머니의 귀에 '마이런'이라는 이름의 발음은 너무나 감미로웠다.

청각장애를 가진 부모들은 보통 아이들의 별칭을 따로 짓는다. 아이들의 이름을 부를 때마다 손가락으로 철자를 그려 보이는 것은 불필요한 시간 낭비이기 때문이다. 그래서 부모들은 보통 간단한 수화로 표현할 수 있는 별칭을 아이들에게 만들어준다. 그런 별칭을 '수화 이름'이라고 한다.

수화 이름은 쉽게 지어지지 않는다. 일단 지어놓으면 아이가 어렸을 때, 더러는 아이가 어른이 되어서까지도 부모는 그 별칭으로 아이를 부르기 때문이다.

어머니는 마이런이라는 이름을 너무나 좋아했기 때문에 수화 이름에도 그 흔적을 남기려 했다. 그래서 붙여진 별칭이 내 이름의 첫 글자 M과 성의 첫 글자 U를 붙인 MU였다. MU는 암소가 '무~' 하며 내는 소리와 비슷할 거라는 게 어머니의 생각이었다. 하루는 어머니가 가운데 손가락 세 개를 구부려서 손바닥에 붙이고 엄지와 새끼손가락은 쭉 펴서 암소의 뿔 모양을 만들어 보였다. 어머니는 관자놀이에 갖다 댄 이 '뿔'을 앞쪽으로 까딱거리면서 동시에 입으로 소리를 냈다. "무~." 이어서 어머니가 내게 물었다. "엄마가 네 수화 이름 만든 건데 어때?"

"싫어요!"

얼마 후 밖에 놀러 나가려는 나를 어머니가 붙들었다. "잠

10. 어머니의 비밀

깐만! 네 수화 이름 새로 지었어." 청각장애인들은 아이에게 이상적인 수화 이름은 그 아이의 특징을 하나의 동작으로 표현할 수 있어야 한다고 믿는다. 그렇다면 수화 이름을 새로 짓는 것은 어머니에게 어려운 일이 아니었다. 어머니는 사랑하는 아들이 나무나 인공 암벽 타기를 좋아한다는 사실에 주목했다. 어머니는 나를 똑바로 쳐다보면서 손으로 볼을 긁기 시작했다. 원숭이를 뜻하는 수화였다.

나는 경악했다. 동네에서 친구들과 놀고 있을 때 어머니가 나를 부르러 오면서 볼을 긁는 장면은 상상하기조차 싫었다.

내가 좋아할 만한 수화 이름을 짓기가 쉽지 않음을 깨달은 어머니는 나를 그냥 예전처럼 불렀다. "므아아아런."

살아오는 동안 나는 내 이름이 마음에 든 적이 없었다. 나는 마이크로 불리기를 더 좋아했다. 현재의 아내와 두 명의 전처, 내 아이들, 손자들, 그리고 친구들과 심지어는 출판사와 은행에서도 나를 마이크로 알고 있다. 사실 대학에 진학하며 집을 떠난 그날부터 부모님을 제외한 모든 사람들에게 내 이름은 마이런이 아니었다. 그러다가 거동이 불편해진 89세의 어머니를 집에 모시게 되었을 때 나는 용기를 내어 어머니에게 왜 내 이름을 마이런으로 지었는지 물어보았다.

가는귀를 먹을 일이 없는 어머니는 조금도 지체하지 않고 대답했다. "발음이 예쁘잖니."

내가 처음 쓴 책이 출판되었을 때 나는 출판사에서 보내준 책을 곧바로 어머니에게 보여드렸다. 단순한 책이 아니라 살아 있는 강아지를 안듯 책을 받아든 어머니가 표지에 있는 내 이름을 손가락으로 더듬었다. 어머니의 입가에 미소가 흘렀다. "예쁜 이름이야, 므아아아런."

그날 이후 나는 다시 마이런으로 불리는 게 좋아졌다.

11

색깔에도 소리가 있다

스스로는 아무 책임도 지지 않는 정부가 전국 단위의 평가로 학생들에게 모든 책임을 떠넘기는 요즘의 상황과는 달리, 공교육이 행복을 구가하던 그 시절 브루클린의 공립학교들은 다양한 미술 교육을 제공했다. 미술에 전혀 재주가 없었던 나로 말하자면, 무엇을 그렸는지 알아볼 수도 없는 스케치에 물감을 몇 군데 덕지덕지 칠한 도화지를 아무렇게나 접어서 집에 들고 오곤 했다. 다른 아이들과 마찬가지로 나도 선생님으로부터는 칭찬을 들은 적이 없었지만 집에서는 "작품"의 진가를 알아보는 부모님의 찬사가 이어졌다.

어느 날 나는 브루클린 대교를 그린 내 스케치를 자세한 설명을 곁들여—설명이 반드시 필요했기 때문에—아버지에게 보여드렸다.

"그리고 이건 갈매기들이에요." 나는 검정색 선이 어지럽게 날아다니는 부분을 손으로 짚었다.

"그래," 아버지의 손이 떨떠름한 표정을 지으며 말했다. "갈매기 같아 보이는구나."

나는 도화지 귀퉁이에 빨간색 동그라미를 하나 그렸다. 그림 전체에서 유일하게 색깔이 들어간 부분이었으나 내 예술적 감수성을 다른 사람의 눈으로 알아보기는 힘들었다.

"이건 해예요." 나는 작품에 대한 설명을 계속했다. "그림의 제목은 '브루클린의 아침'이고요."

아버지는 빨간색 동그라미를 유심히 보면서 말했다. "빨간색은 성난 색깔이라 아주 시끄럽구나. 너무 시끄러워서 귀가 아파."

앞에서 언급했다시피 아버지는 색깔에 소리가 있다고 생각했다. 소리를 전혀 듣지 못하는 아버지가 그런 말을 하는 것이 나는 이해가 되지 않았다.

"아빠는 왜 색깔에 소리가 있다고 생각하세요?" 나는 궁금한 마음에 물어보았다.

"아빠가 학교 다닐 때 한 남자가 양손으로 귀를 막고 비명을 지르는 모습의 그림을 본 적이 있는데 그게 얼마나 시끄러웠는지 모른다. 남자의 머리 위로 하늘은 소용돌이치는 빨간색으로 그려졌는데 지금도 그 그림을 잊을 수가 없다. 그와는 정반대로 파란색은 시원해. 물처럼 말이야. 그리고 아주 축축하게 들린다."

나는 아버지의 말을 이해할 수 없었다. 축축하게 들린다는 건 또 뭐야?

다음날 아침 아버지는 나에게 각기 다른 색깔에서 어떤 소리가 나는지를 물었다.

"검정색은 어떤 소리가 나니?" 코니아일랜드의 서프가街를 걸으며 아버지가 물었다. 8월 중순의 하늘에 먹구름이 몰려들고 있었다. 하늘을 빽빽하게 메운 구름이 서로 엉기면서 잿빛 하늘은 점점 검정색으로 변해갔다. 소금기를 머금은 차가운 바람에 머스터드소스를 바른 프랑크 소시지와 옥수수 버터구이 그리고 팝콘 냄새가 희미하게 실려 왔다.

하늘이 한밤중처럼 어두워졌다. 번개가 캄캄한 하늘을 찢었고 이어서 천둥소리가 울려 퍼졌다. 찢어진 구름의 틈새로 폭우가 쏟아지자 아스팔트 도로는 이내 쓰레기들이 휩쓸려 내려오는 작은 급류로 변했고 하수구에서 역류한 물은 도로를 가로지르며 작은 파도를 만들어냈다. 차량에서 내린 사람들은 거센 빗줄기를 피해 서둘러 건물 안으로 뛰어 들어갔다. 나는 아버지의 팔을 잡아끌었지만 아버지는 꿈쩍도 하지 않고 비가 쏟아지는 새까만 하늘만 올려다보았다.

"검정색에서 어떤 소리가 나냐니까?"

아버지가 다시 물었다.

귀가 아플 정도로 큰 천둥소리가 울렸다.

"천둥소리 비슷하게 나요." 나는 두 주먹을 연거푸 맞부딪치며 수화로 대답했다.

"그렇게 대답해서는 알 수가 없어." 아버지의 얼굴이 실망감으로 일그러졌다. "천둥은 어떤 소리가 나는데?"

나는 비에 흠뻑 젖은 몸을 부들부들 떨면서 대답했다. "망치소리 비슷해요." 나는 마치 눈에 보이지 않는 망치를 쥔 듯 오른손을 힘껏 올려서 주먹 쥔 왼손에 내리쳤다.

아버지는 이해가 된다는 표정을 지었다. "아, 망치 같단 말이지. 내 손처럼 단단한 망치."

아버지는 그제야 만족한 표정으로 내 손을 잡고 가까운 상점의 천막 아래로 가서 비를 피했다. 거리 모퉁이의 키 작은 나무들이 바람에 휘청거렸다. 가느다란 가지에서 뜯긴 나뭇잎들이 우리가 서 있는 쪽으로 날아왔다.

"얼굴에 바람이 부딪치는 게 느껴지는구나. 바람은 어떤 소리가 나니?" 아버지가 물었다.

내가 어떻게 대답을 해야 할지 궁리를 하는 동안 소나기를 몰고 온 구름이 조금씩 바다 쪽으로 물러나며 코니아일랜드의 대관람차가 시야에 들어왔다.

"됐다." 아버지가 말했다. "좋은 자리 다 놓치기 전에 어서

11. 색깔에도 소리가 있다

가자." 그날 아침 어머니는 감기 증세로 집에 남았고 동생도 어머니 곁에 남아 있었다. "엄마 친구들에게 안부 전해 주렴." 어머니는 집을 나서는 내게 말했다. "벤에게도 안부 전해줘요." 어머니의 손이 아버지를 향해 장난스럽게 말했다.

우리가 바닷가의 모임 장소에 도착했을 때 이미 여러 청각장애인 부부가 자리를 잡고 있었다. 브롱크스에서 온 세 쌍의 부부와 퀸즈에서 온 한 쌍의 부부가 우리를 반갑게 맞아주었다. 이 모임에 참석하는 사람들은 늘 먼저 도착한 순서대로 산책로 가까운 곳부터 자리를 잡곤 했다. 늦게 온 사람들이 산책로에서 먼 쪽으로 가서 일찍 도착한 사람들과 원을 그리며 둘러앉는 게 이 모임의 오랜 관행이었다. 우리는 접이식 의자를 펼치고 자리에 앉았다.

뉴욕 각지에서 사람들이 차례차례 도착했다. 사람들이 새로 도착할 때마다 원을 더 크게 만들기 위해 저마다 의자를 옮겨서 다시 펴느라 대화는 잠시 끊겼다. 자리가 정리되면 사람들은 다시 손을 바삐 움직이며 대화를 이어갔다.

나는 각자의 성격과 거주하는 지역에 따라 조금씩 차이를 보이는 수화를 흥미롭게 관찰했다. 수화의 방식에는 남녀에 따른 차이도 있었다. 남자들은 여자들보다 크고 간결한 동작으로 수화를 하는 경향이 있었다. 외향적인 사람들의 수화가 좀 더 큰 동작을 수반하는 반면 내성적인 사람들의 수화는 보다 조심스럽고 동작이 작았다. 어떤 사람들의 수화는 거침없고 시끌벅적한 반면에 어떤 사람들은 얌전하게 소곤거리듯 수화를 했다. 어떤 사람들은 익살스럽게 수화를 했고 또 어떤 사람들은 진중한 태도로 수화를 했다. 조지아의 작은 마을에서 브롱크스로 이주한 부부의 수화에는 사투리가 섞여 있어서 알아보기가 무척 힘들었다. 아버지는 내게 그 부부의 말투가 무척 느리다고 말했다. 실제로 그 분들의 수화는 끈적끈적한 시럽처럼 손에서 천천히 흘러내렸다.

여러 해 동안 뇌졸중으로 고생한 어느 부인은 수화를 더듬거렸다. 그분의 수화는 손에 달라붙어서 잘 떨어지지 않는 것 같았다. 그래서 한마디를 꺼낸 다음에는 답답한 듯 손가락을 흔들어 수화를 털어내기도 했다.

아저씨 한 분의 짧고 더듬거리는 수화는 유치해 보이기까지 했다. 아버지는 의아한 표정으로 그분을 쳐다보는 나에게 조용히 손으로 말했다.

"저 분은 어렸을 때 시골 농장에서 자라셨어. 가족 가운데 저 아저씨만 소리를 못 들었는데 다른 식구들은 수화를 전혀 할 줄 몰랐대. 그런데 집이 가난하니까 저 아저씨의 아버지는 일손이 필요하다며 아이를 학교에 안 보낸 거야. 열네 살이 되어서야 농아학교에 갔지만 이미 때는 늦은 거지. 그때부터 배우기 시작했지만 남들만큼 수화를 잘 할 수가 없었어. 저

분은 정신적으로는 아직 어린아이라고 할 수 있다. 지금껏 아이처럼 이야기할 뿐 수화가 잘 늘지 않아. 슬픈 일이다."

아버지의 수화는 빠르고 분명했다. 도시에 거주하는 전형적인 청각장애인의 수화였다.

그날 코니아일랜드 해변의 허공에 그려진 수많은 수화의 파노라마를 돌이켜보면 마치 시스티나 성당의 천장화처럼 수화가 복잡하고 다채롭다는 생각이 든다.

"샐리는 같이 안 왔습니까?" 누군가의 손이 물었다. (샐리는 렉싱턴 농아학교 시절부터 줄곧 어머니를 부르는 애칭이었다.) 그 질문을 한 사람은 결혼 전 어머니의 남자친구들 가운데 하나인 벤 아저씨였다.

"제 아내 사라는 집에 있습니다. 감기에 걸려서요." 아버지는 '아내'와 '사라'를 강조해서 수화를 했다.

아버지는 벤 아저씨를 싫어했다. 까마득한 과거의 일이지만 한때 어머니의 남자친구였다는 사실을 떨쳐버리기 힘들었던 모양이다.

"그래, 그 친구 잘생기기야 했지." 언젠가 나는 아버지가 팬우드 농아학교 시절부터 친하게 지내온 모트 아저씨에게 말하는 것을 본 적이 있다. "그 친구 아직 머리도 세지 않았지만 그건 염색을 해서 그런 거야. 자기 마누라 몰래 바람도 피운다고." 아버지는 다른 사람이 볼까봐 소곤거리듯 수화를 했다.

"루, 이젠 그만하게." 모트 아저씨의 손이 말했다. "15년 전의 일 아닌가? 뭐 하러 신경 쓰나? 자네는 버젓한 직장이 있고 그 친구는 아직도 백수건달인데."

"자네 일이 아니라고 그렇게 말하지 마."

아버지가 대답했다.

"제 아내 사라가 안부 전하랍니다." 아버지가 벤 아저씨에게 말했다. 아버지는 억지로 웃어 보였지만 표정에는 불편한 심기가 그대로 드러났다.

그때 네 쌍의 부부가 새로 도착해서 소풍 바구니를 내려놓고 접이식 의자와 양산을 펴느라 부산을 떨었다. 따라온 아이들은 북적대는 사람들 틈에서 부모님 곁에 착 달라붙어 있었다.

사람들이 둘러앉은 원이 더 커졌다. 자리가 정돈되자 사람들의 손이 총소리에 놀란 새떼의 날갯짓처럼 또 다시 분주하게 푸드덕거리기 시작했다. 매주 일요일마다 만나면서도 사람들은 할 이야기가 아주 많아 보였다.

부모님을 따라온 아이들은 마치 접이식 의자와 양산의 우리 안에 갇혀 있는 작은 짐승들처럼 조금씩 커지는 원 한가운데에서 비치 타월을 두르고 앉아 있었다. 8월의 일요일 한낮에 코니아일랜드에서 길을 잃는다는 것은 어느 아이에게나 마찬가지겠지만 특히 부모님이 청각장애인인 경우 두려운 일이었다. 부모님과 떨어져 길을 잃은 사내아이는 (사람들로 북적대는 해변에서 흔히 있는 일이거니와) 보통 지나가는 사람들에 의해 가까운 해상구조대 초소로 보내졌다. 내가 "사내아이"라고 한 이유는 여자아이들은 제멋대로 돌아다니다가 길을 잃는 경우가 거의 없었기 때문이다. 해상구조대원들은 이름과 사는 동네 등을 물어본 다음 아이를 데리고 초소의

코니아일랜드 해변에서 동생과 아버지와 함께

망대에 올라 연신 호루라기를 불었다. 물론 이 모임에 따라온 아이들의 경우 호루라기 소리는 아무 도움도 되지 않았다. 우리는 그저 부모님이 알아채고 우리를 찾으러 와주길 바랄 수밖에 없었다.

늦은 오후가 되어 한 쌍의 부부가 스테이튼 섬에서부터 배와 지하철을 갈아타고 마지막으로 도착했을 때 크게 원을 그리고 있는 의자는 줄잡아 백 개는 되어 보였다. 모든 의자에 청각장애를 가진 사람들이 앉아 있었다. 그들은 부산스럽게 수화를 주고받았으며 더러는 멀리 원의 맞은편에 앉아 있는 사람끼리 수화를 주고받기도 했다. 이 모임에서는 서로 간에 비밀이란 게 없었다.

"파도는 어떤 소리가 나니?" 갑자기 아버지가 물었다. "백사장에 부서지면서 틀림없이 무슨 소리가 날 것 같은데."

나는 모래성을 쌓고 있는 중이었다. 물기를 머금은 모래는 단단하고 두꺼운 성벽이 되었고 꼭대기에는 그럴듯한 모양을 갖춘 세 개의 탑에 대포가 하나씩 배치되었다. 해자를 건너 성문으로 이어지는 다리도 만들어졌다. 나는 성을 지키는 작은 모래 군인들을 만들고 있었기 때문에 주변 사물이 어떤 소리를 내는지 따위에 대답할 여유가 없었다. 나는 아버지의 손을 못 본 척했다.

아버지가 내 어깨를 잡고 흔들었다. "파도에서 어떤 소리

가 나냐고?'

'또 시작이구나.' 못 본 척해도 소용없었다. "시끄러운 소리요." 나는 건성으로 대답했다. "당연히 시끄럽겠지." 아버지는 포기할 생각이 없었다. "하지만 시끄러운 건 많잖아. 나도 발바닥으로 시끄러운 소리는 들을 수 있어. 그런데 시끄러운 것도 저마다 소리가 다를 거 아니야." 나는 결국 하던 일을 멈췄다.

"음." 나는 어깨를 으쓱해 보이며 적절한 대답이 생각나지 않지만 최선을 다해 대답을 찾고 있다는 표정을 지었다.

"파도는 백사장에 부딪치면서 젖은 소리가 나요."

대답을 하면서 나는 아버지가 젖은 소리는 어떤 소리냐고 물을 거라 예상했다. 역시나 내 손이 떨어지기가 무섭게 아버지는 다그치듯 물었다. "어떻게 젖은 소리? 거친 강물에? 아니면 이슬비에? 눈물에?"

난감했다. "그냥 파도처럼 젖은 소리요!" 처음엔 그렇게 대답할 수밖에 없었다. 그리고는 다시 생각을 가다듬고 수화를 했다. "파도는 십억 개의 물방울이 백사장에서 부서지는 소리를 내거든요. 그런데 그 물방울들 소리가 모두 합쳐지면서 엄청나게 큰 소리를 내요. 그러니까 젖은 바다가 모래를 때리면서 내는 소리죠." 나는 나름대로 최선을 다해 설명을 했다.

내 말이 끝나자 아버지가 나를 꼭 껴안았다. 그리고는 모래

위에 무릎을 꿇어 눈높이를 맞춘 다음 손으로 말했다. "고맙다. 이제 좀 알 것 같구나."

바로 그때 모트 아저씨가 아버지의 어깨를 잡고 흔들었다. "루, 저기 좀 봐! 샐리가 왔어!"

아니나 다를까 어머니가 동생의 손을 잡고 소리 없는 원 안에 들어와 있었다. 어머니는 파란색 투피스 수영복을 입고 짧게 자른 머리에는 노란색 꽃이 달린 고무 수영모를 쓰고 있었다. 어머니는 여름엔 늘 머리를 짧게 잘랐다. 어머니의 모습이 참 예뻤다. 어머니가 접이식 의자를 채 펴기도 전에 벤 아저씨가 달려와서 폭풍에 풍차가 돌아가듯 정신없이 수화를 했다.

나는 아버지가 혼잣말로 수화를 하는 모습을 보았다. "내가 저 녀석을 죽이고 말 거야."

어머니는 벤 아저씨의 팔을 가만히 붙잡아 내려서 아저씨의 손을 다물게 했다. 그리고는 아버지를 향해 입이 귀에 걸릴 만큼 환한 웃음을 지어 보였다.

아버지가 만일 아이스크림이었다면 그 웃음의 온기로 그 자리에서 녹아버리고 말았을 것이다.

12

트라이앵글과 치와와

그 시절 브루클린의 공립학교들은 학구적이고 "실용적인" 교과들보다 훨씬 풍요로운 교육과정을 운영하면서 미술뿐만 아니라 음악에도 큰 비중을 두었다. 하지만 음치였던 나는 미술과 마찬가지로 음악 쪽으로도 전혀 재주가 없었다.

초등학교에서의 첫 음악 시간에 선생님은 조율이 제대로 되지 않은 피아노로 우리에게 국가를 가르쳤다. 음악실의 뿌연 유리창으로 들어오는 초가을의 햇살이 입만 벙긋벙긋하며 노래하는 시늉만 내는 학생들의 가상한 노력을 비춰주었다. 불운하게도 유리창으로 길게 들어온 햇살의 막대가 꾹 다물고 있는 내 입술을 비추었다. 이내 선생님이 나를 주목했다.

"마이런," 선생님이 반주를 멈췄다. "고양이가 네 혀를 깨물기라도 했니?"

"아니요, 선생님." 나는 일어나서 대답했다.

"애들아, 마이런과 함께 다시 한 번 불러보자." 선생님이 말했다.

나는 나름 열심히 노력했다. 하지만 몇 마디 부르기도 전에 피아노 반주가 다시 멈췄다. 그와 동시에 내 가창의 이력도 끝이 났다.

"마이런," 선생님이 유난히 부드러운 어조로 말했다. "우리가 성공적으로 합창을 할 수 있도록 지금부터 네가 가장 중요한 역할을 맡아줘야겠다."

피아노 의자에서 일어나 내 쪽으로 다가온 선생님은 내 손에 삼각형 모양의 금속을 쥐어주었다.

"이게 뭐예요?" 내가 물었다. "이거 꼭 삼각형triangle처럼 생겼는데요."

"그래, 맞았어." 선생님이 말했다. "넌 어쩌면 그렇게 이해도 빠르니."

그때부터 나는 음악 시간에 노래를 부를 필요가 없었다. 나는 맨 뒷줄에 서서 합창의 중간 중간 마음 내킬 때 트라이앵글을 쳤다. 물론 이따금 울리는 약한 금속음은 친구들의 씩씩한 합창 소리에 완전히 묻히고 말았다.

"꾸준히 연습해라." 선생님이 말했다. "뭐든 열심히 연습하면 완벽해지는 법이다." 선생님은 수업이 끝나고 집에 돌아가려는 내게 트라이앵글을 건네주었다.

나는 트라이앵글을 손에 쥐고 한걸음에 집으로 뛰어갔다. 집에 도착해서 어머니와 동생에게 인사를 하자마자 나는 자랑스럽게 트라이앵글을 들어 보였다.

"난 이제 음악가야." 나는 동생에게 큰소리로 말하면서 동시에 어머니에게 수화를 했다. "선생님이 내가 합창에서 제일 중요한 역할을 한댔어."

"그것 참 잘됐구나." 대공황의 한복판을 살아온 분답게 어머니의 반응은 간결했다. "배고프지? 앉아라. 엄마가 마초 브라이 만들어줄게."

"연습 먼저 해야 돼요. 선생님이 열심히 연습하라고 하셨단 말이에요."

"먹는 게 우선이야. 배가 든든해야 연습할 힘이 나지." 어머니는 가슴에서 앞으로 쭉 내민 손으로 주먹을 쥐어 보였다.

어머니의 인생철학에 따르면 어려운 문제에 맞닥뜨렸을 때 그것을 극복하기 위해서는 일단 배가 든든해야 했다.

그날 저녁 여느 때처럼 아버지는 옆구리에 신문 한 부를 끼고 집에 돌아왔다.

"오늘은 해줄 얘기가 아주 많단다." 아버지는 동생과 나에게 야단스럽게 수화를 했다. "오늘 헤드라인 기사가 정말 굉장하거든."

저녁식사를 마친 후 어머니가 설거지를 하는 동안 아버지는 늘 동생과 나를 앉혀 놓고 그날의 주요 뉴스를 설명해주었다. 그 시절 신문의 1면을 장식한 뉴스들은 유럽과 영국 그리고 두 명의 웃긴 남자들에 관한 것이 대부분이었다. 한 사람은 땅딸막한 몸집에 늘 턱을 쑥 내민 모습이었고 다른 한 사람은 머리를 어디에서 잘랐는지 바보처럼 보이는 머리에 콧수염을 기르고 있었다. 아버지는 찰리 채플린은 물론 히틀러의 흉내도 잘 냈다. 유럽의 뉴스는 우울했지만 뒷짐을 지고 거드름을 피우며 걷는 무솔리니와 바보처럼 경례를 하며 온 세상을 정복하겠다고 떠들어대는 히틀러의 흉내를 내는 아버지 덕분에 우리는 배꼽을 잡고 웃을 수 있었다. 우리는 하마터면 히틀러의 공언이 실현될 수도 있었다는 사실은 전혀 알지 못했다.

무솔리니와 히틀러는 나쁜 놈이었다. 프랭클린 루스벨트는 좋은 놈이었다. 윈스턴 처칠은 좋은 놈 편의 2인자였다. 그 시절 내게는 모든 것이 분명했다.

"저도 오늘 굉장한 소식이 있어요." 나는 아버지의 수화에 끼어들었다. "제가 우리 반 합창에서 제일 중요한 역할을 맡았어요."

나는 내 방에서 트라이앵글을 들고 나와 아버지에게 보여드렸다.

"보세요. 이게 트라이앵글이에요. 선생님께서는 저만 믿으신대요. 저한테 '연습해라. 그러면 아이들이 너의 연주를 따라 노래를 부를 거다.' 그러셨거든요."

"우리 아들이 음악가로구나." 아버지의 손이 사뭇 진지한 표정으로 말했다. "그럼 치와와도 한 마리 있어야 할 텐데." 아버지가 'chihuahua'의 철자를 또박또박 보여주었다. 아버지의 손을 쳐다보다가 연달아 나오는 'h'와 그 뒤를 따르는 'u'와 'a'에 눈이 어질어질했다. 아버지는 'h'와 'u a' 사이에서 씩 웃음을 지었다. 나는 아버지가 농담을 하고 있다는 것을 눈치 챘다. 하지만 시치미를 떼고 조지 번즈가 그레이시 앨런(라디오 프로그램 〈번즈와 앨런 쇼〉로 큰 성공을 거둔 부부 코미디언-옮긴이)에게 장단을 맞춰주듯 아버지의 농담에 기꺼이 조연 배우가 되기로 했다.

"치와와가 뭐예요?" 나는 손가락으로 'h'와 'u a'를 족히 열 번은 반복하며 아버지에게 되물었다.

"그건 개야." 아버지는 무릎을 톡톡 두드리다가 손가락으로 딱 소리를 냈다. 그리고는 개의 앞발처럼 오른손을 오므려서 귀를 문질러댔다. "아주 작은 개야. 그런데 귀는 무척 커."

우리는 좁은 아파트에서 살았기 때문에 크기와 관계없이 개가 화제에 등장하는 일은 거의 없었다. 하지만 아버지의 수화를 지켜보면서 나는 아주 작고 똘똘한 개 한 마리를 눈앞에서 보는 것 같았다. 아버지가 허공에 그린 수화에서 개 한 마리가 튀어나와 멍멍 짖기까지 했다.

"위대한 룸바 밴드의 리더인 자비에 쿠거Xavier Cugat는," 아버지의 손이 이름의 철자를 빠르게 썼다. "연주 여행을 다닐 때 주머니에 치와와를 넣고 다녔거든. 이제 너도 트라이앵글을 연주하니까 주머니에 개 한 마리를 넣고 다녀야 할 것 같다."

아버지는 자리에서 일어나더니 앞치마를 두르고 설거지를 하고 있던 어머니의 팔을 잡아끌어서 두 분만이 들을 수 있는 룸바 리듬에 맞춰 주방에서 미끄러지듯 춤을 추기 시작했다.

드디어 음악 발표회 날이 되었다. 강당은 학부모들로 가득 찼다. 브루클린의 모든 학부모들이 대단한 재능을 지닌 아들 딸의 특별한 공연을 놓치지 않기 위해 일손을 놓고 달려왔다.

아버지와 어머니는 동생을 데리고 앞자리를 차지하기 위해 남들보다 일찍 도착했다. 비록 내가 맡은 트라이앵글 소리를 들을 수는 없었지만 아버지와 어머니는 아름다운 선율에 일조를 할 내 모습을 조금이라도 가까이에서 보고 싶었던 것이다.

객석의 앞자리에서 요란한 손짓으로 수화를 주고받는 부모님의 모습을 본 선생님이 내 자리를 무대의 맨 앞으로 옮겨주었다.

세월이 많이 흘러 그날 공연의 기억은 거의 지워졌지만 번번이 박자를 놓쳤다는 기억은 어렴풋이 난다. 정신을 바짝 차렸지만 나는 연주하는 내내 한두 박자 늦게 트라이앵글을 쳤다.

 하지만 지금도 기억에 생생한 것은 나의 음악적 재능에 도취—다른 알맞은 표현을 찾을 수가 없다—된 아버지와 어머니의 뿌듯해하는 표정이다. 청각장애인인 부모님은 소리에 귀가 먼 분들이었다. 그리고 악보를 무시하고 고독하게 트라이앵글을 두들긴 나 역시 음악 쪽으로는 귀가 먼 아이였다.

 발표회를 마친 뒤에도 자비에 쿠거의 주머니에서 고개를 빼꼼 내민 치와와가 룸바춤을 추는 댄서들을 바라보는 모습이 눈앞에 아른거렸다. 아버지는 허공에 그림을 그리는 화가였다. 그리고 그 치와와의 그림은 아버지가 내게 그려준 수많은 그림들과 함께 지금도 내 마음의 갤러리에 걸려 있다. 나는 아버지가 생생하게 그려준 그 강아지를 너무나 갖고 싶었다.

 강아지를 갖기 위해서는 먼저 어머니를 설득해야 했다. 내가 학교를 가고 아버지가 출근을 하면 강아지를 돌보는 일은 온전히 어머니의 몫이었기 때문이다. 나로서는 아버지에게 접근하기 전에 먼저 어머니의 승낙이 필요했다.

 나는 어머니의 반응을 예상해 보면서 치밀하게 작전을 짰다. 일단 무엇이든 배가 터지도록 먹고 나서 이야기를 꺼내기로 했다. 그렇게 하지 않으면 이야기를 제대로 꺼내기도 전에 어머니의 단호한 명령이 떨어질 게 뻔했다. "이리와 앉아. 어서 먹어라."

그런데 내가 정작 이야기를 꺼내자 어머니는 당신이 어렸을 때의 이야기를 장황하게 쏟아내기 시작했다. 어린 시절 어머니가 강아지를 갖고 싶었던 이유는 아주 많이 달랐다.

"매주 일요일 저녁 아버지는 코니아일랜드의 집에서 지하철을 타고 나를 맨해튼의 렉싱턴가에 있는 학교까지 바래다 주셨어. 주말을 집에서 보내고 다시 학교에 가면 친구들과 기숙사 생활을 하면서 금요일까지 수업을 들었지. 나는 기숙사의 언니들로부터 수화를 처음 배웠는데 나중에는 친구들끼리 서로 가르치고 배우면서 수화를 익혀나갔어. 일과 중에는 선생님들이 수화를 절대로 못 쓰게 했기 때문에 우리는 밤새 수화로 수다를 떨었어. 우린 정말 못 말리는 애들이었지." 이 대목에서 원래 어머니의 손은 '나쁜'이라는 단어를 사용했다. 하지만 웃음을 머금은 입술과 '여자애들이 뭐 다 그렇지.'라고 말하듯 어깨를 으쓱해 보이는 제스처는 당신이 말하고자 하는 단어가 '나쁜'이 아니라 사실은 '못 말리는'에 가깝다는 것을 알려주었다.

그 즈음 나는 부모님이 사용하는 단어들의 미묘한 뉘앙스 차이를 분간할 수 있을 정도로 수화 실력이 늘어 있었다. 하나의 수화는 맥락과 분위기에 따라 전혀 다른 의미로 해석될 수 있다. 손의 모양과 위치, 얼굴 표정 그리고 무엇보다도 몸 전체의 움직임을 통해 그 정확한 의미를 이해하게 되는 것이다. 그날 '나쁜'은 그런 까닭에 '못 말리는'이 되었지만 어머니의 풍부한 표현능력으로는 '사악한', '추잡한' 또는 '못된'이 될 수도 있었다. 하나의 수화는 어머니의 손과 얼굴과 몸을 통해 엄청나게 많은 의미로 재조합되었다.

나는 어머니의 놀라운 수화 실력에 늘 감탄을 했다. 어머니

렉싱턴 농아학교에서 친구들과 수화를 하고 있는 어머니, 1922년경

는 아버지보다 폭넓고 우아하며 풍부한 수화를 했다. 그것은 어쩌면 어머니가 아버지보다 농아학교에 일찍 들어갔기 때문인지도 모른다. 하지만 근본적인 차이는 두 분의 성격에서 비롯되었다. 아버지는 실용적이고 직선적이며 한 군데에 집중을 하는 성격이었고 수화 역시 마찬가지였다. 이에 반해 감상적이고 몽상가적인 기질의 어머니는 타고난 이야기꾼이었다. 어머니의 그림 같은 이야기를 보고 있노라면 시간 가는 줄을 몰랐다.

"기숙사의 소등 시간이 되면," 어머니가 이야기를 이어갔다. "우리는 몰래 화장실로 몰려갔어. 화장실은 밤에도 불이 꺼지지 않았거든. 우리는 거기에서 눈이 저절로 감길 때까지 수다를 떨었지. 온종일 우리는 자유롭게 이야기를 주고받을 수 있는 그 시간만 기다렸어. 광활한 침묵의 사막에 있는 우리에게 의사소통 수단은 오아시스에서 길어 올리는 생명의 물과도 같았단다. 그렇게 학교에서 한 주를 보내고 금요일 저녁이 되면 아버지가 나를 데리러 학교에 오셔서 같이 지하철을 타고 브루클린의 집으로 갔어. 코니아일랜드까지 가려면 지하철을 한 번 갈아탔는데 그 긴 시간 동안 지하철에서 아버지는 나에게 한마디 말도 건네지 않으셨다. 수화를 전혀 할 줄 모르셨으니까. 내가 아주 어렸을 때 우리 집에서만 통하던 간단한 수화가 있었지만 그건 너무 유치해서 학교 친구들에게조차 쓸 수 없었어. 그건 우아함과 의미를 갖추지 못한 원시적인 손놀림에 불과했지. 그 수화를 쓸 때면 나 스스로가 바보가 되는 느낌이었어. 심지어는 집에서 아버지와 어머니와 의사소통을 할 때도 얼굴이 화끈거렸으니까. 그건 바보의 언어였어. 나는 바보가 아닌데."

어머니의 손이 잠시 움직임을 멈췄다. 허공에 걸려 있는 어머니의 손은 먼 과거를 회상하는 것 같았다.

"나는 부모님을 사랑했어. 동생들도 사랑했고. 하지만 가족 중 어느 누구도 나를 이해하지 못했어. 수화를 몰랐으니까. 어린 시절 내내 가족들과 나는 서로에게 이방인이나 마찬가지였지. 나는 속으로 차라리 내가 시각장애를 가지고 있었으면 하고 바라기도 했단다. 그러면 어머니의 목소리를 들을 수 있고, 어머니에게 사랑한다는 말을 내 목소리로 전할 수도 있을 테니까."

어머니는 당신의 어린 시절에 대해 그런 식으로 이야기한 적이 없었다. 나는 강아지를 사달라고 조른 것에 대해 문득 죄송스러운 마음이 들었다. 강아지 얘기가 어떻게 그런 기억을 이끌어냈는지는 이해할 수 없었지만 내가 너무 이기적이었다는 생각과 함께 다른 한편으로는 분노도 일어났다. 어머니가 겪었을 고통을 상상해보면서 나는 난생처음 무력감이라는 감정을 경험했다. 어머니가 겪은 일들은 너무나 부당했다. 아버지는 소리를 듣는 사람들이 별 생각 없이 저지르는 일상적인 무례함에 과감하게 맞서 싸웠다. 하지만 어머니의 기질은 전혀 달랐다. 어머니는 모든 것을 체념하고 받아들였다. 어머니는 연약했다. 내가 복잡한 감정과 씨름하는 동안 어머니가 이야기를 계속 이어갔다.

"아버지와 내가 밤늦게 코니아일랜드의 집에 도착하면 어머니는 문 앞에서 미소를 지으며 나를 꼭 안아주셨어. 그리고는 내 손을 잡고 곧장 주방으로 가셨지. 맛있는 음식이 벌써 차려져 있었어. 어머니는 내게 음식으로 사랑을 표현하신 거야. 어떤 때는 이미 다 큰 딸에게 직접 음식을 떠서 먹여주시기도 했단다."

어머니의 수화를 보고 있자니 입에는 군침이 돌고 눈에는 눈물이 고였다. 어머니의 이야기는 나를 슬프고 배고프게 만들었다.

"늦은 저녁을 먹고 나면 나는 방에 들어갔어. 주말 내내 거의 내 방에서만 지냈지. 어머니는 내게 엉터리 수화로 밖에 나가서 동네 아이들과 어울려 놀라고 하셨지만 나는 집밖으로 나가지 않았어. 동네에서 아이들과 어울려보려고 몇 번 시도해 보았지만 그때마다 아이들은 나를 피해 사방으로 흩어져 도망을 갔지. 그리고는 자기네들끼리 약속한 장소에 다시 모여서 나를 어떻게 따돌리고 도망쳤는지 신나게 떠들어댔어."

어머니가 수화를 멈추고 내게 방긋 미소를 지었다.

"엄마가 하려던 이야기는 개에 관한 거야. 비겁한 녀석들 얘기가 아니라." 어머니는 웃으면서 이야기를 계속했다.

"방에 처박혀서 나는 늘 혼자 지냈어. 내 수화를 이해하는 식구가 없었으니까. 그러다 문득 개가 한 마리 있으면 덜 외롭겠다는 생각이 들었어. 그래서 아버지께 다음 생일에 애완견을 한 마리 사달라고 부탁했지. 아버지는 내 장애에 대해 늘 스스로를 탓하시던 분이라 내가 하는 부탁은 어떻게든 들어주려고 하셨어. 정작 당신은 돈이 없어서 쩔쩔 매셨지만 서로 이야기가 통하지 않으니 나는 그런 줄도 전혀 몰랐지." 어머니는 외할아버지를 떠올리는 듯 잠시 창밖으로 시선을 돌렸다.

"어느 일요일 아침이었어. 아직 잠에서 깨지 못하고 있었는데 따뜻한 혀가 내 볼을 핥는 느낌이 들었어. 화들짝 잠에서 깨보니까 털이 노란 강아지 한 마리가 침대 위에 있는 거야. 나는 강아지를 와락 껴안고는 이리저리 돌려봤어. 강아지는 내 품에서 벗어나려고 발버둥을 쳤지. 나는 아버지를 보면서 말했어. 고맙습니다…… 고맙습니다…… 고맙습니다…… 늘 그랬듯이 아버지는 발음이 분명치 않은 내 목소리를 들으시곤 표정이 굳어지셨어. 그 시절 부모님 두 분 다 내 음성을 들으면 움찔하는 눈치라 나는 내 목소리가 아주 징그러울 거라고 생각했어. 하지만 아무렴 어때. 나에게 강아지가 생겼는데. 나는 강아지에게 처비라는 이름을 붙여줬어. 녀석은 이 방 저 방 나를 졸졸 따라다니면서 밤에도 침대 옆에 꼭 붙어서 잤어. 처비는 나를 정말 잘 따랐고 나도 세상에서 처비를 가장 사랑했지. 그렇게 시간이 흘렀는데, 이런, 이 녀석이 엄청 커버린 거야. 나중에 알고 보니까 녀석은 순종 차우차우였어. 차우차우는 다 자라면 안 그래도 몸집이 큰데 털까지 북슬북슬하니까 훨씬 더 커 보이지. 게다가 녀석은 힘이 아주 셌어. 눈도 참 좋아했지. 겨울에 눈이 많이 내리면 어린 남동생의 외투 깃을 물고 동생을 눈밭에 질질 끌고 다녔어. 처비랑 나는 우리만의 언어도 있었단다. 우리는 서로를 완벽하게 이해했어. 내가 내리는 명령을 처비는 다 알아들었고 내 목소리를 외면하지도 않았어. 내가 다른 방에서 아주 작은 목소리로 불러도 처비는 쏜살같이 뛰어왔지. 나는 처비에게 수화도 가르쳤어. 부모님과 동생들도 배우지 않은 수화를 처비는 열심히 배웠어. 처비가 우리 가족들보다 더 영리한 것 같다는 생각이 들 정도였지. 그렇게 처비와 함께 있다 보면 주말이 눈 깜짝할 사이에 지나갔어. 심심할 겨를이 없었지. 일요일 저녁 아버지를 따라 다시 학교로 가면서 처비랑 헤어지는 게 너무 싫었어. 하지만 금요일 저녁이 되면 처비는 늘 문 앞에서 나를 기다리고 있었단다."

어머니가 당신의 옛 친구에 대한 이야기를 하는 동안 나는 어머니가 그렇게 행복해하는 모습을 본 적이 없다는 사실을 깨달았다.

"그런데 어느 날 처비가 동네에서 남자아이 하나를 덮쳤어. 그 애가 나를 놀리고 있었거든. 내가 처비를 떼어놓으려고 붙잡는 순간 녀석이 나를 확 깨물었어. 처비는 그게 나인지 몰랐던 거야. 그저 본능대로 자신을 보호하기 위해 그랬던 거지. 하지만 물린 상처가 너무 깊어서 나는 병원에 가서 상처를 꿰매야 했어. 병원에서 돌아왔는데 처비가 문 앞에서 나를 기다리고 있더라. 아주 슬픈 표정으로. 그래도 나는 처비를 원망하지는 않았어. 그리고 일주일 후 집에 와보니까 처비가 집에 없었어. 나중에야 아버지가 얼음 장수에게 5달러를 받고 처비를 팔아버렸다는 사실을 알게 되었지. 그 후로는 두 번 다시 개를 키워본 적이 없단다."

어머니가 이야기를 마치자 갑자기 애완견을 갖고 싶다는 생각이 사라졌다. 나는 친구도 많고 외롭지도 않았다. 집에서 개 한 마리를 보고 있기에는 할 일도 너무 많았다.

"뭐 먹을 것 좀 있어요?" 나는 어머니에게 물었다. "배고파 죽겠어요."

물론 이 말은 귀가 먼 어머니도 들을 수 있는 감미로운 음악이었다.

나는 그 후로 애완견 이야기를 두 번 다시 꺼내지 않았다.

13

아버지의 언어

 내 방의 한쪽 벽면에는 오래된 가족사진들이 걸려 있다. 하지만 어떤 사진도 머릿속에 남아 있는 아버지의 모습만큼 선명하지는 않다. 오똑한 콧날에 면도날처럼 반듯하게 빗어 넘긴 검은머리 그리고 무엇인가 무척 궁금한 듯 깊은 눈으로 정면을 응시하는 아버지의 모습이 보인다. 그 눈으로 아버지는 당신이 맞서 싸운, 해독하기 어려운 기호와도 같은 세상을 쳐다보고 있다. 꼭 다문 가느다란 입술은 어떤 언어도 머금고 있지 않다. 아버지의 언어는 당신의 손에 있었다.
 아버지의 손은 단단했다. 당신의 언어도 단단했다. 아버지는 다른 사람들 앞에서 쭈뼛거리며 소심한 태도로 수화를 하는 법이 없었다. 스냅사진 같은 기억의 단편들이 한데 이어 붙여지며 한 편의 영화처럼 흐른다. 힘차게 날아오르는 새의 날갯짓처럼 강렬한 수화가 아버지의 손에서 흘러나온다. 아버지의 수화엔 주눅이 든 기색이 전혀 없다. "덤벼라, 세상아." 아버지의 손이 외친다. "그래, 나는 귀가 멀었다. 하지만 자신만만하다. 소리가 들린다고 까부는 놈들 다 꺼져버려."

아버지가 화가 나면 수화에서도 분노가 느껴졌다. 얼굴에 나타난 분노는 온몸을 타고 흘러내리며 뜨거운 기운을 내뿜었다. 대개 아버지의 분노는 소리가 있는 세상을 향했다. 소리를 듣는 사람들의 무례와 멸시에는 익숙했지만—아버지는 세상 사람들이 청각장애인들의 삶에 대해 무지하다고 생각했다—정작 아버지의 분노를 폭발시킨 것은 그들의 무관심이었다. 사람들은 아버지를, 청각장애인을, 마치 눈에 보이지 않는 존재처럼 취급했다.

아버지의 기분이 좋을 때는 아버지의 수화도 덩달아 가볍고 유쾌해졌다. 얼굴에 드러나는 행복감이 고조되면서 아버지의 온몸은 기쁨으로 들썩거렸다.

무엇보다도 아버지를 행복하게 한 것은 가족이었다. 아버지는 수화로 우리를 안아주었다.

어느 늦은 저녁, 저녁식사를 마친 식탁에서 아버지가 동생과 나에게 말했다.

"소리를 듣는 사람들은 입으로만 말한다. 마치 단어의 기차처럼 입을 통해 말이 줄줄 나오지. 그런데 화물열차 맨 끝에 있는 기관차가 입의 터널을 다 빠져나와도 여전히 말의 의미는 분명하지 않아. 그런 말은 마치 죽은 곤충처럼 건조하다. 입으로 하는 말은 색칠하지 않은 그림 같다. 형태는 볼 수 있겠지. 무슨 뜻인지 의미도 알 수 있고. 하지만 단조로운 흑백사진 같다. 흑백사진에는 생동감이 없어. 하지만 내 언어는 다르다. 흑백이 아니야. 내 손과 표정과 몸의 언어에는 색깔이 있다. 화가 나면 붉은 태양처럼 변하고 행복할 땐 바다처럼 푸르러지는 거지."

아버지는 소리로 전달되는 언어와 수화의 차이에 대해 깊은 통찰의 흔적을 내비치곤 했다. 그리고 이제 동생과 나에게도 두 언어의 차이를 직접 보여주려 했다.

"입으로 '북'이라고 말해봐." 아버지의 손이 말했다.

아버지는 그 단어를 발음하는 내 입을 유심히 바라보았다.

"북."

"이번엔 '천둥'이라고 말해봐."

아버지는 내가 '천둥'을 발음하는 동안 손바닥을 펴서 내 입술 앞에 가져다댔다.

"다음은 '충돌'이라고 해봐."

"충돌."

"네가 소리로 하는 말에는 그 단어들의 시끄러움이 보이지 않아." 아버지는 수화로 말했다. "네 입에서 시끄러움이 느껴지지 않는단 말이다."

"아빠, 북이나 천둥이나 충돌이 얼마나 시끄러운지 말할 땐 다른 단어를 써요. 그 단어들을 설명해주는 형용사란 게 있거든요."

"나도 형용사가 뭔지 안다." 아버지는 미소를 지으며 대답했다. "형용사는 장식품이야. 마치 크리스마스트리에 걸쳐놓는 은실 같은 거지. 그런 건 스스로 의미가 있는 진짜 단어가 아니야. 푸른 나무는 장식품이 필요 없다. 나무는 땅에 뿌리를 박고 있을 때 가장 아름다우니까. 은실과 색색의 전구와 방울을 잔뜩 달아서 거실에 둔다고 아름다워지지는 않아. 마찬가지로 소리로 하는 말엔 힘이 없어. 한 단어를 설명하려면 다른 단어를 같이 사용해야 하잖아."

아버지의 손이 잠시 말을 멈추었다가 이내 다시 움직였다. "내가 손으로 말하는 걸 한번 봐라."

아버지는 수화로 '북'을 말했다. 아버지는 눈에 보이지 않는 북채를 쥐고 천천히 허공의 북을 두들기기 시작했다. 아주 부드럽게.

동생과 나는 최면에 걸린 듯 아버지의 손이 허공을 가르며 위에서 아래로 움직이는 것을 보았다.

아버지의 손이 조금씩 빨리 움직이기 시작했다. 손에 점차 힘이 실렸다. 나는 아버지가 북채로 둥그런 북을 내리치는 것을 볼 수 있었다. 동생이 함박웃음을 짓는 동안 나는 아버지의 손이 말하는 단어를 "들을" 수 있었다.

아버지는 진지한 표정으로 어깨를 들썩거리며 이제 내 눈에도 보이는 북을 힘차게 두들겼다. 아버지의 손과 몸과 표정의 소리가 들렸다. 점점 커지는 소리에 나는 귀를 막았다. 동생도 나를 따라 양손으로 귀를 틀어막았다.

아버지의 손이 움직임을 멈췄다. 그 순간 아버지의 손에서 북채가 사라졌다. 북도 사라졌다. 더 이상 소리가 들리지 않았다.

"아빠의 언어는 눈으로 볼 수 있는 거다." 아버지가 숨을 고르며 수화를 했다. "그래서 설명을 할 필요가 없어."

아버지는 빙긋 웃으면서 그날 퇴근하면서 가지고 온 신문을 집어 들었다.

"이리 와." 아버지의 손이 말했다. "이제 마술을 보여줄게. 아빠가 이 신문지로 모자를 만들 거야. 머리에 잉크가 묻지 않도록 아빠와 친구들이 인쇄실에서 쓰는 그 모자 말이야."

어머니가 설거지를 마무리하는 동안 아버지는 식탁 위에 신문지를 펼쳤다. 한가운데가 정확하게 접힌 신문지를 가지고 아버지의 손이 마술을 부리기 시작했다. 이리저리 신문지를 접고 뒤집기를 반복하면서 서서히 모자의 형태가 나타나기 시작했다.

네모나게 접힌 종이의 귀퉁이를 마지막으로 접고 가운데에 손을 넣어 펼치자 한 장의 종이였던 신문지가 근사한 모자로 바뀌어 있었다. 아버지는 내 머리 위에 모자를 씌워주었다. 모자는—늘 그랬듯이—크기가 딱 맞았다.

"자, 이제 너도 인쇄공처럼 보이는구나. 이걸 쓰고 있으면 베개에 잉크가 묻어서 엄마가 화날 일이 없겠다."

아버지는 똑같은 과정을 반복해서 동생의 머리에 딱 맞는 모자를 하나 더 만들었다. 우리는 모자를 쓴 채 침대에 누웠다.

가끔 꿈속에서 나는 인쇄공이 되었다. 커다란 윤전기 앞에 나는 아버지와 함께 서 있었다. 아버지의 머리엔 신문지로 만든 모자가 씌워져 있었다. 아버지의 머리엔 잉크가 묻어 있지 않았다.

팔머 글씨체 교정법

어느 날 나는 선생님이 건네준 공책 한 권을 들고 집에 돌아왔다. 공책에는 한 무리의 가젤이 뛰어가듯 우아한 필체의 글씨들이 한 줄 한 줄 페이지를 가로지르고 있었다. 그리고

줄과 줄 사이에는 내가 쓴 글씨들이 애벌레처럼 기어 다녔다.

그 끔찍한 팔머 글씨체 교정법을 나는 그렇게 처음 접했다. 브루클린 교육 당국은 이제 막 싹이 돋아나는 미래의 학자들에게 바른 글씨체를 가르치는 것이 매우 중요하다고 판단했다. 나의 경우는 더더욱 그랬다. "마이런, 이게 도대체 무슨 글자니?" 선생님이 난감한 표정으로 물었다. "공책 한 면 전체가 닭이 뛰어다닌 마당 같구나. 여기 있는 닭 발자국들이 무슨 뜻인지 설명 좀 해줄래?" 나는 설명을 하기 위해 애썼지만 어떤 글자는 나조차 알아보기 힘들었다. 방금 전에 스스로 쓴 글씨를 알아보지 못하는 내 모습이 선생님에게 깊은 인상을 주었다.

친구들이 깔깔대며 웃어대는 동안 우아한 글씨체로 공책을 한 줄 한 줄 채워나가는 선생님의 모습에 나는 경외심이 절로 우러났다.

"자, 마이런, 공책 가지고 집에 가서 연습해!"

그날 저녁 어머니가 설거지를 하는 동안 나는 식탁에 앉아 글씨체 연습을 했다. 아버지가 식탁 맞은편에서 신문을 읽고 있는 동안 나는 선생님의 가젤이 뛰어간 줄 바로 아래에 내 애벌레가 기어가게 했다.

아버지가 신문을 내려놓더니 공책을 돌려서 내가 쓴 글씨를 살펴보았다.

"너 지금 뭐하는 거니?" 당혹스러운 표정으로 아버지의 손이 물었다.

"저 지금 글씨체 연습하는 거예요."

"이게 글씨란 말이지?" 아버지가 미심쩍은 표정으로 물었다. "그런데 왜 아빠는 이걸 읽을 수가 없을까?" 아버지는 구태여 덧붙이지 않아도 될 말을 했다.

자존심이 상했지만 그런 대화는 더 해봐야 아무 소용이 없다는 것을 알았기 때문에 나는 공책을 도로 돌려놓고 나 스스로도 애처로운 마음으로 공책에 다시 애벌레를 풀어놓았다.

한 줄 한 줄 이어지는 비참한…… 뭐라고 그랬더라? 그래, 그것은 닭 발자국이었다.

나는 깊은 좌절감에 빠져 펜을 내려놓았다. 나는 선생님과 아버지의 말에 두들겨 맞은 것 같은 기분이었다. 무엇보다 내 손이 큰 상처를 받았다.

안쓰러운 표정으로 나를 바라보던 아버지가 큰 동작으로 글자 하나하나를 수화로 쓰기 시작했다. 아버지는 마치 대리석을 잘라내듯 알파벳 한 글자 한 글자를 또박또박 보여주었다.

아버지의 수화는 공작새의 우아함과 제비의 날렵함이 어우러져 있었다.

"이게 아빠식 글씨체 교정법이다." 아버지는 씩 웃은 다음 다시 신문을 집어 들었다.

14

학부모 상담의 날

아홉 살이 되던 해 나는 아버지와 외부 세계를 이어주는 역할에 큰 시련을 맞게 되었다. 학부모 상담의 날이 다가온 것이다.

학생들이 그동안 보여준 학업의 향상(내 경우엔 퇴보)과 행동 발달(품행? 교우관계? 맙소사!)에 대해 선생님들이 설명을 하는 자리에 부모님이 의무적으로 참석해야 한다는 사실을 알게 되었을 때 나는 뼛속까지 오싹한 느낌이 들었다. 아버지는 선생님과의 의사소통을 위해 나를 옆에 앉혀둘 게 뻔했다. 아버지는 이처럼 중요한 일에는 글씨를 휘갈겨 쓴 종이를 주고받는 식의 의사소통을 좋아하지 않았다. 아버지는 일반적인 학부모와 교사의 경우처럼 원활한 의사소통을 위해 내가 통역사의 역할—여섯 살 이후 줄곧 그랬던 것처럼

—을 맡아주기를 원했다.

마지막 희망을 놓지 않으며 나는 아버지에게 학생은 상담 장소에 들어가지 못하게 되어 있다고 말했다. 하지만 아버지는 중요한 일로 소리가 있는 세상과 마주쳐야 할 때마다 늘 그랬듯이 내가 그 자리에 있어야만 한다고 고집했다.

이번 일은 그동안의 다른 어떤 일들과도 달랐다. 그때까지만 해도 언어가 드나드는 창문처럼 듣고 말하는 사람들과 귀가 먼 아버지 사이를 연결해주는 것이 내 역할의 전부였다. 하지만 이번에는 내가 당사자였다. 저녁 내내 온통 나에 대한 이야기가 오고가는 것이었다. 부모님과 선생님이 주고받는 의견에는 매우 주관적인 내용이 담겨 있을 수밖에 없었다. 나는 소름이 끼쳤다. 운명의 날이 꼭 일주일 남아 있었다. 나는 뜨거운 석탄 위로 끌려들어가는 사람처럼 그 일주일을 보냈다.

내 근심과 걱정은 복잡했다. 그때까지만 해도 부모님과 살고 있는 브루클린의 웨스트 9번가가 내겐 세상의 전부였다. 모든 것이 익숙한 그곳에서 나는 동네에 사는 귀머거리 부부의 아들, 그 이상도 이하도 아니었다.

어머니가 아파트 3층 창문을 열고 내 이름 '므아아아런'을 불러도 그 날카로운 목소리가 어디에서 나는지 돌아보는 사람은 아무도 없었다. 내가 빗자루와 고무공을 가지고 야구를 하는 동안 아버지가 거친 목소리를 내며 응원을 해도 신경을 쓰는 친구는 없었다. 동네에서는 아버지와 내가 수화를 주고받는 모습을 이상하게 쳐다보는 사람이 없었다. 손과 팔과 온몸을 움직이며 수화를 하는 우리의 모습은 코니아일랜드에서 불어온 바람에 가볍게 흔들리는 나뭇가지처럼 아주 자연스럽게 받아들여졌다.

우리 동네라는 세계에서 나는 눈에 띄는 존재가 아니었다.

그런데 이 모든 것이 변해버릴 참이었다. 이제 며칠만 지나면 나는 교사들과 학부모들이 가득 들어찬 강당에서 부모님과 함께 있어야 했다. 청각장애인을 마주쳐본 적이 없는 대부분의 학부모들은 수화를 그저 미친 사람이 팔을 휘둘러대며 온갖 인상을 써대는 행동으로밖에 보지 않을 것이었다.

게다가 나는 부모님이 나의 학교생활에 대해 선생님에게 던지는 질문들을 내 입으로 전해야 했다. 이어서 내 단점에 대한 선생님의 솔직하고 비판적이며 지극히 건설적인 의견들을 낱말 하나하나 그대로 부모님께 전해야 했다.

마침내 운명의 순간이 닥치고야 말았다.

"마이런, 부모님께 만나 뵙게 돼서 반갑다고 말씀드려라."

담임선생님이 나긋나긋한 목소리로 말했다.

나는 선생님의 반가움을 표정으로 전하며 또박또박 수화를 했다.

"마이런, 선생님께 엄마 아빠도 만나 뵙게 돼서 기쁘다고 전해드려라." 아버지는 큰 동작의 수화로 말했다.

나는 상냥한 태도로 부모님의 인사를 선생님께 전했다.

"마이런, 부모님께 네가 착한 학생이기는 한데 생활태도에 문제가 좀 있다고 말씀드려라."

"선생님께서 제가 우리 반에 있어서 참 좋대요."

"네가 수업태도와 품행을 바르게 하지 않으면 1년 유급시킬 수도 있다고 전해드려라."

"선생님께서 제 학업이 우수해서 1년 월반시킬 수도 있대요."

"그리고," 선생님은 어조를 조금 바꿔서 말했다. "선생님이 교직 생활을 22년 하면서 너처럼 다루기 힘든 학생은 처음이라고 말씀드려라. 네가 참 특이한 아이라고."

"선생님께서 제 미래가 밝대요. 의사나 파일럿이 될 것 같대요."

어머니의 얼굴이 환해졌다.

하지만 선생님의 표정과 입술 모양을 유심히 살피고 있던 아버지의 표정은 점점 굳어졌다.

"이 놈!" 아버지는 당신이 직접 만든 우리만의 수화로 말했다. 아버지는 화를 내며 다시 말했다. "이 놈!"

"너 지금부터 선생님이 하시는 말씀을 토씨 하나까지 그대로 전해라." 아버지는 정색을 하며 말했다. 이집트 학자가 로

제타석을 해독하듯 아버지는 선생님의 표정과 몸짓을 정확하게 읽고 있었다. 선생님이 하는 말의 요지를 정확하게 읽은 아버지는 보다 구체적인 내용을 원했다. 이제 끝장이었다. 나는 투명한 유리창이 되어 선생님과 아버지가 주고받는 모든 대화를 그대로 전해야 했다.

아버지의 굳은 표정과 화가 난 몸짓을 본 선생님은 내가 조용히 하라는 주의를 무시하고 계속 떠들 때처럼 눈을 크게 뜨고 말했다. "마이런, 너 아버지께 뭐라고 말씀드린 거니?"

"그게 말이에요……." 나는 말을 잇지 못했다.

"마이런, 선생님이 하는 말을 아버지께 그대로 전해야 한다, 알겠니?"

나는 주눅이 든 채 고개를 끄덕였다.

내 모습을 보면서 선생님은 측은한 마음이 들었던 것 같다.

"마이런은 아주 착한 아이예요. 읽기도 잘하고 머리도 똑똑하답니다. 가끔 행동에 문제가 있긴 해요." 선생님은 웃음을 지으며 말했다. "바지 속에 개미가 들어가 있는 녀석처럼 난리법석을 칠 때가 있거든요." 선생님은 자신의 비유를 곰곰 생각하듯 잠시 말을 멈춘 뒤 다시 말을 이었다. "그럴 땐 개미처럼 요 녀석을 꾹 눌러버리고 싶긴 해요."

'개미'를 나타내는 수화는 매우 시각적이다. 주먹을 쥔 왼손이 개미의 몸통이 되고 맞닿은 오른손의 손가락은 개미의 다리가 되어 허공을 휘젓는다. 눈을 부릅뜨고 있는 아버지 앞에서 방금 선생님이 한 말을 '토씨 하나까지' 그대로 전하기 위해 나는 세밀하게 수화를 했다. 나는 먼저 개미를 표현한 다음 주먹을 쥔 양손의 엄지를 서로 맞닿게 해서 개미를 꾹꾹 눌렀다. 너무 실감나게 개미를 눌렀는지 어머니가 연신 고개를 끄덕이며 미소를 지었다. 아버지는 터져 나오는 웃음을 참지 못하고 "맞습니다. 동감이에요. 저도 요 녀석을 개미처럼 꾹 눌러버리고 싶을 때가 있죠."라고 수화를 했다.

아버지가 '저도 요 녀석을 개미처럼 꾹 눌러버리고 싶을 때가 있죠.'라고 수화를 하는 모습을 보며 선생님도 웃음을 참지 못했다. 하지만 나는 안도의 한숨을 쉬었다. 덕분에 학교에서의 문제 행동에 대해 더 이상 설명할 필요가 없어졌기 때문이다.

하지만 그 순간 나는 이 떠들썩한 장면이 강당에 있는 모든 교사와 학부모들의 시선을 집중시켰다는 사실을 깨달았다. 나는 입을 떡 벌리고 놀란 표정으로 우리를 바라보는 시선들을 마주했다.

'꺼지라고요!' 나는 속으로 외쳤다. '나도 아버지처럼 맞설 거야.' 나는 우리를 쳐다보는 사람들과 눈을 똑바로 마주쳤다.

그날 밤 집에 돌아와서 아버지는 어원을 대신 돌봐준 이웃 누나에게 감사의 표시로 돈을 조금 건넸다. 어머니는 동생과 나에게 따뜻한 코코아를 타주었다. 어머니는 직접 만든 휘핑크림을 코코아 위에 얹어주었다. 내가 코코아를 다 마시자 어머니는 그릇에 남아 있는 휘핑크림을 내가 숟가락으로 떠먹도록 허락했다. 동생이 자기도 달라고 떼를 부리자 어머니는 동생도 먹게 내버려두었다. 그것은 매우 이례적인 일이었다. 평소 동생의 건강에 신경을 곤두세우던 어머니는 그런 습관이 비위생적이라고 생각하는 분이었다. 나는 어머니가 왜 그랬는지 의아했지만 어머니가 기분이 무척 좋아 보인다는 것은 분명했다.

문제는 아버지였다. 아버지는 심각한 표정을 짓고 있었다. 아버지는 굳은 표정으로 나를 바라보며 말했다. "마이런, 앞으로는 학교에서 똑바로 행동해라. 내년 학부모 상담의 날에는 좀 더 좋은 얘기가 나오기를 기대하겠다." 아버지는 시선을 떼지 않고 잠시 멈칫하는가 싶더니 천천히 손을 움직였다. "다시 한 번 학교에서 말썽을 부리면……." 아버지는 손으로 개미를 지그시 누르더니 웃음을 터뜨렸다.

9번가의 스파이더맨

평범한 고등학생 피터 파커가 방사능에 오염된 거미(1960년대의 만화 원작에서는 스파이더맨의 탄생 과정이 그렇게 묘사된다—옮긴이)에게 손을 물려서 스파이더맨으로 변신하기 20년 전부터 나는 이미 아파트 벽을 타고 오를 생각을 했다. 나는 약간의 연습을 거친 다음 그 생각을 실행에 옮기기로 했다.

그 시절 브루클린의 여느 아이와 마찬가지로 나는 〈밀림의 왕자 타잔〉의 열렬한 팬이었다. 나는 그 영화의 모든 시리즈를 우리 동네에 있는 아발론 극장에서 개봉 첫 주에 관람했다. 만화책 역시 우리 동네 사탕가게의 진열대에 오르기가 무섭게 사들였다. 비록 학교에서는 전혀 아니었지만 영화와 만화책에 관한 한 나는 우등생이었다. 원숭이처럼 나무를 오르며 긴 덩굴을 타고 나무와 나무 사이를 날아다니는 타잔의 모습이 내게 영감을 불러일으켰다. 나는 긴 빨랫줄을 구해서 밀림의 덩굴을 브루클린에서 재현하기로 했다.

어느 날 나는 허리에 "덩굴"을 묶고 아파트 건물 뒤뜰에 있는 나무에 올라갔다. 덩굴을 타고 이웃집 지붕 위로 사뿐히 건너가는 상상을 하며 나는 높은 나뭇가지에 빨랫줄을 걸기 위해 나무를 오르락내리락했다. 하지만 한 그루 덩그러니 있는 나무로는 아프리카의 밀림을 재현할 가능성이 없었다. 나는 나무에서 내려와 큰대 자로 누워서 다른 모험을 궁리했다.

처음에는 이 훌륭한 교통수단으로 우리 동네는 물론이고 뉴욕 전역을 나의 "밀림"처럼 돌아다닐 생각이었다. 하지만 나의 "밀림"에는 나무와 나무 사이가 너무 멀리 떨어져 있었다. 브루클린에서는 타잔은 말할 것도 없고 치타조차 나무와 나무 사이를 건너다니는 게 불가능했다. 하지만 나의 판타지는 끝없이 뻗어나갔고 얼마 지나지 않아 기발한 대안이 떠올랐다. 바로 아파트 건물 뒷골목에 띄엄띄엄 서 있는 전신주와 전신주 사이의 전화 케이블이었다. 열 살다운 상상력으로 나는 전화 케이블을 빽빽한 밀림으로 생각하기 시작했다.

어느 날 오후, 상상 속이 아니고는 별 필요도 없는 "덩굴"을 허리에 묶고 나는 뒷골목의 전신주 위로 올라갔다. 전신주 꼭대기에서 나는 구름사다리를 타듯 케이블에 매달려 천천히 앞으로 나아가기 시작했다. 건너편 전신주에 도달해서 스스로 뿌듯해하며 나는 뒤로 돌아 다시 처음 출발한 전신주를 향해 케이블을 잡았다. 타잔이 어렸을 때 브루클린에서 살았다 해도 나보다 전신주 케이블을 잘 타지는 못했을 것이다.

아파트 주민들 중 건물 뒤쪽 창문을 내다본 사람이 있었다면 허리에 빨랫줄을 감고 결연한 표정으로 전신주 케이블에 매달려 있는 사내아이를 보았을 것이다. 다행히 나를 본 사람이 없었던 것 같다. 만일 누군가 보았다면 틀림없이 우리 집에 와서 부모님에게 이야기를 했을 것이기 때문이다. 평소 나무타기로 단련된 실력으로 위아래로 출렁거리는 전신주 케이블을 며칠 더 탄 후 나는 밀림의 단조로움을 뒤로하고 다시 타잔 만화책에 파묻혀 또 다른 모험을 궁리했다.

브루클린의 아이들은 주변 환경을 이국적인 지형으로 변모시키는 놀라운 상상력을 유전적으로 물려받았다. 나는 이 능력으로 아파트 담벼락을 밀림의 절벽으로 바꿔놓았다. 물론

스파이더맨 연습

나는 절벽을 실제로 본 적이 없었다. 하지만 아파트의 벽돌담을 올려다보는 순간 머릿속에는 사자에게 쫓겨 절벽을 오르는 타잔의 모습이 생생하게 그려졌다. 그 모습을 그리며 나는 웨스트 9번가에서 나를 향해 슬금슬금 다가오는 사자 한 마리를 상상했다.

어느 오후 나는 드디어 벽을 오르기 시작했다. 한 마리의 거미처럼 벽돌과 벽돌 사이의 틈에 손가락과 신발코를 단단히 고정시키며 나는 천천히 2층을 향해 올라갔다. 속도는 느렸지만 발밑으로 사자가 내뿜는 뜨거운 입김을 느끼며 나는 필사적으로 절벽을 올라갔다. 귓가에 사자가 으르렁거리는 소리가 들렸다.

거리에서 고개를 쳐든 이웃들이 내지르는 진짜 비명소리를 무시하고 나는 오른쪽으로 한 뼘 거리에 있는 비상계단 난간을 의식하며 계속해서 위로 올라갔다. 자칫 위험한 순간이 닥치면 난간을 붙잡는다는 것이 나의 비상계획이었다.

사자를 겨우 따돌리고 한숨을 돌리려는 찰나 아브로모비츠 아주머니가 창가에 나타났다. 아주머니는 창턱에 펑퍼짐한 엉덩이를 걸치고 바깥쪽 유리창을 닦기 위해 고개를 내밀었다. 그 순간 아주머니가 벽에 붙어 있는 나를 발견했다. 아브로모비츠 아주머니의 외마디 비명은 건물 아래에 모인 아주머니들의 비명을 모두 합친 것보다도 우렁찼다. 아주머니의 폭풍 같은 비명은 아래에서 불어오는 산들바람 같은 비명을 부끄럽게 만들었다.

아주머니는 공포에 질려 창턱에서 꼼짝도 하지 못했다.

나 역시 비명소리에 놀라 가만히 벽에 달라붙어 있었다. 나는 재빨리 판단해야 했다. 계속 올라갈까 아니면 내려갈까? 하지만 아래에는 굶주린 사자와—어쩌면 그보다 더 무서운—동네 아주머니들이 있었기 때문에 나는 계속 올라가기로 했다.

내가 부모님의 침실 창문을 넘어가는 동안 어머니는 아무 낌새도 차리지 못했다. 나는 평소에 출입문 열쇠를 가지고 다녔기 때문에 내가 집에서 불쑥 모습을 드러낸다 해도 어머니는 놀라지 않았다. 물론 부모님의 청각장애가 도움이 될 때가 있음을 깨달은 것이 이때가 처음은 아니었다.

나는 이번에는 조용히 넘어가지 못할 것임을 예감했다.

그날 저녁 이웃 아주머니 세 분이 우리 집에 찾아왔다. 문 앞에 서서 아버지에게 무엇인가 종이에 써서 보여주는 아주머니들의 표정이 심각했다.

잠시 후 자리에 앓아누워 남편의 정성스러운 간호를 받고 있던 아브로모비츠 아주머니도 기운을 차리고 올라왔다.

아버지와 나는 그날 저녁 긴 시간 동안 아주 재미있는 대화를 나누었다. 물론 드러내놓고 말하지는 않았지만 아버지의 수화는 '다시 한 번' 그런 말썽을 부리면 어떻게 될 것인지를 분명히 경고하고 있었다.

  그 후로 사자는 우리 동네에 다시 나타나지 않았다. 아주머니들의 비명소리에 사자는 아프리카로 돌아갔다.

15

보이스카우트 제복

 매일 밤 어머니가 설거지를 하는 동안 아버지는 식탁에 동생과 나를 앉혀 놓고 그날 나온 『뉴욕 데일리 뉴스』 1면을 수화로 읽어주었다. 제2차 세계대전의 초기 전황은 연합군 측에 불리하게 돌아갔다. 우리는 전투에서 잇달아 패배하며 모든 전선에서 후퇴하고 있었다. "걱정할 필요 없다." 아버지의 손이 확신에 찬 어조로 말했다. "지금까지 미국은 전쟁에서 한 번도 패한 적이 없거든."
 나는 1면 기사에 나오는 대부분의 단어들을 이해할 수 있었다. 뜻을 모르는 단어들도 소리를 내어 읽을 수는 있었다. 하지만 나는 아버지의 손이 기사를 읽어주는 게 더 좋았다. '전쟁', '전투', '군대', '포탄' 같은 단어들은 '부상자'나 '전사자'처럼 그저 밋밋하게 보였다. 하지만 아버지의 손은 이 단어들에 생동감을 불어넣었다. 아버지의 손이 움직이면 공습과 포격전이 눈앞에 벌어졌다. 부상자들의 절규와 전사자들의 침묵도 들려왔다. 아버지의 손은 바탄 죽음의 행진(Bataan Death March: 1942년 4월 필리핀 바탄 반도에서 일본군이 미군과 필리핀군 포로 7만여 명을 100킬로미터 떨어진 수용소로 끌고 가는 과정에서 1만여 명을 사망케 한 사건-옮긴이)에 대해서도 말해주었다. 나는 골절당한 몸을 질질 끌고 끝없는 행진을 하는 군인들의 지친 모습을 볼 수 있었다. 잔혹한 일본군 병사들의 대검에 찔려 죽어가는 포로들의 고통도 느낄 수 있었다. 미드웨이 해전에서 포격을 당해 가라앉는 배를 버리고 바다에 뛰어드는 해군 병사들의 모습도 생생하게 볼 수 있었다. 그들은 기름이 떠다니는 바다에서 물에 뜬 잔해를 필사적으로 붙들고 있었다. 동생은 이 실감나는 전투 장면을 이해하기에는 아직 어렸지만 아버지의 극적인 수화를 보는 것만으로도 흥분을 했다.

그 나이다운 상상력으로 나는 눈으로 읽은 글을 생생한 영상으로 바꿀 수 있었다. 하지만 말을 배우면서부터 단어와 수화 사이를 끊임없이 오간 덕분에 나는 그러한 능력이 다른 아이들보다 훨씬 뛰어날 수밖에 없었다.

저녁에 아버지와 함께 신문을 읽는 시간이 하루 중 가장 재미있는 시간이 되면서 나는 전쟁 소식에 대해 모르는 게 없었다. 친구들은 주말에 동네 극장에서 영화가 시작되기 전에 잠시 나오는 전쟁 뉴스를 기다려야 했지만 나는 아버지의 손이 보여주는 스크린에서 전쟁 관련 뉴스를 매일 볼 수 있었다.

1944년 전황이 우리 쪽에 유리해지기 시작했다. 우리는 거침없이 진격했다. 나는 매일 밤 아버지의 수화에 열광했다. 신문의 헤드라인에는 우리 군대가 이탈리아로 진격했다는 기사가 실렸다.

6월에 드디어 로마가 해방되었다.

같은 달 연합군이 노르망디에 상륙했다. 우리 군대는 치열한 전투를 치르며 파리를 향해 진격했다.

참호에 있는 군인들, 줄을 서서 배식을 받는 군인들, 전선에서 싸우고 있는 군인들, 심지어 전사한 군인들까지 모든 신문이 각기 다른 군복을 입고 있는 아군과 적군들의 사진으로 도배가 되었다.

문득 나도 군복이 갖고 싶어졌다.

어머니의 막내 동생인 밀턴 외삼촌은 공수부대 소속으로 처음엔 유럽에, 나중에는 버마에 파병되었다. 나는 밀턴 외삼촌이 보내준 탄띠를 두르고 동네를 활보했다.

해리 외삼촌은 태평양 함대에 배속된 전함에서 근무했다. 해리 외삼촌은 내게 해군 모자를 보내주었다. 알맞게 주름이 잡힌 하얀 해군 모자를 한쪽으로 비딱하게 쓴 채 나는 태평양의 폭풍에도 아랑곳하지 하고 갑판에 늠름하게 서 있는 외삼

해리 외삼촌(왼쪽)과
밀턴 외삼촌

촌의 모습을 상상하며 거친 파도가 몰아치는 웨스트 9번가를 돌아다녔다.

우리 집은 좁았다. 그리고 내 신발은 늘 흙투성이였다. 주방 바닥을 매일—내 눈에는 매 시간으로 보였다—왁스로 닦은 어머니는 나를 복도로 내쫓기 일쑤였다. 하지만 어머니는 동생만큼은 늘 곁에 두고 잠시도 눈을 떼지 않았다.

얼마 지나지 않아 동네 친구들도 나름의 제복—꼬질꼬질한 모자와 낡은 가죽 벨트—을 갖추기 시작했다. 우리는 아파트 복도와 계단을 씩씩하게 행진하며 목청껏 노래를 불렀다.

15. 보이스카우트 제복

"이제 너는 군인이다. 밭가는 농부가 아니다. 절대 부자는 못 되도 이제 너는 군인이다."

복도와 계단에 울려 퍼지는 우렁찬 노랫소리에 참다못한 주민들이 문을 열고 소리를 질러댔다. "이 녀석들, 당장 멈추지 않으면 쫓아간다!"

적들을 피해 우리는 지하실로 도망을 쳤다. 곰팡내가 나는 어둠을 뚫고 창고와 사악한 보일러 괴물 앞을 지나 우리는 뒷골목으로 통하는 문까지 질주를 했다. 거리에 나서서 우리는 다시 군가를 부르며 씩씩하게 행진을 했다.

피로와 흥분이 채 가시지 않은 채 집에 돌아오면 나는 동생이 내 군용장비를 착용하는 것을 허락해주었다. 동생이 해군모자를 쓰고 탄띠를 두르는 동안 나는 동생에게 군가와 행진하는 요령을 가르쳐주었다. 동생에게 이것저것 가르쳐주는 내 모습을 어머니는 흐뭇한 표정으로 바라보았지만 여전히 왁스칠을 한 주방으로의 행진은 허락하지 않았다.

군복—넘치는 기운을 쏟아낼 일종의 배출구로—을 가지고 싶다는 내 소망에 아버지가 주의를 기울였다. 연합군이 파리에 입성한 8월 어느 날 아버지가 커다란 상자를 들고 집에 들어왔다. 내 앞에 상자를 내려놓으면서 아버지는 근엄한 표정으로 상자를 직접 열어보라고 명령했다. 상자 안에는 벨트와 무릎까지 오는 양말, 주름이 잡힌 스카프 그리고 쥠줄까지 완벽하게 갖춰진 보이스카우트 제복이 들어 있었다.

"선물이다. 여기에다 반짝반짝 윤이 나는 검정색 구두까지 신으면 완벽할 거야." 아버지가 수화를 했다.

나는 브루클린에서 보이스카우트를 한 번도 본 적이 없었다. '우리 동네에 보이스카우트가 한 명도 없는 데에는 분명히 이유가 있을 거야.' 나는 속으로 생각했다.

아버지는 침실로 행진(다른 알맞은 표현을 찾을 수가 없다)을 해서 사진 한 장을 들고 씩씩하게 걸어 나왔다. 사진 속에는 팬우드 농아학교의 교복을 입고 있는 당신의 어릴 적 모습이 있었다. 1912년에 촬영된 사진이었다. 사진 속의 아버지는 교과서에서 본 적이 있는 남북전쟁 당시의 북군 소년병 고수의 모습과 똑같았다.

"너는 어쩌면 아빠가 어렸을 때와 그렇게 똑같은지 모르겠다." 아버지는 '똑같은'을 강조하며 수화를 했다. "아빠도 너처럼 잠시도 가만히 있지를 못했거든. 혼자 있으면 반드시 이런저런 말썽을 일으켰지. 가족이나 친구들이 수화를 하지 못했기 때문에 아빠는 늘 혼자였어. 하지만 팬우드 농아학교에서 기숙사 생활을 시작하면서 모든 게 달라졌지. 그 학교는 마치 사관학교처럼 규율이 엄했거든. 우리는 교복을 입었고 교실이나 체육관, 식당, 심지어는 변기와 변기 사이를 걸을 때에도 발을 맞춰야 했다."

아버지의 손이 앞뒤로 움직이며—행진하며—손가락으로 반듯하게 줄을 선 모습과 완벽하게 통일된 동작을 보여주었다. 아버지의 손을 쳐다보면서 나는 최면에 빠지는 것 같았다. 아버지가 학교 친구들과 함께 팔을 직각으로 올리며 줄을 맞춰 행진하는 모습이 눈앞에 펼쳐졌다.

"제식훈련을 왜 시키는지 도무지 이해가 되지 않았지만 어쨌든 아빠는 꿈속에서도 어깨를 쫙 펴고 팔을 쭉쭉 뻗으며 걸어 다녔다." 그 시절이 생각났는지 아버지는 입가에 미소를 띠었다.

그런데 갑자기 아버지의 표정이 어두워졌다. "나중에야 왜

팬우드 농아학교 시절의 아버지,
1912년경

그렇게 규율을 강조했는지 깨달았다. 선생님들은 우리를 그냥 내버려두면 짐승 무리처럼 통제가 불가능할 거라고 생각했던 거야. 그래서 우리를 엄격하게 다룬 거지. 기본적으로 우리는 지시에 순응하는 법을 가르쳐야 할 대상이었어. 하지만 그건 웃기는 발상이다."

아버지는 내 손을 잡고 내 방으로 행진을 했다. 아버지는 나에게 보이스카우트 제복을 입어보라고 했다. '뭐 하려고 이러시지?' 나는 궁금했다.

마치 내 마음을 읽기라도 한 것처럼 아버지가 수화를 했다. "보이스카우트는 행진 따위는 중요하게 생각하지 않아. 하지만 규율과 복종은 중요하다. 너도 그 두 가지를 익히게 될 거다. 하지만 너무 걱정하지는 마. 규율과 복종만 있는 게 아니니까. 보이스카우트 활동을 하면 배우는 게 아주 많다. 그리고 한 가지 일을 훌륭하게 해낼 때마다 기능장merit badge도 받을 수 있어. 아빠가 도와줄게."

첫 모임은 셋 로 파크 건너편에 있는 스카우트 지도자의 집에서 열렸다. 집에서 불과 네 블록 떨어진 곳이었지만 내게는 대서양 너머처럼 멀게 느껴졌다. 평소에 나는 동네를 벗어나는 일이 거의 없었다.

첫날 동행을 해준 아버지는 모임이 끝날 때까지 몇 시간 동안 밖에서 기다렸다. 태어나서 그렇게 지루하고 따분한 시간은 처음이었다. 유년부의 첫 모임에서 우리가 한 일이라고는 보이스카우트 선서를 수도 없이 반복하는 것밖에 없었다.

이어지는 모임에서도 달라진 것은 없었다. 더 나빠진 것은 있었다. 아버지가 나를 더 이상 데려다주지 않았기 때문에 나는 우스꽝스러운 파란색 제복을 입고 혼자서 거리에 나서야 했다. 길을 나서면 동네의 싸움꾼들이 내 뒤에 바짝 붙어서 나를 툭툭 건드리며 놀렸다. 하지만 아버지는 여전히 큰 기대를 품고 있었다. 아버지는 스카우트 교본에서 "기능장"이 소개되어 있는 페이지를 펼쳐놓고 그 중의 하나를 내가 반드시 받도록 만들겠다는 결의를 다졌다.

어느 날 저녁식사를 마치고 아버지는 퇴근길에 사온 우표 한 무더기를 식탁 위에 올려놓았다. 온갖 형태의 콧수염과 턱수염과 구레나룻을 기른 이상하게 생긴 얼굴들과 이국적인 동물들의 도안이 우표에 인쇄되어 있었다.

식탁 한가운데에는 새 우표첩이 놓여 있었다. 표지를 넘기자 텅 빈 페이지가 나에게 빈 공간을 한번 채워보겠느냐고 도전을 하는 것 같았다. 보이스카우트로서 나의 첫 과제는 "108번 기능장—우표수집"을 획득하는 것이었다.

주방의 불빛이 그리 밝지 않았지만 아버지는 식자실에서 사용하는 보안경을 쓰고 우표 더미에서 한 장을 핀셋으로 골라 조심스럽게 내 앞에 내려놓았다. 아버지는 마운트와 핀셋을 함께 건네주면서 핀셋으로 우표를 집어서 마운트에 집어넣고 그것을 우표첩에 끼워보라고 했다.

나는 핀셋으로 우표를 집어서 접착제가 발라진 마운트 안에 밀어 넣었다. 하지만 그 과정에서 구레나룻을 기른 남자의 얼굴이 반으로 찢어졌다.

아버지가 낮은 신음소리를 냈다. "천천히, 부드럽게." 아버지의 손이 천천히, 부드럽게 눈에 보이지 않는 우표를 밀어 넣었다.

나는 두 번째 시도를 했다. 우표가 마운트로 구겨져 들어가면서 도안에 그려진 사슴의 뿔이 마치 꼬리에 돋아난 것처럼 보였다.

아버지가 한마디 할 틈을 주지 않기 위해 나는 재빨리 핀셋으로 세 번째 우표를 집었다. 나는 우표를 천천히, 부드럽게 마운트에 밀어 넣은 다음 우표첩 첫 페이지에 조심스럽게 꽂았다.

나는 마침내 해냈다는 뿌듯함으로 우표첩의 속지에서 핀셋을 빼냈다. 그런데 핀셋에 묻어 있던 접착제가 굳으면서 우표의 한쪽 가장자리를 뜯어내고 말았다.

아버지는 지그시 눈을 감으며 입술을 꾹 다물었다. 늘 표정이 풍부한 아버지의 손이 침묵을 지켰다. 아버지는 할 말을 잃은 것 같았다.

나는 핀셋으로 연이어 우표를 집어서 시도를 해보았지만 결과는 똑같았다.

마침내 아버지가 내 손을 잡았다. "다른 걸 해보자."

며칠 후 아버지가 조각칼 한 세트를 사왔다. 노란색 나무 상자를 열자 크기와 모양이 제각각인 조각칼들이 부드러운 헝겊 재질의 받침에 놓여 있었다. 상자의 뚜껑에는 철제 걸쇠가 달려 있었다. 정말 근사했다. 그런데 이걸 어디에 쏜담?

"118번 기능장―목각 장식품 만들기!" 아버지는 득의양양한 표정으로 말했다. 아버지는 이번에도 나를 잘못된 길로 이끌고 있었다.

그날 저녁 아버지가 동생과 나를 식탁에 앉혔다. 어머니는 여느 때처럼 설거지를 하고 있었다. 어머니는 터져 나오는 웃음을 간신히 참고 있는 표정이었다.

식탁 위에 펼쳐진 신문지 위로 조각칼 세트가 놓여졌다. 그 옆에 비누도 세 개 있었다.

"지금부터 이 조각칼로 비누를 깎을 거야. 날도 무뎌지지 않을 뿐더러 연습에는 비누가 제일이거든."

그럴듯하게 들렸다. 나는 집어든 비누를 조각칼로 정확하게 반으로 잘랐다. 동시에 왼손의 엄지와 검지 사이에서 피가 뚝뚝 떨어졌다.

부러운 눈으로 쳐다보고 있던 동생이 화들짝 놀라서 어머니에게 달려갔다. 동생은 아버지에게 새 물건은 언제나 내 차지이고 자기는 늘 낡고 망가진 물건만 물려받는다고 불평을 늘어놓곤 했다. 하지만 이번에는 내가 차지한 새 물건에 전혀 흥미가 없어 보였다.

조각칼에 베인 상처에 반창고를 붙인 다음 우리는 다시 비누 조각에 도전했다.

"천천히, 부드럽게." 아버지가 수화를 했다. 솔직히 이젠 그 말이 지긋지긋했다.

하지만 천천히, 부드럽게 나는 조각칼로 비누를 깎았다. 비누에서 사슴의 모양이 조금씩 드러나기 시작했다. 이번에도 사슴의 뿔이 꼬리에 달린 것처럼 보였다. 하지만 우표에서 경험한 실패만큼 나쁘지는 않았다. '이건 할 수 있겠는데.' 나는 자신감을 얻었다.

"연습해라." 아버지의 손이 말했다. 나는 그대로 했다. 매일 나는 학교에서 돌아와 비누를 깎아 동물 모양을 만들었다. 저녁에 아버지가 퇴근을 하면 나는 그날 만든 작품을 식탁 위에 올려놓았다. 동생은 고개를 갸웃거리며 내가 만든 조각품을 이리저리 살펴보았다.

"정말 잘 만들었다!" 어머니는 양 볼에 갖다 댄 손을 쭉 펴며 감탄을 했다.

"연습해라." 아버지의 반응은 차분했다. 나는 아버지가 시키는 대로 연습에 매진했다. 얼마 지나지 않아 우리 집 욕실에는 온갖 기괴한 동물 모양의 비누가 넘쳐났다. 우리 가족은 한쪽 귀가 없는 코끼리로 세수를 했다. 동생과 나는 꼬리가 없는 생쥐로 목욕을 했다. 아버지는 면도를 하면서 목이 짧은 기린으로 거품을 냈다. 어머니가 설거지할 때 사용한 비누는 아무도, 심지어 나조차 어떤 동물을 조각한 것인지 알아볼 수 없었다. 하지만 내 손에 난 무수한 상처와 딱지는 쉽게 알아볼 수 있었다.

수십 개의 아이보리 비누와 한 컵 분량의 피를 쏟아 부은 후 아버지와 나는 "118번 기능장—목각 장식품 만들기" 프로젝트를 중단했다. 그리고 일주일 후 내 보이스카우트 제복은 곱게 개켜져서 나프탈렌 알갱이와 함께 서랍장의 맨 아래 칸으로 들어갔다. 아버지와 나는 기능장을 한 개도 받지 못할 바에는 보이스카우트 활동을 하는 것이 그다지 의미가 있을 것 같지 않다는 결론에 도달했다.

동생은 몇 번 입지도 않은 옷을 물려받게 되었다는 사실에 흥분을 감추지 못했다. 하지만 그 옷이 딱 맞을 만큼 자랐을 때 동생은 보이스카우트에 대해 전혀 흥미를 느끼지 못했다. 동네에 보이스카우트가 한 명도 없었기 때문이다. 사실 우리 동네에서 보이스카우트 활동을 제대로 해본 아이는 아무도 없었다. 동생도 나처럼 웨스트 9번가에서 최초의 보이스카우트로 이름을 남기는 것에 전혀 관심이 없었다.

집안 내력

 브루클린 다저스(1958년에 현재의 'LA다저스'로 이름이 바뀌었다-옮긴이)가 월드시리즈에 진출하는 것보다 아들이 보이스카우트 기능장을 받는 게 더 어렵다는 사실을 깨달은 후에도 아버지는 내가 당신의 뒤를 이어 취미생활을 즐기기를 바랐다.

 오늘날 청각장애인들이 흔히 즐기는 오락(자막이 나오는 TV와 DVD가 대표적이다)이 없었던 그 시절, 아버지는 여러 가지 취미—청각장애인들이 즐길 수 있었던—를 가지고 있었다. 그리고 아버지는 일단 취미생활을 시작하면 그 분야의 전문가가 되었다.

 아버지는 또한 생물학적 유전을 신봉했다. 아버지는 아들이 취미생활을 즐기는 것은 물론 당연히 그 분야에서 특출한 재능을 보일 거라 기대했다. 덕분에 아버지가 들고 오는 온갖 종류의 "세트"가 집에 차곡차곡 쌓이기 시작했다.

 아버지가 사온 A. C. 길버트 화학실험 세트에는 갖가지 분

말과 용액이 담긴 수십 개의 유리병이 나무로 된 홈에 박혀 있었다. 상자에는 시험관과 계량스푼, 리트머스 시험지와 소형 저울 그리고 알코올램프도 들어 있었다.

각각의 유리병에는 처음 들어보는 이름들이 빼곡하게 적혀 있었다. 페놀프탈레인, 염화암모늄, 탄산나트륨, 페로사이안화나트륨, 염화코발트(이 용액은 색깔이 참 예뻤다), 산화칼슘, 황산염 등등 읽기도 어려운 이름들이 유리병에 적혀 있었다.

인상적인 내용물들과 함께 상자 안에는 '즐거운 화학실험'이라는 두꺼운 설명서도 들어 있었다. 표지에는 번갯불을 쥐고 있는 소년의 그림이 있었다.

아버지는 실험을 하기 전에 반드시 설명서를 읽어보라고 했다. 아버지는 내가 새로운 취미에 흥미를 갖게 되기를 기대했다. "즐겁게 실험해봐."

나는 설명서를 단숨에 읽어치웠다. 설명서에는 실험 세트에 들어 있는 용액으로 2백여 종의 실험을 할 수 있다고 소개되어 있었다.

다음날 오후, 어머니는 떨떠름한 표정으로 내가 욕실에 "연구소"를 차리는 것을 허락했다.

욕실 문을 잠근 뒤 나는 영화에 나오는 미친 과학자를 상상하며 "실험"에 돌입했다.

나는 가장 먼저 물을 포도주로—실은 물에 어떤 용액을 떨어뜨려서 색깔을 변화시키는—바꾸는 실험을 했다.

이어서 잉크를 만들기도 했다. 알코올램프로 가열을 하자 혼합액의 색깔이 검게 변했다.

나는 설명서에 따라 여러 용액을 혼합해서 리트머스 시험지에 떨어뜨려 보았다. 리트머스 시험지는 온갖 화려한 색깔로 바뀌면서 순식간에 동이 났다.

이어서 연기를 만드는 실험에 도전했다. 시험관에 네 가지 용액을 혼합하자 천천히 연기가 피어오르며 욕실 천장에 엷은 안개의 층을 형성했다. 나는 수건을 꺼내 연기를 흩어버렸다.

몇 가지 실험을 하고나자 설명서대로 하는 실험이 따분해졌다. 그때 설명서 표지의 사진이 눈에 들어왔다.

설명서를 옆으로 치우면서 나는 실험 세트의 용액과 분말을 마음대로 섞어보면 어떤 반응이 일어날까 궁금해졌다.

족히 열두 가지의 용액을 혼합한 다음 나는 금속 받침에 끼운 시험관을 알코올램프에 올려놓았다. 그리고는 재빨리 욕조에 들어가 샤워 커튼 뒤에 숨어서 무슨 일이 일어나는지 지켜보았다. 용액에 거품이 생기면서 천천히 끓기 시작했다. 그리고는 펑!

욕실 천장에 그을음이 생겼다. 엄청난 폭발음이 들렸지만 그 문제라면 걱정할 필요가 없었다. 어머니는 욕실에서 무슨 일이 벌어졌는지 전혀 눈치를 채지 못하고 있었다.

문제는 지독한 냄새였다. 말 그대로 지옥에서 피어오르는 유황 냄새가 욕실에 가득 찼다.

문틈으로 새나간 매캐한 냄새에 어머니가 욕실 문을 다급하게 두들겼다. 문을 열자 짙은 연기가 거실로 천천히 빠져나갔다. 집 안 구석구석으로 퍼지는 연기가 식탁보와 창문 커튼의 주름에까지 스며들었다.

"도대체 이게 무슨 냄새야?" 아버지가 퇴근을 해서 집에 들어오자마자 어머니에게 물었다.

어머니는 아버지에게 "당신의 아들이 실험을" 하다가 가벼운 문제를 일으켰다고 말했다. 어머니는 한마디를 덧붙였다. "당신이 후원한 실험을 하다가 그랬어요."

일주일 후 아버지는 A. C. 길버트 화학실험 세트를 내다버리고 A. C. 길버트 대관람차 조립 세트를 사왔다.

커다란 상자 안에는 다양한 크기의 기둥과 일정한 간격으로 구멍이 뚫려 있는 형형색색의 금속판들이 수많은 볼트와 너트와 함께 들어 있었다. 무엇보다 내 주의를 끈 것은 전기 모터였다.

표지에는 어른 키 높이의 대관람차 옆에 한 소년이 서 있는 모습이 그려져 있었다. 그림 속의 대관람차는 전기 모터에 연결되어 있었다. 물론 조립 세트에는 자세한 설명서도 들어 있었다.

전기 모터로 돌아가는 대관람차의 모습을 머릿속에 그리면서—이번에도 설명서의 지시를 무시하고—나는 기둥과 금속판을 조립하기 시작했다.

"어쩌면 저렇게 똑같을까." 설명서는 펼쳐놓지도 않은 채 기둥과 기둥을 마구잡이로 연결하고 있는 내 모습을 지켜보고 있던 어머니가 수화로 말했다. "너를 보니까 네 외할아버지 생각이 난다."

이건 또 무슨 소리지? 나는 외할아버지에 대한 어머니의 감정이 꽤 복잡하다는 것을 알고 있었다. 당시 외할아버지는 외할머니에게 쫓겨나 코네티컷에 있는 막내 외삼촌의 집에서 살고 있었다. 코니아일랜드와 코네티컷은 맨해튼과 헝가리의 숲만큼이나 다른 곳이었다. 어머니가 나의 어떤 모습을 보고 외할아버지를 떠올렸는지 나는 이해가 되지 않았다.

하지만 어머니가 나의 건축술을 지켜보면서 딱한 인생을 살아온 당신의 아버지를 떠올렸다는 것은 분명했다. 동시에 어머니는 '집시 맥스'의 아내로 평생 남편을 증오하며 살아온 당신의 어머니를 떠올리기도 했다.

"네 외할아버지가 직장이란 걸 가져본 건 평생 딱 한 번이었을 거야." 어머니의 손이 이야기를 시작했다. "그나마도 하루를 못 채웠지. 일주일간 감옥에 있는 바람에 일자리를 잃으

외할머니, 1902년경

셨으니까." '감옥'을 표현하는 수화는 너무나 직접적이어서
—양손을 얼굴 앞에서 직각으로 겹친 다음 손가락을 벌려
"철장"의 틈새로 눈을 갖다 대는—수화를 전혀 모르는 사람
도 이해를 할 수 있다. 머릿속에 '집시 맥스'가 철장 너머로
면회를 온 아내의 냉랭한 얼굴을 바라보는 모습이 그려졌다.
"아는 사람의 소개로 아버지는 선철銑鐵을 만드는 주물 공장
에 첫 출근을 하셨어. 당시에는 건물 외벽의 비상계단을 만드
는 재료로 선철을 사용했는데 브루클린 전역에서 아파트 공
사가 벌어지고 있던 때라 선철의 수요가 아주 많았지. 물론
아버지는 선철에 대해 아는 게 전혀 없었어. 하지만 그런 건
전혀 문제가 아니었어. 처음부터 시작하면 되니까. 문제는 처
음부터 시작한다는 것이 아버지에게는 차근차근 배우는 게
아니라 일단 저지르고 본다는 빌어먹을 뜻을 가지고 있었다

는 거지."

 어머니는 아버지로부터 배운 비속어를 수화에 종종 사용했다. 아버지는 비속어를 즐겨 사용했을 뿐만 아니라 풍부한 비속어를 직접 만들어내기도 했다.

 "아버지는 다른 사람의 지시 같은 건 질색을 하는 분이었어. 대신 자연이 선사해준 즉시의 직관을 믿었지. 그래서 아무것도 모르지만 일단 시작을 하신 거야. 주형틀에 이것저것 마음대로 넣고 뭐가 만들어지나 보자 이러고 있었거든. 그런데 그걸 사장이 지나가다가 본 거야. 사장은 처음 보는 주물공이 처음 보는 방식으로 작업을 하는 게 이상해서 대체 뭐 하는 거냐고 물었어. 당연히 아버지는 '선철 만드는 중이오. 댁은 뉘쇼?' 하고 대답을 했지. 사장이 하도 기가 막혀서 공장장을 불러다가 어떻게 된 일이냐고 따졌나봐. 공장장은 자기가 잘 모르는 직원이 실수를 했으니 발뺌을 하면서 모든 책임을 아버지에게 뒤집어 씌웠겠지. 헝가리사람 기질을 모르고 말이야. 아버지는 그 자리에서 납 파이프를 공장장의 머리에 휘둘렀어. 공장장은 바닥에 기절해 있고 사장은 벌벌 떨면서 아버지를 쳐다보기만 했지. 아버지는 자존심이 상해서 '그만두면 될 거 아니야!' 하고 큰소리를 쳤다지. 그렇게 해서 일주일간 감옥에 가시게 된 거야. 집에 돌아온 아버지는 정의를 실천하다가 옥살이를 한 것처럼 아주 당당하셨어."

어머니의 손은 과거의 기억을 아주 생생하게 끄집어냈다.

"그 이후로 아버지는 직장이라는 데를 다녀본 적이 없어. 대신 혼자서 할 수 있는 일을 이것저것 알아보셨지. 하지만 늘 자신감이 능력보다 앞선다는 게 문제였어. 진득하게 무슨 기술을 배우지 못하셨거든." 어머니는 잠시 수화를 멈췄다. "너를 보면서 네 외할아버지가 생각난다는 게 바로 그거야. 아버지는 지붕 수리도 해봤고 배관 고치는 일도 해봤어. 하지만 치수를 잰다고 뒷걸음질을 치다가 지붕에서 떨어지고, 배관을 고치러 가서는 가스 밸브를 열어놓고 작업을 하다가 온 동네를 날려버릴 뻔한 적도 있지."

해가 서서히 기울고 있었다. 아버지가 곧 돌아올 시간이었다. 어머니는 저녁식사를 준비해야 했다. 어머니의 손이 잠시 무슨 생각을 하듯 멈춰 있다가 한마디를 덧붙였다.

"그래, 어쩌겠니. 네가 그런 것도 집안 내력인데."

16

싸움꾼 프레디

프레디는 우리 동네의 싸움꾼이자 내게는 파멸의 그림자였다. 프레디는 우리 동네에서, 어쩌면 브루클린을 통틀어서 행동이 가장 거친 아이였다. 해가 뜰 때부터 해가 질 때까지 늘 화가 나 있는 표정의 프레디에게 동네의 모든 친구들은 만만한 먹잇감이나 다름없었다. 우리는 이유를 알 수가 없었다. 도대체 왜 그렇게 우리를 못살게 구는 걸까? 우리가 무슨 잘못을 했다고?

달리기가 빠르지 않았다면 나는 보이스카우트 모임을 위해 셋 로 파크를 오가는 길에 프레디에게 여러 차례 붙잡히고 말았을 것이다. 거리를 좁혀오는 프레디를 따돌리기 위해 그 지긋지긋한 노란색 스카프를 휘날리며 도망을 치면서 나는 키가 15센티미터만 더 컸더라면, 몸무게가 10킬로그램만 더 나갔더라면 얼마나 좋을까 하고 생각했다. 하지만 그것은 희망 사항일 뿐, 나는 대신 속도를 높여야 했다. 헐떡거리면서 뒤처지는 프레디를 돌아보며 나는 회심의 미소를 날렸다.

때문에 프레디의 목표는 내가 알아차리지 못하는 사이 기습을 해서 그 악명 높은 "팔뚝 비틀기" 기술을 구사하는 것이었다. 프레디는 늘 자기보다 덩치가 작은 아이의 위팔을 토실토실한 양손으로 잡고 반대 방향으로 힘껏 비틀었다. 그 결과는 늘 똑같았다. 엄청난 고통과 함께 팔에는 불에 덴 듯 빨간 자국이 선명하게 남았다.

팔뚝 비틀기가 아이에게 충분한 고통을 주지 못했다고 판단되면 프레디는 알밤 먹이기 기술에 들어갔다. 비록 손은 토실토실했지만 주먹을 쥐고 지방이 없는 손마디를 뾰족하게 세워서 머리를 내리치면 그 파괴력은 대단했다. 프레디에게 두 번째 기술을 허용한 불운한 아이의 머리에는 달걀만한 크기의 혹이 생기기도 했다. 프레디에게 붙잡힌다는 것은 그만큼 끔찍한 일이었다.

나는 우리 동네에서 프레디에게 잡힌 적이 없는 유일한 아이였기 때문에 프레디에게는 더욱 특별한 목표가 되었다. 프레디는 달리기로 나를 따라잡을 수 없었다. 막다른 골목에 몰렸을 때조차 나는 날렵하게 프레디의 손아귀를 빠져나갈 수 있었다. 이것이 프레디를 더욱 화나게 만들었다. 나는 안전한 거리가 확보되면 프레디를 놀려대며 웃었다. 그리고 이것이 나에게 재앙의 씨앗이 되었다.

프레디는 바보가 아니었다. 비록 뚱뚱하고 발은 느렸지만 머리 회전까지 느리지는 않았다. 달리기로는 상대가 되지 않았지만 프레디가 내 허점을 노릴 가능성은 언제든지 있었다. 프레디는 나에게 받은 치욕스러운 조롱을 끝장—하마터면 영원히—내기 위해 계략을 꾸미기 시작했다.

육중한 출입문 밖으로 드넓은 하늘이 펼쳐지는 옥상은 나만의 휴식처였다. 옥상은 시끌벅적한 브루클린의 소음에서 벗어나 혼자만의 시간을 보낼 수 있는 공간이었다. 아버지는 아파트 관리인으로부터 출입문 열쇠를 복사해서 나에게 건네주었다. 옥상 열쇠는 나에겐 보물이나 다름없었다. 나는 옥상 벽돌담에 등을 기대고 책을 읽거나 복잡하기 그지없는 내 인생에 대해 생각했다. 그저 멍하니 브루클린의 푸른 하늘 위로 구름이 떠다니는 모습을 바라보기도 했다. 아주 맑은 날에는 몇 마일 떨어진 코니아일랜드 해변과 반짝거리는 대서양의 푸른 물결이 보이기도 했다.

혼자 옥상에 올라 공상에 빠져 있다 보면 긴장과 경계가 느슨해질 수밖에 없었다. 그 운명적인 오후 그러한 방심은 치명적인 결과로 이어졌다.

프레디는 나를 잡기 위해 내 일과와 동선을 몰래 조사했다.

가끔 내가 어디론가 사라질 때가 있다는 사실을 확인한 프레디가 어느 날 조용히 내 뒤를 밟았다.

평소에 나는 옥상에 올라가면 출입문을 잠갔다. 하지만 그날은 읽고 있던 책의 다음 이야기가 너무 궁금해서 출입문을 잠그는 것을 깜빡하고 말았다.

주인공에게 닥친 위기에 정신이 팔려서 나는 프레디가 다가오는 소리를 듣지 못했다. 뒤늦게 발자국 소리를 들었지만 이미 때는 늦고 말았다.

나는 용수철이 튕기듯 자리를 박차고 일어나 들고 있던 책을 프레디의 얼굴에 던졌다. 프레디가 반사적으로 얼굴을 막는 동안 나는 프레디의 옆을 스쳐 뛰어나갔다. 내가 읽고 있던 책은 꽤 두꺼웠다. 만일 얇은 책을 읽고 있었다면 내 운명은 그것으로 끝이었을 것이다.

하지만 안도의 순간은 너무나 짧았다. 나는 출입문으로 달려갔지만 무엇으로 막아놓았는지 문이 열리지 않았다. 나는 미로에 갇힌 생쥐처럼 옥상 위를 달리기 시작했다. 빨랫줄에 걸려 있는 이불들과 두 개의 굴뚝을 돌아서 여기저기 돌출되어 있는 환기구를 지나 나는 도망가고 프레디는 쫓아왔다.

천천히 그러나 확실하게 프레디가 나를 구석으로 몰았다. 나는 독 안에 든 쥐였다.

그 다음 기억나는 것은 내가 머리를 아래로 향한 채 옥상담 너머의 허공에 매달려 있었다는 것이다. 프레디가 내 발목을 붙잡고 있었다.

이상하게도 나는 무섭지 않았다. 6층 아래를 내려다보면서 오히려 황홀한 기분이 들었다. 말 그대로 나는 새의 눈으로 집집마다 창문 앞에 걸어놓은 빨랫줄을 내려다보았다. 설령 프레디가 손을 놓아버린다고 해도 마치 핀볼 게임 기구의 쇠구슬처럼 나는 여기저기 걸쳐져 있는 빨랫줄에 튕기면서 바닥에 안전하게 내려갈 수 있을 것 같았다.

하지만 나는 쇠구슬이 아니었기 때문에 실제로 떨어지면 어떻게 될 것인지에 대해 생각하지 않을 수 없었다. 아무리 생각해도 쇠구슬처럼 흠집 하나 나지 않고 바닥에 떨어질 것 같지는 않았다. 나는 그 생각을 마음에서 지워버렸다.

하지만 상상은 멈추지 않았다. 불현듯 추락을 하다가 아브로모비츠 아주머니의 거대한 브래지어에 걸리는 내 모습이 그려졌다.

지금 생각해보면 눈앞에 죽음의 위기가 닥쳤는데도 정신을 딴 데 팔 수 있었다는 사실이 그저 놀라울 따름이다. 나는 깜짝 놀란 아주머니가 낚시를 하듯 다른 빨래와 함께 나를 감아 올리는 모습을 그릴 수 있었다. 그 모습이 너무 재미있어서 나는 킥킥대며 웃기 시작했다.

이 웃음이 나를 살렸다. 프레디는 내 웃음소리를 듣고 나를 겁주려 했던 자신의 계획이 실패로 돌아갔음을 깨달았다. 정말로 떨어뜨릴 생각은 없었는지 (그랬으리라 믿는다) 프레디는 나를 들어올렸다.

그날 이후 프레디는 두 번 다시 나를 괴롭히지 않았다. 프레디는 최악의 수단을 동원해 나를 괴롭혔지만 나는 겁을 먹지 않았다. 프레디는 이제까지 괴롭혀온 어떤 아이에게서도 그런 용기를 본 적이 없었다. 나는 프레디처럼 미친 녀석만이 상상할 수 있는 시험을 무사히 통과했다. 그리고 곧 동네의 모든 아이들에게 나는 부러움의 대상이 되었다.

17

소아마비

 1945년은 미국에서 소아마비의 공포가 절정에 달한 해였다. 그 즈음 브루클린의 모든 엄마들은 아이들에게 대구 간유肝油를 억지로 떠먹였다. 비릿하고 끈적거리며 느글느글한 간유는 입술과 혀를 거쳐 목구멍으로 넘어간 뒤에도 몇 시간 동안 그 메스꺼운 느낌이 남아 있었다. 입안에 남아 있는 그 비릿한 맛을 없앨 방법은 없었다. 그저 시간이 지나면서 저절로 없어지기를 바랄 뿐이었다.

 "이게 다 널 위한 거야." 어머니는 매일 간유를 먹지 않겠다고 도망을 치는 나에게 수화로 역정을 냈다. 거의 매번 어머니는 말 그대로 내 입을 강제로 벌려서 간유를 털어 넣어야 했다. 나는 대부분의 생선을 싫어했다. 그 중에서도 인류가 물고기를 가지고 만들어낸 가장 끔찍한 제품인 간유를 제일 싫어했다.

반면에 간질 발작을 조절하기 위해 매일 약을 먹어온 동생은 아무 불평불만 없이 간유를 먹었을 뿐만 아니라 그것을 좋아하는 것처럼 보일 때도 있었다.

"이렇게 억지로 먹이는 엄마 마음은 더 아파." 어머니는 내가 간유를 완전히 삼킨 것을 확인한 다음 수화로 말하곤 했다.

그리고는 모든 반발을 단번에 종결시키는 수화가 이어졌다. "하지만 이거 안 먹고 너 소아마비 걸리면 어떡할래?"

브루클린의 아이들은 매일, 특히 그해 여름에는 하루에도 몇 번씩 소아마비에 대한 잔소리를 들어야 했다. 낮이 긴 여름은 우리가 놀기에 가장 좋은 계절이었다. 하지만 부모님들의 생각은 달랐다. "더울 때 밖에 오래 나가 있으면 안 돼. 소아마비 걸리고 싶지 않으면 엄마 말 들어." (이어지는 말은 어느 부모나 똑같았다. "루스벨트 대통령 좀 봐라. 너도 평생 휠체어에 앉아 있고 싶어?") "식후에 물속에 바로 들어가면 안 돼. 그러다 소아마비 걸려." "이번 주에는 극장에 가지 마. 옆 동네에 소아마비 걸린 애가 있다더라." "공동 식수대는 근처에도 가자 마라. 그러다 소아마비 걸려." "파리가 앉았던 음식 먹지 마라. 그러다 소아마비 걸려." 이거 하지 마라, 저거 하지 마라. 그리고 마지막 말은 언제나 이것이었다. "너 호흡 보조 장치(iron lung: 1950년대 중반 백신이 개발되기 전까지 소아마비에 걸린 환자는 원통 모양의 커다란 호흡 보조 장치 속에 눕혀진 채 치료를 받았다—옮긴이)에 들어가고 싶어?"

이 점을 특히 강조하기 위해 어머니는 '하지 마'라는 뜻으로 평소와는 다른 수화를 사용했다. 일상에서 내가 하지 않았으면 하는 행동을 할 경우 어머니가 사용한 수화는 간단—엄지로 턱 밑을 툭 건드리는—했다. 하지만 절대 하지 말아야 할 일을 이야기할 때 어머니는 양손을 십자 모양으로 교차시키는 동작을 반복하며 단호한 표정을 지어 보였다.

내가 당신의 경고를 분명히 알아들었다는 표시를 할 때까지 어머니는 손을 내리지 않았다. 고개를 끄덕이거나 단순히 '네'라고 수화를 하는 것으로는 충분하지 않았다. 나는 반드시 손가락으로 철자를 해야만 했다. "알았어요. 알았어요. 알았다고요!"

그해 여름 내가 콧물을 흘리거나 배앓이를 했을 때 어머니는 즉시 나를 침대에 눕히고 콧물과 복통이 멎을 때까지 꼼짝도 하지 않고 침대 곁을 지켰다.

동생은 더욱 각별한 보살핌을 받았다. 인근 지역에서 소아마비 환자가 공식적으로 보고되면 어머니는 소아마비에 감염될 가능성을 원천적으로 차단하기 위해 동생을 집 안에만 머무르게 했다.

어떻게 소아마비에 걸리는지 아는 사람은 아무도 없었다.

의사도, 과학자도, 선생님도, 그리고 우리 부모님도 알지 못했다. 동네에서 일어나는 일을 모두 꿰뚫고 있는 번바움 아주머니조차 소아마비의 발병 원인은 알지 못했다. 그럼에도 사람들은 더운 날씨가 소아마비의 감염과 관련이 있다고 확신을 했다. 폭염에 휩싸인 오후 동네 아이들은 모두 집으로 들어가야만 했다.

몹시 무덥던 어느 날 나는 동생에게 속임수 마술을 보여주다가 문득 간질 환자가 소아마비에 걸리면 마술처럼 발작이 멈추게 될까 궁금해졌다. 궁금한 것은 또 있었다. '청각장애인은 소아마비에 면역력이 있나?' 나는 청각장애인이 소아마비에 걸렸다는 얘기를 한 번도 들어보지 못했다. 아버지도 그런 경우가 있다는 소리는 들어보지 못했다. "우리는 소아마비가 없어도 충분히 힘들거든. 그래서 하나님이 조금 봐주시나 보다." 아버지는 내 질문에 그렇게 대답했다.

하지만 하나님은 내 친구 배리 골드슈타인은 봐주지 않았다. 여름이 거의 끝나갈 무렵 아침저녁으로 공기가 제법 선선해지면서 이제 소아마비의 위협이 물러갔다고 생각했을 때 막바지 더위가 한 차례 몰아닥쳤다. 그리고 그 마지막 더위에 배리는 앓기 시작했다. 배리의 병명이 소아마비로 확인되었다. 드디어 내 주변에도 소아마비에 걸린 사람이 생기게 되었다.

배리는 코니아일랜드 종합병원에 실려 갔다. 그리고 즉시

호흡 보조 장치 속에 들어가 치료를 받았다. 몇 주 동안 생사를 넘나드는 위기가 지속되었다. 마침내 고비를 넘긴 배리는 호흡 보조 장치의 도움으로 호흡을 유지할 수 있었다.

어느 날 배리의 아버지가 우리 집에 찾아와 아버지에게 쪽지를 내밀었다. "원하시면 댁의 아드님과 함께 문병을 오셔도 좋습니다. 제 아들이 좋아할 것 같습니다."

토요일 오전 아버지와 나는 지하철을 타고 코니아일랜드를 향했다. 아버지는 병원에 도착할 때까지 내게 한마디의 수화도 건네지 않았다. 친구의 상태를 보고 내가 받을 충격을 줄이기 위해 아버지가 할 수 있는 일은 아무것도 없었다.

아이들에게는 코니아일랜드 종합병원이 악몽의 공간으로 여겨졌다. 우리는 그곳에 입원을 한 사람들의 이야기를 종종 듣곤 했지만 그 후 그들이 집에 돌아왔다는 소식은 들리지 않았다. 우리의 눈에 비친 병원은 사람들이 죽으러 가는 곳이었다. 아버지의 손을 잡고 도착한 병원의 실제 모습은 내가 상상한 것보다 훨씬 무서웠다. 어둡고 눅눅한 복도를 사이에 두고 회색 페인트가 칠해진 병실에는 표정을 잃은 핼쑥한 얼굴들이 침대에 누워 있었다.

우리는 엘리베이터를 타고 맨 위층으로 올라갔다. 침침한 복도 끝에 눈이 부실 정도로 강한 조명이 쏟아져 나오는 커다란 병실이 있었다. 병실에 들어서자 기둥을 따라 원통형의 호흡 보조 장치들이 줄지어 있었다. 각각의 호흡 보조 장치에는 머리만 밖으로 내민 환자들이 누워 있었다. 환자들의 머리 위로 천장에는 거울이 비스듬히 하나씩 달려 있었다. 이 거울을 통해 환자들은 자신의 머리맡에 누가 있는지 볼 수 있었다.

거울을 통해 배리가 나를 발견했다. 같은 거울로 나도 거꾸로 된 배리의 얼굴을 볼 수 있었다. 배리가 나를 보고 웃었다.

나는 배리에게 그동안 동네에서 일어난 일들을 이야기해주었다. (나는 '소아마비'라는 단어는 입 밖에 내지 않았다.) 내 이야기를 들으면서 배리가 웃음을 지었다.

배리는 퇴원해서 집에 돌아갈 때까지 내가 자신의 자전거를 타도 좋다고 말했다.

잠시 후 간호사가 와서 면회 시간이 끝났다고 알렸다. "이 아이는 지금 절대 안정이 필요해요."

우리는 작별 인사를 나누었다. 내가 병실을 나서려는 순간 배리가 말했다. "나 있잖아, 소아마비래."

집으로 돌아오는 길에 아버지는 지하철에서 당신의 착잡한 심경을 드러냈다. "불쌍해. 배리가 너무 불쌍해."

잠시 후 아버지의 손이 뜻밖의 말을 했다. "청각장애인이 소아마비에 걸렸다는 소리를 들어본 적이 없는 이유를 이제 알 것 같다." 아버지는 생각에 잠겨 잠시 말을 멈췄다. "하나님이 차마 그렇게까지는 할 수 없었던 거다. 청각장애인이 호흡 보조 장치에 들어가 있으면 손을 꺼낼 수 없으니 어떻게 말을 하겠니? 손을 꺼내지 못하는데 무서우면 무섭다고 어떻게 이야기를 하겠니?" 그 말을 마치고 아버지의 손은 집에 도착할 때까지 긴 침묵에 빠졌다.

그해 가을 매일같이 비가 내렸다. 주인을 잃은 자전거를 볼 때마다 배리의 생각이 났다. 가을 내내 비를 맞은 자전거는 겨울이 시작될 무렵 온통 녹이 슬고 말았다. 그리고 첫 눈이 내렸다. 아침에 집을 나서면 길 건너 배리의 집 앞에 세워진 자전거가 눈에 완전히 파묻혀 있는 모습이 보였다. 호흡 보조 장치에 들어가 있는 배리는 두 번 다시 그 자전거를 타고 내 마음을 향해 달려오지 못했다.

그해 겨울 내내 아버지는 소아마비라는 질병과 어린 소년에게 소아마비라는 천형을 내린 하나님에 대한 생각을 떨쳐 내지 못했다.

인근에 있는 낡은 유대교 회당으로 상징되는 하나님에 대해 나는 전혀 관심이 없었다. 회당에는 1년 내내 검정색의 이상한 복장을 한 남자들이 모여들었다. 그들이 수수께끼 같은 모임을 갖는 그 회당은 아버지의 아버지가 속한 세계였는지는 몰라도 나와는 무관한 곳이었다. 나의 세계는 브루클린의 우리 동네로 대표되는 현재에 있었을 뿐 5천 년 전의 역사는 내가 알 바 아니었다.

하지만 이 문제에 대해 아버지가 어떤 생각을 가지고 있는지는 불분명했다. 우리 가족은 안식일을 지키지 않았다. 동네의 다른 유대계 가족들과 달리 우리 집은 유대교의 절기도 지키지 않았다. 비록 바르 미츠바(bar mitzvah: '율법의 아들'이라는 뜻으로 13세가 된 소년이 치르는 유대교의 성인식 또는 이 의식을 치른 소년을 가리킨다-옮긴이) 의식을 치르기는 했지만 아버지는 그것의 의미를 전혀 이해하지 못했고 그 이후에도 외울 수 있는 기도문이 하나도 없을 정도로 유대교와는 담을 쌓고 살았다. 아버지는 안식일 예배는 물론 대축일 예배조차 참석하지 않았는데, 설령 참석했다고 한들 그게 무슨 의미가 있었겠는가? 아버지는 찬송가를 부를 수 없었고 기도문을 합송할 수도 없었다. 하나님은 아버지에게 음성을 들려주지 않았고 혹시 들려주었다 해도 아버지는 들을 수가 없었다. 고대 히브리어에는 청각장애인을 위한 수화가 없었으므로 아버지는 하나님의 언어로 하나님께 기도를 올릴 방법이 없었다.

아버지는 나에게 세상의 모든 것에 대해 이야기를 해주었지만 하나님에 대한 이야기는 하지 않았다. 그러던 어느 날 아버지가 평소보다 일찍 퇴근을 했다. 신문용지를 실은 트럭들이 폭설로 북부 외곽 지역에 갇히면서 재고로 남아 있는 신문용지가 소진된 뒤 직원들에게 반일 임시 휴무가 주어진 것이다. 여느 때처럼 아버지는 신문 한 부를 옆구리에 끼고 집에 들어왔다. 하지만 평소와 달리 신문에는 스포츠 관련 기사가 (폭설 때문에) 거의 없었다. 전날 브루클린에서 일어난 살인사건에 대한 기사도 (같은 이유로) 없었다. 전쟁 관련 기사 역시 (다행스럽게도) 거의 없었다. 딱히 화제를 삼을 만한 기사가 없었던 그날 오후 아버지는 당신의 하나님에 대해 독백에 가까운 이야기를 시작했다.

"네 할아버지는 신앙심이 깊은 분이셨다. 아버지는 매일 아침 금색 실로 히브리어 성경 구절이 수놓아진 테필린(tefillin: 여호와의 말씀을 손목에 매고 미간에 붙이라는 신명기 구절에 따라 정통파 유대교 신자들이 기도를 할 때 이마와 팔에 차는 성구함—옮긴이)을 두르고 기도를 하셨지." 아버지가 '히브리어'를 표현하기 위해 사용한 수화는 한눈에 이해가 되었다. 아버지는 마치 긴 턱수염을 쓸어내리듯 두 손을 턱에서 아래로 내리며 오므리기를 반복했다. "아버지는 무릎을 꿇은 채 엎드렸다 일어났다 하면서 누군가에게 이야기를 하셨지. 마치 방 안에 내가 볼 수 없는 누군가가 있는 것처럼 말이야. 아버지의 입술은 쉬지 않고 움직이며 말을 했다." 아버지의 손이 과거의 기억을 천천히 더듬었다.

"아버지는 율법을 철저하게 지키셨지만 나에게는 한 번도 기도를 시키지 않으셨다. 그럴 방법이 없었겠지. 우리는 서로 말을 주고받을 수 없었으니까. 나는 하나님에 대해 전혀 알지 못했다. 하나님은 내게 늘 수수께끼 같은 존재였고 지금도 마찬가지다. 청각장애가 있는 우리 같은 사람들에게 인생은 수천 개의 퍼즐 조각 같다." 이 말을 하면서 아버지는 마치 당신만 볼 수 있는 퍼즐 조각을 맞추듯 손가락을 부지런히 움직였다. 아버지는 나를 한참 응시했다. "가끔 하나님이 원망스러울 때가 있다. 그분은 다른 형제들은 놔두고 나만 귀머거리로 만드셨다. 왜 그러셨을까? 나는 어린아이에 불과했는데. 내가 뭘 잘못했다고? 나는 도무지 이해할 수가 없었다. 네 친구 배리를 봐라. 그렇게 착한 아이를. 그 애는 나를 보면 항상 웃으면서 인사를 하는 아이였다. 그런 애가 이제는 두 번 다시 자전거를 탈 수 없게 된 거다. 하나님이 왜 그런 짓을 하시는 거냐? 도대체 무슨 하나님이 네 동생을, 다른 사람에게 아무런 해도 입힌 적이 없는 그 귀여운 아이를 간질 환자로 만들어 놓는단 말이냐? 왜 그 아이를 그토록 가혹하게 대하시냔 말이다. 그 애가 발작을 일으키면서 고꾸라질 때 하나님은 그 모습을 보고 계실까? 그 아이가 혀를 깨물고 온 사방에 피를 흘릴 때 하나님이 과연 그걸 보시느냔 말이다."

아버지는 내게 대답을 구하는 게 아니었다. 아버지는 수화를 멈춘 채 허공을 바라보았다. 나는 아버지의 표정과 구부정한 어깨에서 깊은 상처를 읽을 수 있었다. 한참 동안 아버지는 대답을 구할 수 없는 질문이 던져진 허공을 바라보았다.

이윽고 아버지가 나를 향해 시선을 돌리며 천천히 손을 움직였다.

"하지만 하나님이 원망스러울 때마다 나는 엄마 사라와 너희 둘을 생각한다. 아마 이 의문은 영원히 풀리지 않을 것 같다."

대통령의 죽음

1945년 4월 12일, 프랭클린 시어도어 루스벨트 대통령이 조지아주 웜스프링에서 갑자기 사망했다. 전쟁이 길어지면서 그는 점차 늙고 쇠약해지는 모습이었다. 루스벨트는 내가 아는 유일한 대통령이었기 때문에 그의 죽음은 내게도 충격적인 소식이었다. 그날 밤 여느 때와 마찬가지로 아버지는 신문 한 부를 들고 퇴근했다. 저녁식사를 마친 후 아버지는 1면 머리기사의 제목을 수화로 옮겼다. "대통령 서거." 머리기사 제목의 검고 굵은 활자처럼 아버지의 수화는 검고 굵었다. 아버지의 손은 비통해 보였다. "그분은 절름발이였다. 소아마비에 걸리기 전까지만 해도 그분은 평범한 사람이었다." 아버지는 잠시 숨을 고르고 수화를 이었다. "나도 병을 앓기 전에는 평범한 아이였을 거다. 하지만 대통령이 다리를 절게 된 것처럼 나는 귀를 절게 되었다. 하지만 그분이 한 일을 봐라. 그분이 이 전쟁을 승리로 이끈 거다."

수화를 마친 아버지가 고개를 파묻고 흐느끼기 시작했다. 나는 아버지가 우는 모습을 그때 처음 보았다. 아버지는 그날 모자를 만들기 위해 신문을 접지 않았다.

18

소년, 어른이 되다

 1945년 8월 6일, 공군 폭격기 한 대가 히로시마에 폭탄을 떨어뜨리며 제2차 세계대전의 종언을 알렸다.

 그 일이 있기 한 달 전, 내가 열두 살이 되던 생일에 아버지도 내게 폭탄을 하나 떨어뜨렸다. 아버지는 1년 후 내가 열세 살이 되면 바르 미츠바 의식을 치를 것이라고 예고했다. 그것은 내게 핵폭탄의 투하만큼이나 충격적인 소식이었다. 바르 미츠바라고? 아버지가 언제부터 유대교 전통에 관심이 있으셨지? 아버지가 하나님으로부터 버림받은 당신의 인생을 이야기한 그날 이후 나는 좋은 쪽이든 나쁜 쪽이든 아버지의 삶 속에 종교가 남아 있다는 인상을 받은 적이 없었다.

 비록 유대인 부모에게서 태어났지만 (뭔지도 모르고 치른 바르 미츠바 의식을 제외하면) 아버지는 전통적인 유대교 방식의 교육을 받은 적이 없었다. 아버지의 기억 속에 당신의 바르 미츠바는 별다른 인상을 남기지 못했다. 아버지는 어느 일요일 이상한 모자와 옷을 차려입고 당신의 아버지와 함께 유대교 회당에 갔다. 그곳에서 아버지는 길게 턱수염을 기른 랍비가 입술을 빠르게 움직이는 모습을 눈앞에서 지켜보았지만 당신이 참가하고 있는 의식이 무엇인지조차 알지 못했다.

아버지의 바르 미츠바, 1915년

"내가 뭘 하고 있는지도 몰랐다." 아버지가 수화로 말했다. "설명해주는 사람도 없었고 설명하려고 노력하는 사람도 없었다. 그 시절 소리가 있는 세상에서 겪은 대부분의 일들처럼 그 일도 내겐 이해할 수 없는 수수께끼였다."

할아버지는 소리를 듣지 못하는 당신의 장남이 그 의식에 제대로 참여할 수 있을 거라 생각하지 않았다. 모세는 제사장들에게 토라를 "그들의 귀에 낭독하여 주라"고 하지 않았던가? 하지만 아들은 소리를 듣지 못하는데 어떻게 토라를 낭독해준단 말인가? 게다가 하나님이 수화로 말씀하지 않으실진대 아들이 어떻게 대답을 할 수 있겠는가? 때문에 아버지의 바르 미츠바는 어떤 의미도 지니지 못한 채 무언극처럼 치러졌다. 아버지의 기억에 마지막으로 남아 있는 장면은 의식이 진행되는 동안 당신의 아버지가 눈물을 뚝뚝 흘리던 모습이었다. 기쁨의 눈물일까? 아니면 슬픔의 눈물일까? 아버지는 그것도 알 수 없었다.

아버지가 당신의 장남에게 바르 미츠바 의식을 치르게 하겠다고 선언하자 부모님의 양가 어른들은 깜짝 놀랐다. 아버지는 당신이 비록 소리를 듣지 못하는 아비일지언정 정상적인 청력을 지닌 아들을 다른 어느 아버지보다도 훌륭하게 키우고 있다는 사실을 보여주고 싶었다.

그로부터의 1년은 내 어린 시절에서 가장 길었던 해로 기

나의 바르 미츠바, 1946년

억된다. 나는 주말마다 바르 미츠바 교리 공부를 하러 회당에 가야 했다. 랍비가 두들기는 막대기 소리를 메트로놈 삼아서 나는 이해도 되지 않는 따분한 성구를 끝없이 암송해야 했다. 중요한 대목에서 더듬거리는 경우 랍비는 막대기로 내 손등을 정확하게 조준해서 내리쳤다. 주말에 무거운 발걸음으로 회당을 향할 때마다 나는 교리 공부가 고문과 다를 게 없다고 생각했다.

하지만 내가 회당의 연단에 서서 토라를 낭송한 다음 마침내 "오늘 저는 성인이 되었습니다."로 시작하는 짧은 연설을 하게 되었을 때 회중 맨 앞줄에서 나를 바라보던 아버지의 얼굴은 감출 수 없는 자부심으로 환하게 빛났다. 내가 하는 말을 한마디도 들을 수 없다는 사실조차 아무런 문제가 되지 않았다. 아버지는 무릎에 올린 손을 한 번도 움직이지 않았지만 아버지의 표정은 모든 것을 말해주었다. 당신의 아버지가 아주 오래 전에 그랬던 것처럼 아버지는 조용히 울고 있었다.

강요된 신앙심을 위해 1년 동안 억지로 다닌 교리 공부에서 얻은 것이 있다면 내 달리기 속도가 이전보다 훨씬 빨라졌다는 것이었다. 나는 바람처럼 달릴 수 있었다.

유대교의 전통에서 "성인"이 된다는 것은 회당에서 예배를 하기 위해 필요한 열 명의 정족 인원에 포함될 자격이 생겼음을 의미한다. 간혹 평일 예배는 정족 인원을 채우지 못하는 경우가 있었다. 때문에 친구들과 신나게 놀고 있을 때 랍비가 보낸 사람들이 갑자기 나를 에워싸는 경우가 있었다. 바로 랍비로부터 예배 인원을 채우기 위해 온 동네를 돌아다니면서 최근에 바르 미츠바가 된 아이를 잡아오라는 명을 받은 사람들이었다. 아저씨들은 경건한 유대인의 의무에 대해 이야기하면서 서서히 포위망을 좁혀왔다. 가장 싱싱한 바르 미츠바를 잡으러 온 아저씨들은 비록 나이는 많았지만 달리기 실력은 무시할 수 없었다. 그럼에도 단 몇 미터의 간격을 두고 추격전이 시작되면 나는 한 블록을 다 달릴 때까지 이상한 검정색 코트를 휘날리며 추격을 하는 아저씨들이 간격을 좁히는 것을 허용하지 않았다. 얼마 후 아저씨들은 나보다 더 싱싱하지만 달리기가 느린 바르 미츠바 소년들을 목표로 삼기 시작했다.

나는 바르 미츠바였기 때문에 공식적으로 성인이었다. 비록 세상과 아버지 사이의 통역사 역할을 하면서 이전에도 줄곧 애어른으로 지내오긴 했지만 이제 나는 스스로 어른으로 대접을 받아야 한다고 생각했고 그럴 만한 자격도 충분하다고 믿었다.

아버지는 여전히 당신이 필요할 때면 나를 어른으로 여겼다. 아버지가 집밖에서 시끄러운 세상과 마주할 때 나는 당신의 필요에 맞는 도구이자 어른의 입과 귀로 재빨리 변신해야만 했다. 그리고 아버지의 필요가 충족되는 순간 나는 다시 어린아이로 돌아왔다.

그 현기증 나는 변신—아이와 어른과 도구의 역할로—은 자칫하면 떨어지는 아슬아슬한 줄타기와도 같았다. 랍비가 말한 대로 이제 '성인'이 되었다고 해서 그 일이 더 쉬워지지는 않았다.

동생이 열세 살이 되었을 때 아버지는 바르 미츠바를 준비시키지 않았다. 아버지의 희박한 신앙심과 유대인 아버지로서의 의무는 내가 바르 미츠바를 거친 것으로 빚을 다 갚았다. 그것으로 당신의 수수께끼 같은 하나님과의 공식적인 관계는 (44년 후 당신의 부모님이 영면하고 있는 브루클린의 유대인 공동묘지에 묻힐 때까지) 끝이 났다. 이전처럼 우리 집은 안식일과 유대교의 절기를 지키지 않았다. 나 역시 브루클린에 사는 동안 토요일 아침 낡은 회당에서 열리는 예배에 한 번도 참석하지 않았다.

나는 아버지가 하나님과의 관계에 대해 평생 번민했음을 알고 있었다. 나 역시 어린 시절 아버지와 어머니, 그리고 세상으로부터의 단절을 강요당한 두 분의 장애를 보면서 하나님을 향해 분노 섞인 질문을 던지고 싶었다. 그러한 분노는 간질로 극심한 고통을 겪은 동생으로 인해 더욱 커졌다. 결국 나는 하나님을 마음에서 지웠다. 그 하나님은 우리 가족에게 관심이 없었다. 나도 그분에게 관심이 없었다.

19

86번가의 무대

 전쟁이 끝난 후 우리 가족은 한 달에 한 번 브루클린 86번가에 있는 외할머니 댁을 찾아갔다. 외할머니는 자식들과 손주들을 가족 만찬에 불러놓고 두 아들이 전쟁터에서 무사히 돌아온 것에 감사기도를 올렸다. 밀턴 외삼촌은 공수부대원으로 버마의 정글에서 악전고투하다가 말라리아에 걸려 후송이 되었다. 해리 외삼촌은 전함 미주리호를 타고 태평양 전쟁을 겪었고 바로 그 함상에서 일본의 항복 조인식을 직접 목격했다. 아버지가 예견했듯 우리는 전쟁에서 이겼다. 그리고 두 외삼촌 모두 무사히 집에 돌아왔다.

 외할머니 댁에 도착하면 어머니는 곧장 주방으로 가서 외할머니와 메리 이모가 성대한 만찬을 준비하는 것을 거들었다. 오븐에는 통닭이 익어갔고 불판에는 양념이 된 쇠고기가 올려졌다. 냄비에는 두툼한 소 혀가 지글지글 끓었다. 대가족의 식탁이 그렇게 준비되었다.

동생과 나는 외할머니 댁에 도착하자마자 멀리서 온 외사촌들과 어울려 놀았다. 나는 스티븐과 가장 친했다. 데이비드 외삼촌의 아들인 스티븐은 나보다 몇 달 어린 동생이었다. 스티븐은 나와 닮은 구석이 전혀 없었다. 내가 보통 키에 단단한 체구였다면 스티븐은 키가 크고 호리호리했다. 스티븐은 금발에 피부가 하얬던 반면 나는 검정색 머리에 피부가 까무잡잡했다. 한여름 햇볕에 내 피부는 구릿빛이 되었지만 스티븐의 피부는 빨갛게 익었다. 스티븐은 데이비드 외삼촌을 닮아서 물고기처럼 헤엄을 잘 쳤다. 나 역시 아버지를 닮아서 물에만 들어가면 그냥 가라앉았다. 요컨대 모든 면에서 반대였지만 우리는 완벽하게 조화를 이루었고 서로 평생의 친구가 될 것이라 믿었다.

내가 외사촌들과 어울리는 동안 아버지는 외삼촌 세 분과 대화를 나누었다. 아버지는 자리에 앉자마자 주머니에서 담배 파이프를 꺼내 물었다. 비록 아버지는 소리를 듣지 못하고 외삼촌들은 수화를 할 줄 몰랐지만 네 분은 진지한 분위기에서 대화를 나누었다. 이 "대화"는 손짓발짓과 함께 외삼촌들이 입을 크게 벌려서 말을 하고 아버지는 입 모양을 보고 이해를 하는 방식으로 이루어졌다. 종종 이 "대화"에서 생기는 오해들은 모두를 웃게 만들었다. 대화의 분위기는 코미디언 기질을 타고난 아버지의 과장된 몸짓으로 더욱 고조되었다.

아버지와 밀턴 외삼촌 사이의 주된 화제는 정치였다. 대공황의 처참한 빈곤을 겪으면서 성년이 된 밀턴 외삼촌은 평등의 가치를 신봉했다. 서로가 서로를 잡아먹는 자본주의에 대한 사회주의 체제의 우월성을 확신한 외삼촌은 제2차 세계대전이 일어나기 전 에이브러햄 링컨 여단의 일원으로 스페인 내전에 참전해서 파시스트들과 싸우기도 했다. 다른 두 외삼촌은 정치에 그다지 흥미가 없었다. 어머니의 큰오빠인 데이비드 외삼촌은 당시 브루클린에서 "코니아일랜드 공작"으로 통했는데 후일 알게 된 바로는 외삼촌은 주로 술과 여자와 노래에 관심이 있었다. 외할머니만큼이나 말수가 적었던 해리 외삼촌은 딱히 관심 있는 화제가 없어 보였고 정치에는 더더욱 그러했다.

하지만 두 외삼촌 모두 아버지와 밀턴 외삼촌이 나누는 정치 이야기에는 굉장한 관심을 보였다. 토론의 내용 때문이 아니라 토론이 이루어지는 방식이 재미있었기 때문이다. 공통의 언어가 없었기 때문에 두 분은 손짓발짓으로 토론을 벌였다. 물론 몸짓의 기술은 아버지가 한 수 위였다. 하지만 밀턴 외삼촌도 기술의 부족함을 창의력과 열의와 신념으로 극복하기 위해 노력했다. 두 분은 파이프 담배를 손에서 내려놓지 않았다.

외삼촌들은 모두 파이프 담배를 피웠다. 아버지가 빈 파이프를 입에 물면 외삼촌들도 따라서 파이프를 물었다. 월넛 담배 광고에 나오는 남자들처럼 파이프를 입에 문 남자 넷이 진지한 표정으로 서로를 쳐다보았다. 아버지가 피운 월넛 담배는 그 시절 최고급으로 통했다. 외삼촌들은 그보다 질이 낮은 담배를 피웠다.

본격적인 대화는 아버지가 파이프에 담배를 채워 넣으면서 시작되었다. 아버지가 탁자에 꺼내놓은 월넛 담배의 그윽한 냄새가 외삼촌들의 코를 자극했다. 아버지가 파이프에 담배를 꾹꾹 눌러 넣는 동안 밀턴 외삼촌은 아버지를 향해 빈 파이프를 흔들어 보였다. 아버지는 외삼촌의 그런 제스처를 못 본 체했다.

아버지는 성냥을 그어 담배에 불을 붙이고 천천히 한 모금을 들이마셨다. 만족스러운 표정을 과장해서 보여주면서 아버지는 씩 웃음을 지었다. 그리고는 밀턴 외삼촌을 향해 눈을 찡긋하며 약을 올리듯 고개를 설레설레 흔들었다.

아버지는 무척 관대한 분이었다. 밀턴 외삼촌을 약 올리는 아버지의 제스처는 스탈린의 러시아와 해리 트루먼의 미국 중에서 어느 쪽이 더 우월한가에 대한 토론—"공평한 분배"에 대한—의 시작을 알리는 것이었다. 외할머니 댁에서 한 달에 한 번씩 펼쳐지는 무대는 이 팬터마임과 함께 시작되었다.

그러면 밀턴 외삼촌은 보란 듯이 다른 외삼촌들에게 자신의 담배를 나누어주었다. 물론 그것은 '한 사람은 모두를 위하여, 모두는 한 사람을 위하여'라는 소비에트의 분배를 상징하는 것이었다. 밀턴 외삼촌은 그 점을 강조하기 위해 형들에게 먼저 불을 붙여주고 자신의 담배는 제일 마지막으로 불을 붙였다. 외삼촌이 가지고 있는 성냥은 나무가 아닌 종이로 만들어진 것이었다. 여러 차례 그어도 성냥엔 불이 붙지 않았다.

아버지는 외삼촌으로부터 성냥을 가로채서 짐짓 큰 동작으로 직접 성냥을 그어보았지만 성냥은 칙칙 소리만 낼 뿐 불이 붙지 않았다. 몇 개 남지 않은 종이 성냥을 다 써버린 아버지는 얄타 회담에서 거만한 자세로 앉아 있던 스탈린의 표정을 흉내 내며 밀턴 외삼촌의 코앞에 망치와 낫(노동자와 농민을 상징하며 옛 소비에트 연방의 국기에 그려져 있었다—옮긴이)을 수화로 그려보였다.

결국 밀턴 외삼촌은 주방에 있는 성냥으로 불을 붙였다. 그리고는 담배 한 모금을 깊이 들이마신 뒤 아버지의 얼굴을 향해 연기를 훅 뿜었다. 밀턴 외삼촌이 피우는 독한 담배 연기를 얼굴에 뒤집어쓴 아버지는 목을 부여잡고 눈을 뒤집으며 데이비드 외삼촌 앞으로 쓰러졌다.

이 장면이 연출되면 스티븐과 나는 다른 외사촌들과 함께 손수건과 신문지를 들고 아버지의 얼굴에 부채질을 했고 아버지는 그제야 고개를 흔들며 정신을 차리는 시늉을 했다.

　소파에 몸을 깊이 묻은 아버지는 다시 한 번 담배 연기를 깊이 들이마신 뒤 동서 양대 진영의 화해를 알리듯 미소를 지으며 밀턴 외삼촌에게 담배 꾸러미를 건네주었다.

　저녁식사는 무대의 제2막이었다.

　외할머니는 바람을 피우는 외할아버지를 이미 오래 전에 쫓아냈기 때문에 남자 중에서는 아버지의 나이가 제일 많았다. 대가족의 저녁 만찬에서 일종의 특권을 부여받은 아버지는 우스꽝스러운 팬터마임 한 편을 더 보여주었다. 주빈의 자리에 앉아 위엄을 갖추고 식사를 시작하기 전에 아버지는 먼저 고기를 저미는 칼이 얼마나 잘 드는지 보기 위해 엄지의 도톰한 살갗에 칼날을 스윽 그어보았다. 그 광경을 본 어린 외사촌들은 눈을 동그랗게 뜨고 일제히 숨을 멈추었다. 아버지는 이어서 몸을 옆으로 돌려 고개를 뒤로 젖힌 채 칼을 입 안에 밀어 넣는 (냅킨과 다른 한 손으로 대부분의 동작을 가린 채) 마술을 보여주었다. 아버지는 물을 벌컥벌컥 마실 때처럼 목의 울대뼈를 위아래로 움직였다. 다시 칼을 (여전히 냅킨과 다른 손으로 가린 채) 목구멍에서 빼낸 다음 아버지는 몸을 정면으로 돌려 입을 크게 벌렸다. 바닥에 납작하게 깔린 혀는 보이지 않았고 어린 외사촌들은 외마디 비명을 질렀다. 나는 이 팬터마임을 숱하게 보았지만 아버지의 연기는 너무나 완벽해서 나조차도 이번에는 정말로 아버지의 혀가 잘려서 목구멍으로 넘어간 게 아닌가 생각될 때가 있었다. 식탁에 놓인 두툼한 소 혓바닥 요리 때문에 아버지의 팬터마임이 더욱 실감이 났는지도 모른다. 아버지는 시치미를 뚝 떼고 소 혓바닥을 칼로 얇게 저며서 입 안에 넣었다. 우리가 마술에 홀려 있는 동안 아버지는 입을 우물우물하다가 고기를 꿀떡 삼킨 뒤 다시 한 번 입을 크게 벌렸다. 아버지의 혀는 마술처럼 제자리에 돌아와 있었다.

식탁에서 큰 박수가 쏟아졌다. 외할머니와 해리 외삼촌만 무뚝뚝한 표정으로 이 광경을 지켜봤다. 외할머니는 내가 본 어른들 중에서 가장 얇은 입술을 가지고 있었다. 굳게 다문 외할머니의 얇은 입술은 마치 줄을 그을 때 사용하는 자처럼 반듯했다. 러시아 서부의 벨라루스에서 태어난 외할머니는 어린 시절 미국에 가면 도로가 황금으로 포장되어 있다는 얘기를 수도 없이 들었다. 그 이야기에 오랫동안 매혹되어 있던 외할머니는 어느 날 집을 나와 혼자서 미국으로 건너왔다. 학교를 다녀본 적이 없는 외할머니는 뉴욕에 도착하자마자 도로에 깔린 것이 황금이 아니라 말똥이라는 사실에 크게 실망했다. 그 이후의 인생에 대해 외할머니는 할 말이 별로 없어 보였다. 외할머니의 유일한 낙은 차를 마시면서 각설탕 한 개를 입에 물고 있는 것이었다.

식사를 마치고—아이들은 소 혓바닥 요리는 손도 대지 않은 채—이어지는 공연은 거실에서 펼쳐졌다. 어머니와 이모는 주방에 남아 식탁을 치우고 설거지를 했다. 아버지는 아이들에게 신문을 접어서 모자를 만들어주었다. 그런 다음 당신의 처남들을 유심히 살펴보다가 무릎을 탁 치며 다른 형태의 모자 세 개를 더 만들어 외삼촌들에게 하나씩 씌워주었다.

신문지로 네모난 모자를 만드는 일은 스물다섯 단계를 거쳐야 했다. 하나의 면으로 존재하던 신문지가 입체적인 형태로 바뀌어가는 과정에서 아직 완성이 되지 않은 상태에서도 매 단계마다 나름의 형태가 나타났다.

신문 접기가 열네 번째 단계에 이르면 해적들이 쓰는 모자가 만들어졌다. 아버지는 그 모자를 쓴 채 손가락으로 권총 모양을 만들어 보이며 밀턴 외삼촌의 주머니를 털었다. 아버지는 외삼촌의 주머니에 있는 물건을 모두 꺼낸 다음 쓰고 있던 모자를 외삼촌의 머리에 얹었다. 빈 주머니가 된 외삼촌은 이젠 자신이 해적이 되어 다른 사람들의 주머니를 털었다. 이 팬터마임으로 아버지는 당신의 정치적 견해를 넌지시 드러냈다.

이어서 아버지는 신문 한 장을 새로 접었다. 신문 접기의 열다섯 번째 단계에서는 주교관主教冠이 만들어졌다. 엄숙하게 성호를 그으며 아버지는 주교관을 해리 외삼촌—이탈리아 출신의 가톨릭 신자와 결혼을 한—의 머리에 씌워주었다. 그리고는 냅킨을 바닥에 깔고 무릎을 꿇은 채 해리 외삼촌의 결혼반지에 입을 맞추며 주교의 축복을 청했다. 아버지의 우스꽝스러운 팬터마임에 동참하려는 의도보다는 스스로 주목을 받는 것이 거북해서 해리 외삼촌은 마지못해 축복을 베풀었다.

다음은 데이비드 외삼촌의 모자를 만들 차례였다. 아버지는 연재만화가 실린 면을 골라 신문을 접기 시작했다. 열여섯

코니아일랜드 공작, 큰외삼촌

번째 단계에서는 해군 모자가 만들어졌다. 알록달록한 해군 모자를 이리저리 돌려본 다음 아버지는 데이비드 외삼촌의 머리에 그 모자를 삐딱하게 씌워주었다. 코니아일랜드 공작은 아버지의 의도를 완벽하게 이해할 수 있었다.

물론 무뚝뚝한 해리 외삼촌은 모자를 금방 벗어버렸지만 다른 외삼촌들은 가족 모임이 끝날 때까지 모자를 그대로 쓰고 있었다. 밀턴 외삼촌은 느닷없이 손으로 권총 모양을 만들어서 어원에게 돈을 요구하기도 했다. 동생은 이 놀이를 무척 좋아했기 때문에 아버지는 미리 동생의 주머니에 동전을 가득 채워주었다.

해군 모자를 쓴 데이비드 외삼촌은 휴가를 나와 코니아일랜드 해변을 어슬렁거리며 아가씨들에게 수작을 거는 해군 사병들처럼 공연히 실비아 외숙모에게 다가가 장난을 걸었다. 그러면 외숙모는 장난이 하나도 재미없다는 듯이 외삼촌을 거칠게 밀어냈다.

외삼촌들은 (세 분 모두 유대인이 아닌 여자와 결혼을 했다는 점을 제외하면) 공통점이 거의 없었고 서로 서먹한 사이였기 때문에 아버지가 가족 모임에서 주연을 맡는 것을 오히려 고맙게 생각했다. 아버지가 분위기를 주도하는 덕분에 외삼촌들은 무슨 말이든 먼저 꺼내야 할 것 같은 부담감을 덜 수 있었다. 하지만 아버지의 익살맞은 행동은 친정 식구들이 서먹서먹하게 느껴지는 어머니를 배려한 데서 비롯되었다. 수화를 한마디도 할 줄 모르는 가족들 틈에서 어머니 혼자서는 도저히 해낼 수 없는 일을 아버지는 기꺼이 떠맡았다.

아버지는 외할머니 댁에서 당신이 공연을 펼치는 또 다른 이유가 있다고 말한 적이 있다. 아버지는 그것을 주도권의 문제로 설명했다.

"엄마 아빠가 외할머니 댁에 가서 가만히 있으면 다른 식구들이 무슨 얘기를 하는지 알 수가 없어. 처음에는 우리에게 미소도 보내고 입 모양으로 알아볼 수 있게 입도 크게 벌려서 이야기를 하지. 하지만 그런 식으로는 제대로 된 대화가 이루어질 수 없잖아. 그래서 조금만 지나면 다른 식구들은 자기들끼리만 이야기하고 엄마 아빠는 가구처럼 그냥 가만히 앉아 있게 되는 거다. 하지만 아빠가 우스꽝스러운 행동을 하기 시작하면 그때부터는 아빠가 주도권을 갖게 되지." 아버지는 한마디를 덧붙였다. "아빠도 그런 어릿광대 노릇을 하는 게 늘 즐거운 건 아니다."

어느 일요일, 외할머니 댁에서 전혀 예상치 못한 무대가 펼쳐졌다. 이번에는 아버지가 연출을 하거나 주연을 맡지 않았다. 그것은 익살스러움과는 거리가 먼 슬픈 멜로드라마였다.

그날 오후 스티븐이 평소보다 늦게 도착했다. 외숙모는 같이 오지 않았다. 스티븐은 아무 말 없이 데이비드 외삼촌의 무릎에 서류봉투 하나를 떨어뜨렸다. 그리고는 눈도 한번 마주치지 않고 그대로 문을 닫고 나갔다. 봉투에는 외숙모가 작성한 이혼 서류가 들어 있었다.

그 후 나는 평생의 친구라 믿었던 스티븐을 두 번 다시 만나지 못했다.

20

가슴에서 터져 나오는 소리

비록 청각장애가 있었지만 아버지는 발성을 할 수 있었다. 성대에는 아무런 문제가 없었기 때문이다. 나는 아버지가 기분이 좋을 때 내던 소리를 기억한다. 그리고 루스벨트 대통령이 서거했을 때 아버지가 내뱉은 깊은 슬픔의 소리도 어렴풋이 기억한다. 하지만 어느 저녁 공포에 질린 아버지가 내지른 그 날카로운 비명소리는 지금도 내 기억에 또렷이 각인되어 있다.

초저녁이었다. 나는 외출한 어머니가 돌아오기 전에 아버지가 목욕을 마치고 나오기를 기다리고 있었다.

나는 동생에게 모자를 만들어주기 위해 신문을 접고 있었는데 갑자기 늘 고요하기만 하던 우리 집의 적막을 찢는 날카로운 비명소리가 들렸다. 나는 급히 욕실로 뛰어갔다. 아버지는 연이어 비명을 질렀다. 좁은 욕실의 타일 벽면에 울리는 비명소리가 덩어리째로 거대한 고통의 울림이 되었다.

아버지는 피가 흥건한 욕조에 벌거벗은 채로 쓰러져 있었다. 욕조에서 샴푸 병을 떨어뜨린 아버지가 병 조각을 줍다가 미끄러지면서 날카로운 유리 파편들 위로 넘어진 것이었다. 유리에 깊이 베인 팔에서 피가 뿜어져 나왔다. 선홍색 피가 하얀 타일 벽을 뒤덮었다.

아버지는 찢어져서 너덜거리는 살점을 한 손으로 감싼 채 다친 쪽 팔로 나에게 수건을 가져오라고 손짓을 했다. 손짓을 하는 동안 깊게 벌어진 상처에서 더 많은 피가 뿜어져 나왔다. 나는 수건을 가져다가 아버지의 팔을 힘껏 동여맸다. 아버지는 지혈을 하기 위해 수건의 끝부분을 꼬아서 매듭을 지었다. 동생은 겁에 질린 채 욕실 문 앞에서 이 광경을 지켜보았다.

나는 욕실에서 미친 듯이 발을 굴렀다. 아래층의 아브로모비츠 아주머니는 단순히 아이들이 쿵쿵거리며 뛰는 것이 아니라 위층의 청각장애인 부부가 긴급하게 도움을 청하는 것임을 직감적으로 알아챘다. 곧이어 구급차가 도착했다. 나는 여느 때처럼 아버지의 의사소통을 돕기 위해 구급차에 올라탔다. 나는 동생도 구급차에 태웠다. 충격을 받은 동생이 혼자 집에 남아 있다가 발작을 일으킬 수도 있었기 때문이다.

코니아일랜드 종합병원을 향해 질주하는 구급차 안에서 구급요원은 아버지가 청각장애인임을 알아차리자마자 모든 질문을 내게 퍼부었다.

"어떻게 하다가 이렇게 됐어?" 구급차가 사이렌을 울리며 브루클린의 도로를 달리는 동안 구급요원이 내게 물었다.

나는 아버지에게 물었다.

"욕조에서 깨진 유리 조각 위로 넘어지셨대요." 나는 아버지의 수화를 말로 옮겼다.

"아빠한테 피를 얼마나 흘렸는지 물어봐라."

나는 아버지에게 물었다.

"그걸 내가 어떻게 알아?" 아버지는 한 손으로 피범벅이 된 수건을 움켜쥔 채 다른 손으로 수화를 했다. "이 사람 바보 아니야?"

"많이 흘리셨대요." 나는 구급요원에게 말했다.

"아빠한테 혈액형을 물어봐라."

나는 아버지에게 물었다.

"이 친구 바보 틀림없어." 아버지는 답답하다는 표정으로 수화를 했다.

"아빠가 혈액형에 어떤 게 있는지 물어보래요."

"A형, B형, O형 그런 거 말이야." 구급요원이 말했다.

나는 아버지에게 다시 혈액형을 물었다.

"이 바보 녀석에게 알파벳은 자기 엉덩이나 주라고 해라." 아버지의 손이 답답하다는 듯이 말했다. "나는 그런 거 몰라. 그냥 병원에 빨리 데려다 달라고나 해."

나는 얼굴이 확 달아오르는 것을 느낄 수 있었다. 창피함으로 온몸이 뻣뻣해지는 것 같았다.

"잘 모르시겠대요." 나는 대답했다.

구급차가 응급실 입구에 멈추자 구급요원은 나에게 원무과에 다녀오라고 했다. 그 사이 아버지는 응급실로 실려 들어갔다.

그때부터 한 시간 남짓 아버지에 대한 질문이 쏟아졌다.

"아빠가 소리를 듣지 못하시니?"

"네."

"우리가 큰소리로 이야기하면 들으실 수 있어?"

"아뇨. 아빠는 소리를 못 들으세요."

"우리가 고함을 지르면?"

나는 모든 질문에 차분히 대답했다. 이런 질문들은 이미 숱하게 들은 것이었다. "아뇨, 아빠는 소리를 전혀 못 들으세요." 이렇게 대답을 해도 사람들은 아버지의 귀에 더 큰 소리를 질러대기 일쑤였다. 그래도 대답이 없는 아버지에게 사람들은 차가운 눈빛을 보내며 등을 돌리곤 했다.

"멍청한 놈들이야." 그런 상황이 벌어질 때마다 아버지의 손은 말했다. "저런 사람들은 신경 쓸 가치도 없다."

"아빠가 직장은 있으시니? 건강보험은 있어? 집에 전화는 있니? 너 엄마 있어? 엄마도 소리를 못 들어? 엄마 이름 뭐야? 어떻게 연락을 하면 돼?"

그런 식이었다. 나는 차분하게 대답하기 위해 노력했다.

"그런데 너는 어떻게 소리를 듣니?"

그게 무슨 상관이람.

"너 몇 살이야?"

이 질문은 대답하기 쉬웠다.

집에 있는 장난감 기차의 선로처럼 아버지의 상처가 길게 꿰매졌다. 이어서 0.5리터짜리 팩 두 개 분량의 피가 아버지의 팔에 꽂힌 바늘을 통해 흘러들어갔다. 아버지가 수혈을 받는 동안 내가 의사에게 말했는지 의사가 내게 말했는지 모르겠다.

"피를 아주 많이 흘리셨다고 전해드려라."

"그걸 이제 알았대?" 아버지가 퉁명스럽게 수화를 했다. 아버지의 팔은 붕대로 칭칭 감겨 있었다.

"아빠가 알려주셔서 고맙대요."

"일주일 동안은 팔에 물이 닿으면 안 된다고 말씀드려라. 하루에 두 번 붕대를 바꾸고 붕대를 풀 때마다 연고를 바르시라고 해라. 내가 처방전을 줄 텐데 약국에 가거든 연고를 병에 담지 말고 튜브에 담아 달라고 해라. 그리고 아빠한테 하루에 물을 여덟 잔 이상 마시고 소 간 같은 육류를 많이 섭취하시라고 해라. 피를 많이 흘려서 빈혈이 올 수 있으니까."

의사가 대략 이런 내용의 이야기를 하는 동안 아버지는 의사의 입을 유심히 바라보았다. 하지만 이해는 되지 않았고 불안감만 커졌다.

"의사가 뭐래니?" 아버지는 의사가 이야기를 하는 동안 자꾸만 끼어들었다.

"나중에요. 나중에 말씀드릴게요."

"지금 당장 말해! 나는 어린아이가 아니란 말이야!" 화가 치민 수화와 함께 아버지의 입에서 육성이 터져 나왔다.

응급실에 있던 의료진이 일제히 아버지를 쳐다보았다. 찢어지는 목소리에 복도를 지나가던 사람들도 걸음을 멈추고 아버지를 바라보았다. 그들의 눈빛에는 혐오감이 묻어 있었다.

옆에 동생을 세워놓고 나는 그들에게 고함을 지르고 싶었다. 뭘 봐요? 우린 괴물이 아니에요!

아버지가 당신의 시선을 외면하는 내 눈에서 수치심과 분노, 죄책감과 당혹감을 읽었다.

"저런 사람들 신경 쓰지 말라고 했잖아." 아직 흥분이 채 가라앉지 않은 아버지의 손이 소리쳤다. "저놈들은 멍청이라고. 제깟 놈들이 뭘 알아? 우리에 대해서 뭘 아냐고?"

내가 아버지에게 의사의 말을 전하기 시작했을 때 의사가 내 팔을 붙잡았다. "얘야, 난 지금 바빠서 말이야. 아빠한테……."

이번엔 아빠가 내 팔을 붙잡았다. "의사가 지금 뭐라고 하는 거냐?" 아버지의 수화가 내 마음의 칠판을 손톱으로 긁는 것 같았다.

나는 의사에게 조금만 더 있어 달라고 부탁했다. 나는 아버지에게 조금만 참아달라고 부탁했다. 나는 동생에게 아빠는 괜찮다고 말해주었다. 머리가 어지러웠다.

나는 의사의 지시를 아버지에게 모두 전달하고 아버지의 질문을 의사에게 모두 전달했다. 나는 아버지에게 의사의 퉁명스러운 말을 완곡하게 편집해서 전했다.

마침내 설명을 다 들은 아버지의 표정이 누그러졌다. 우리는 병원을 나섰다.

지하철 안에서 나는 동생과 아버지 사이에 앉았다. 우리 세 사람은 서로에게 몸을 기댔다. 나는 의사의 지시와 관련해서 아버지가 묻는 질문들에 대해 하나하나 대답했다. 동생은 아무것도 묻지 않았다. 동생은 집에 돌아간다는 사실이 그저 기쁜 표정이었다.

아버지가 갑자기 내 팔을 잡더니 볼에 입을 맞췄다. "미안하다. 이런 일이 있을 때마다 네가 아빠의 목소리가 되어주느라 고생이 많다." 아버지는 내 눈을 바라보며 사랑한다는 말과 병원에서 내가 정말 자랑스러웠다는 말을 했다. "자랑스럽다"고 말하는 아버지의 수화는 늘 동작이 컸다. 엄지를 세운 손을 허리에서 목까지 천천히 올리며 아버지는 가슴을 쫙 펴보였다.

영원처럼 느껴지던 시간이 지나고 우리는 드디어 집에 도착했다. 아버지가 거실과 주방의 깜빡이등이 연결되어 있는 초인종을 누르자 어머니가 문을 벌컥 열었다. 어머니는 제정신이 아니었다. 어머니의 얼굴은 공포에 휩싸여 있었다. 어머니는 우리에게 무슨 일이 일어났는지 알 방법이 없었다. 어머니는 집에 도착해서 피범벅이 된 욕실을 보고 끔찍한 일이 벌어졌음을 깨달았다. 하지만 누가 다친 걸까? 누가 그토록 많은 피를 흘린 걸까? 그리고 다들 어디로 사라진 걸까? 어머니는 알 수 없었다. 물어볼 사람도 없었다. 집에는 전화도 없었다. 있었다고 해도 사용할 수도 없었다. 우리는 너무나 경황없이 집을 나서는 바람에 아브로모비츠 아주머니를 찾아가보라는 쪽지 한 장 남기지 못했다.

어머니의 공포는 아버지를 보는 순간 깊은 안도와 글썽거리는 눈물로 녹아내렸다. 그 모습이 내 마음을 아프게 했다. 어머니는 이전에 한 번도 들어본 적이 없는 환성을 내질렀다. 그것은 가슴에서 터져 나오는 소리였다. 아버지의 팔에 감긴 붕대는 아랑곳하지 않고 어머니는 아버지를 와락 껴안았다. 아버지는 어머니의 머리에 고개를 묻고 어머니를 꼭 안았다. 동생과 나는 안중에도 없었다.

비록 어린 나이였지만 나는 어머니의 반응이 무엇을 의미하는지 이해할 수 있었다. 어머니는 이 낯선 세상에서 유일하게 침묵을 공유하는 당신의 사랑을 잃어버리지 않은 것이었다. 나는 그 순간 생각했다. '만일 두 분 중에 한 분이 먼저 돌아가시면 어떡하지? 과연 뒤에 남은 분은 어떻게 살지?'

나는 그날 어른이 되었다. 소리를 듣지 못하는 두 분의 고립된 세계를 나는 그때에야 비로소 이해하게 되었다.

21

동생의 보호자

 간질 판정을 받은 직후 동생은 페노바르비탈 성분의 진정제를 매일 복용하기 시작했다. 약은 동생의 신체적, 정신적 기능을 떨어뜨렸다. 페노바르비탈의 약리 효과는 매우 강력했다. 나치는 선천적인 질병이나 기형을 가지고 태어난 아이들에게 이 약물을 고농도로 주입해서 살해하기까지 했다. 물론 우리는 당시 이런 사실을 알지 못했다. 하지만 우리는 이 약물이 어윈에게 끼치는 영향을 두 눈으로 똑똑히 볼 수 있었다.

 그럼에도 부모님은 동생의 취학을 늦추지 않았다. 물론 이러한 결정은 많은 문제를 낳았다. 약에 취해 혼미한 상태로 정상적인 학교생활을 한다는 것은 불가능했기 때문에 동생은 선생님의 쪽지를 들고 조퇴를 하는 경우가 많았다. 쪽지에는 종종 부모님과의 면담을 요청하는 글이 적혀 있었다.

선생님과 면담을 한다는 것은 아버지로서는 직장에서 반일 연가를 받아야 한다는 뜻이었고 나에게는 수업 중에 선생님의 허락을 받고 교실을 나와야 한다는 것을 의미했다. 아버지는 직장에서 눈치를 봐야 했고 나는 친구들의 시선을 의식해야 했다.

동생이 병원에 갈 때도 나는 아버지를 따라나서야 했다. 진료실에서 통역사로서의 내 역할은 극한으로 치달았다. 나는 동생의 상태와 예후 그리고 그러한 의학적 판단의 근거에 대해 의사가 하는 말을 아버지에게 전달했다. 그리고 아버지가 던지는 질문들을 의사에게 옮겨야 했다. 통역이 이루어지는 동안 상대방의 반응을 기다리는 시간은 아버지와 의사 모두를 조급하게 만들었다.

상황을 더욱 복잡하게 만든 것은 진료실을 들락날락거리는 간호사였다. 간호사는 빨리 진찰을 받게 해주지 않으면 다른 병원으로 가버리겠고 아우성을 치는 대기 환자들의 분위기를 전했다. 물론 나는 간호사의 말도 아버지에게 전달했다.

"그럼 그 멍청한 환자들한테 다른 병원으로 가라고 하세요." 아버지는 간호사에게 그렇게 전하라고 수화를 했다. 나는 아버지가 내 입술을 보지 못하도록 고개를 돌려서 간호사의 비위를 상하지 않게 엉뚱한 말을 늘어놓았다.

나는 무슨 일이 벌어지고 있는 건지 나만 쳐다보고 있는 동생도 살펴야 했다. 아버지는 아버지대로 의사는 의사대로 떠들어대는 와중에 동생에게 상황을 설명해줄 틈을 찾기 위해 나는 줄곧 식은땀을 흘려야 했다.

나이가 조금 들면서 나에 대한 동생의 전적인 의존은 이전처럼 나를 화나게 만들지 않았다. 나는 동생이 불쌍했다. 질병 자체와 치료 과정 모두가 동생을 힘들게 했다. 동네에서 다른 또래들과 어울리기 위해 안간힘을 쓰는 동생의 모습을 볼 때마다 나는 마음이 아팠다. 하지만 동생을 붙들고 있던 간질은 서서히 그 손아귀의 힘이 빠졌다. 열 살 무렵 동생의 간질 발작은 처음 시작되었을 때만큼이나 갑작스럽게 멈췄다. 적어도 동생은 매일 반복되던 끔찍한 고문에서 벗어날 수 있었다. 갑자기 쓰러지면서 생기는 온몸의 멍과 부러진 치아, 늘 퉁퉁 부어 있는 혀 그리고 한 차례 발작이 지나가면 몇 시간씩 지속되던 구토와 두통도 이젠 더 이상 걱정하지 않아도 되었다.

대부분의 약을 끊게 되자 동생은 얼마간의 자신감을 되찾고 평소에 해보고 싶었던 일에 도전했다. 바로 롤러스케이트였다. 처음에는 한 발을 떼는 것조차 어려워했지만 조금씩 실력이 늘면서 동생은 롤러스케이트를 타고 온 동네를 돌아다니기 시작했다. 얼마 후에는 10번가와 스틸웰가를 한 바퀴

롤러스케이트를
타고 있는 어윈

돌아서 집에 돌아왔고 마침내 5킬로미터 거리의 코니아일랜드까지 롤러스케이트를 타고 다녀오기도 했다. 나는 아버지를 따라 병원에 갈 때마다 꾸준히 좋아지고 있는 어윈의 상태를 의사에게 설명했다.

어윈의 인지능력을 파악하기 위해 이런저런 검사를 시행한 다음 의사가 하는 말은 늘 똑같았다. "열심히 노력하면 또래의 수준을 따라갈 수 있을 거라고 아빠께 말씀드려라."

우리는 병원을 나서면 어윈의 학교를 찾아갔다. 담임선생님과의 상담은 매번 똑같은 이야기로 끝났다. "문제는 또래의 수준을 따라갈 때까지 누가 도와주느냐는 겁니다." 침묵이 흘렀다. 서로를 쳐다보며 고개만 끄덕일 뿐이었다. "몇 시간 동안 숙제를 도와주어야 할 텐데 그 일을 누가 하죠?" 다시 침묵이 흘렀다. 이번에는 서로 시선을 맞추지 않았다. "그리고 어떤 면이 어떻게 좋아지는지 가까이에서 관찰도 해야 하는데 그건 누가 하겠어요?"

나는 연이은 선생님의 질문을 아버지에게 전달했다.

"어떻게 하시겠어요?" 동생의 담임선생님이 아버지를 다시 쳐다보며 물었다. 보통 이런 상황에서 말을 하는 사람들은 아버지 대신 나를 쳐다보았다. 사람들은 의식적으로 아버지를 외면했다.

"글쎄요······." 아버지의 손은 대답을 제대로 할 수 없었다. 자신이 화제의 중심이라는 사실을 알고 있는 동생은 선생님과 아버지를 번갈아가며 쳐다보았다. 두 분도 어윈을 바라보았다.

다음 순간 세 사람 모두 나를 쳐다보았다.

술래잡기는 브루클린의 모든 아이들이 질리지 않고 하는 놀이였다. 규칙은 간단했다. 운이 없는 한 아이가 처음에 술래가 되었다. 그 아이가 운이 없는 또 다른 아이를 치며 "찾았다!"라고 하면서 놀이는 계속되었다. 우리는 지치고 어둑

해질 때까지 역할을 바꿔가며 이 놀이를 했다.

방망이와 글러브, 공 그리고 다른 도구가 없이도 이 간단한 놀이는 긴장과 안도—술래가 되면 긴장을 했다가 그 역할을 다른 아이에게 넘기면 안도하면서—를 반복하며 이어졌다. 다만 이 놀이에서 누군가는 술래가 되어야 했다.

나는 어린 시절 이 놀이를 좋아했다. 설령 술래가 된다 해도 곧 그 역할에서 벗어날 수 있었기 때문에 나는 아무렇지 않게 놀이를 할 수 있었다.

하지만 나는 3층 A호로 돌아가는 순간 언제나 나만 술래가 되는 현실이 원망스러웠다. 특정한 상황에서 아버지의 도구가 되어야 하는 나 자신이 마치 아버지의 공구상자 속에 있는 연장처럼 느껴지기도 했다. 우리 집에는 등을 탁 쳐서 술래의 역할을 떠넘길 수 있는 사람이 아무도 없었다.

22

아빠와 재키 그리고 나

 1947년 여름이었다. 나는 열네 살이 되었다. 생일이 며칠 지나 아버지는 내게 뒤늦은 생일 선물을 주었다. 꿈에도 생각하지 못한 선물이었다. 늦은 저녁 퇴근해서 집에 돌아온 아버지의 얼굴에 득의양양한 표정이 가득했다. 아버지의 손에는 야구경기 입장권 두 장이 쥐어져 있었다.

 수화가 필요 없었다.

 아버지는 어린 시절 권투를 제외하고는 스포츠를 경험해본 적이 없었고 그것은 어른이 되어서도 마찬가지였다. 그런데 그해 재키 로빈슨이 브루클린 다저스에 입단하면서부터 아버지는 열렬한 야구팬이 되었다. 재키 로빈슨은 메이저리그 역사상 최초의 흑인 선수일 뿐만 아니라 매우 뛰어난 선수였다. 완전히 새로운 세상이 열린 것이다. 흑인 선수가 우리 팀의 1루수를 맡을 것이라고 누가 상상이나 했겠는가?

아버지는 두꺼운 종이에 "브루클린 다저스 vs. 세인트루이스 카디널스"라는 활자가 굵게 인쇄된 입장권을 내밀었다. 브루클린의 팬들은 카디널스를 원수처럼 여겼기 때문에 입장권의 문구가 "드디어 전쟁이다"라고 인쇄되었다 해도 이상할 게 없었다.

아버지는 내게 입장권을 건네고는 가운데로 몰리는 변화구를 장외로 날려버릴 기세로 가상의 타석에서 눈에 보이지 않는 배트를 어깨 위로 흔들며 마운드를 노려보았다.

나는 아버지가 재키 로빈슨에 대해 갑자기 관심을 보이는 이유를 이해할 수 없었다. 나는 아버지의 어린 시절 이야기는 충분히 들어서 알고 있었다. 농아학교에 다니던 시절 청각장애를 가진 소년은 어떤 종류의 스포츠도 경험해볼 기회가 없었다. 그 시절 소리를 듣지 못하는 아이들에게는 규율이 우선이었다. 소리를 듣는 교사들은 청각장애 아동들을 야생동물처럼 바라보았다. 규율을 몸에 익힌 다음에는 읽기와 쓰기를 배워야 했다. 그것은 교사들에게도 힘든 일이었지만 청각장애가 있는 학생들에게는 끔찍한 고문이나 다름없었다. 놀이는 정상적인 청력을 가지고 있는 아이들이나 누릴 수 있는 사치였다. 농아학교의 교사들은 늘 그렇게 말했다. 청각장애인은 정상인을 따라잡기 위해 밤낮없이 노력해야 했다. 소리를 듣지 못하는 사람들은 아무리 노력해도 늘 뒤쳐져 있었기 때문이다.

난데없이 야구에 열광하는 아버지의 모습이 당황스럽기는 했지만 그렇다고 내가 이 엄청난 사건에 흥분하지 않은 것은 아니다. 나는 다저스의 홈구장인 에베츠 필드에 가보거나 다저스의 경기를 직접 관람해본 적이 한 번도 없었다. 그것은 일생일대의 사건으로 기록될 일이었다.

친구들에게 입장권을 보여주자마자—만지지는 못하게 했다—나는 동네에서 화제의 인물이 되었다. 나는 밤에 잠을 잘 때도 입장권을 베개 밑에 깔고 잤고 낮에도 항상 몸에 지니고 다녔다.

마침내 결전의 날이 밝았다. 나는 에베츠 구장 입구에서 우아한 곡선의 원형 지붕을 올려다보던 그 순간을 결코 잊을 수 없다. 검표원이 입장권의 한가운데를 찢어서 우리에게 반쪽을 돌려주었다. 들뜬 관중들과 함께 회전문을 통과해서 천장이 높은 어두운 통로를 지나 마침내 경기장에 들어서자 탁 트인 녹색 잔디가 시야에 들어왔다. 푸른 잔디가 깔린 내야와 외야 사이에 갈색의 고운 흙이 깔린 주로走路가 경계를 이루고 있었다. 홈플레이트에서 1루와 3루 양쪽으로 길게 뻗은 하얀 파울라인은 여름 오후의 햇빛을 받아 구장 전체를 빛나는 다이아몬드로 만들었다.

아, 야구장이 실제로는 이렇게 생겼구나.

브루클린의 모든 아이들과 마찬가지로 나는 다저스의 전 경기를 레드 바버가 중계하는 라디오 방송으로 들었다. 경기가 열리는 날이면 "볼"과 "스트라이크"를 외치는 레드 바버의 목소리가 온 동네의 열린 창문을 통해 흘러나왔다. 중계방송을 들으며 머릿속에 그린 경기의 장면들이 흑백의 실루엣이었다면 눈앞에 펼쳐지는 이 광경이 천연색이라는 사실조차 새삼 놀라웠다.

우리의 좌석 위치는 완벽했다. 우리는 1루수 재키 로빈슨을 불과 15미터 거리에서 볼 수 있었다. 재키는 경기가 시작하자마자 자신의 존재감을 드러냈다. 재키는 경기 초반 왼쪽 담장을 넘기는 투런 홈런을 쏘아 올렸다.

재키의 홈런 이후 경기는 투수전 양상을 띠었다. 하지만 경기 중반 카디널스가 동점을 만들었다. 이닝과 이닝이 이어지면서 아버지의 질문이 소나기처럼 쏟아졌다. 한 눈은 경기를, 다른 한 눈은 아버지를 향하면서 나는 약어로 된 수화로 아버지의 질문에 최대한 자세히 대답하려고 노력했다. 실제로 경기를 관람하는 것은 그날이 처음이었지만 레드 바버의 중계방송을 워낙 많이 들었기 때문에 나는 전문가가 된 느낌이었다.

그러던 중 상식적으로 이해할 수 없는 일이 일어났다. 야수

정면의 평범한 내야 땅볼을 친 카디널스의 타자가 송구된 공보다 몇 발이나 늦게 1루에 들어가면서도 고의적으로 재키의 다리를 향해 스파이크를 들어 올린 것이다.

2만 6천 명의 브루클린 팬들이 일제히 자리에서 일어났다. 2만 6천 개의 입에서 쏟아지는 분노의 함성이 온 경기장을 뒤덮었고 기둥과 지붕에 부딪친 소리가 반향이 되어 귀가 멍멍했다.

"재키! 재키! 재키!" 관중들이 연호했다.

"액기! 액기! 액기!" 아버지의 외침은 엄청난 폭포수 같은 관중들의 함성에 묻히고 말았다.

유니폼에서 배어나오는 선홍색 피가 다리를 타고 흘러내렸지만 재키 로빈슨은 마치 검정색 대리석으로 만들어진 조각 상처럼 미동도 없이 1루를 지켰다.

그날 경기 막바지에 재키가 안타를 하나 더 때리자 관중석은 열광의 도가니에 빠졌다.

"재키! 재키! 재키!"

"액기! 액기! 액기!"

이번에는 주위의 관중들이 아버지를 물끄러미 쳐다봤다. 분명히 그들의 시선을 의식했을 테지만 아버지는 2루에 안착한 재키로부터 시선을 떼지 않았다. 나는 고개를 들지 않았.

집으로 돌아오는 지하철에서 아버지가 수화로 말했다. "나는 이 시끄러운 세상에서 소리를 듣지 못하는 사람이다. 나는 항상 다른 사람들에게 나도 사람이라는 것을 증명해 보여야 한다. 나도 자기들과 똑같은, 어쩌면 더 나은 사람이라는 것을 말이다."

지하철은 만원이었다. 여느 때처럼 사람들은 호기심과 혐오감이 뒤섞인 표정으로 아버지를 바라보았다. 나는 그들의 시선을 외면하며 아버지의 손만 바라보았다.

"재키 로빈슨은 백인들의 야구계에서 외로운 존재다. 그는 백인들에게 자신도 사람이라는 것을 보여주어야 한다. 자신이 그들과 똑같은, 어쩌면 더 나은 사람이라는 것을 말이다. 그의 피부색이 검다는 건 아무 문제도 아니다. 피부색은 중요하지 않다. 그가 경기에서 보여주는 것이 중요할 뿐이다."

아버지의 말이 끝났다고 생각했을 때, 아버지의 손이 슬픈 표정으로 몇 마디를 덧붙였다. "청각장애인에게 이 세상은 너무 힘든 곳이다. 흑인 선수에게도 이 세상은 힘든 곳이다. 싸움은 끝이 없다. 한 순간도 쉴 틈이 없다. 슬프다."

아버지는 말을 마쳤다. 그리고는 당신에게 무례한 시선을 던지고 있는 사람들의 눈을 똑바로 응시했다. 한 사람, 한 사람, 마지막 한 사람이 시선을 피할 때까지 아버지는 먼저 시선을 거두지 않았다.

1947년 여름 우리는 다저스의 홈경기를 여러 차례 더 관람했다. 아버지는 매번 1루가 가까이 보이는 좌석의 입장권을 구했다. 지금도 관중들과 함께 "액기! 액기! 액기!"를 연호하던 아버지의 음성이 귓가에 생생하다. 재키 로빈슨을 응원하는 아버지의 육성은 뜨거운 심장에서 터져 나오는 것이었다.

23

소리 없이 내리는 눈

 1947년 12월 어느 밤 나는 깊은 침묵의 소리에 잠에서 깼다. 그 어떤 소음도 없는 완전한 침묵이었다. 마치 방 전체가 오리털로 가득 채워진 거대한 베개에 눌려 있는 느낌이었다. 그 침묵에는 무게가 있었다. 마치 물이 가득 차 있는 어항처럼 집 안은 침묵으로 가득 메워져 있었다.

 우리 집은 3층이었기 때문에 주위에는 언제나 소음이 있었다. 낮 시간에는 아이들의 노는 소리와 어른들의 잡담과 불평과 말싸움 소리가 들렸다. 아이들이 모두 잠든 밤 시간에는 아직 끝나지 않은 어른들의 잡담과 불평과 말싸움 소리가 거리에서 들려왔다. 하지만 그날 밤은 달랐다. 잠이 깊이 든 동생이 깨지 않도록 나는 조심스럽게 창가에 다가갔다. 창밖에 놀라운 풍경이 펼쳐지고 있었다. 캄캄한 허공에 하얀 눈의 벽이 세워지고 있었다. 스무 시간 뒤 브루클린의 기상 관측 역사상 눈이 가장 많이 내렸다는 뉴스가 나왔다. 전설적인 "1888년 폭설"보다도 12센티미터가 더 내린 것이었다. (모든 기록이 그러하듯 그날의 "폭설"도 후일 1센티미터의 차이로 깨지고 말았다. 그로부터 59년 후의 일이다.)

깊은 침묵 속에서 나는 아버지가 웅얼거리는 소리를 들었다. 나는 부모님의 침실을 들여다보았다. 아버지는 당신을 놓아주지 않는 꿈속에서 손을 뻗어 수화를 하고 있었다.

다음날 아침 엄청난 적설량 때문에 우리는 집에 갇혀 있을 수밖에 없었다. 나는 아버지에게 꿈을 수화로 꾸느냐고 물어보았다.

"모르겠는데." 아버지의 손이 대답했다. "그리고 보니 생각해본 적이 없네."

"그럼 생각은 수화로 하세요?"

"글쎄다." 아버지가 대답했다. "생각은 모두 즉각적으로 나와. 머릿속에 전체의 그림이 이미 있는 거지."

아버지는 잠시 머뭇했다. "잠깐만, 아니다. 가끔 어떤 문제를 생각할 때 머릿속에서 수화가 보이기도 해. 그리고 혼잣말을 할 때도 수화를 한다. 내 손에 말이 들어 있으니까. 기억과 생각도 그렇고."

그러면서 아버지는 어린 시절의 이야기를 들려주었다.

"아빠가 젊었을 때 공장에서 위험한 일을 하는 친구가 있었다. 일이 위험하다는 것을 알면서도 어쩔 수가 없었다. 청각장애인이 취직을 할 만한 곳이 마땅치 않은데다 아버지도 일찍 돌아가셨기 때문에 그 친구가 남은 가족을 부양해야 했거든. 그 친구는 토요일에도 12시간 이상을 일했다. 그러니 늘 피곤했지. 어느 날 일을 하다가 잠시 집중력이 흐려진 사이에 그만 손가락이 기계에 잘려나가고 말았다. 오른쪽 손가락이 전부 다. 병원에서 치료를 받고 돌아왔는데 그 친구는 그때부터 말을 잃었어. 왼손으로만 수화를 했는데 우리는 그 친구의 말을 이해하기 힘들었지. 정말 슬픈 일이었다. 가끔 나도 내가 그렇게 되는 악몽을 꾼다."

아버지는 잠시 수화를 멈추고 당신의 손을 내려다보았다.

"그런 일이 일어난다면 아빠가 어떻게 말을 할 수 있겠니? 내 손에 말이 들어 있는데 말이다. 손이 없으면 엄마 사라에게 사랑한다는 말을 어떻게 하겠어? 그리고 우리 아들들을 어떻게 쓰다듬어 주겠니?"

아버지는 자동차 지붕보다 더 높이 눈이 쌓여 있는 창밖을 내다보았다. 거리엔 사람도, 차량도 지나가지 않았다. 모든 것이 눈에 덮여 있었다. 소화전도, 쓰레기통도, 울타리도 모두 눈에 파묻혀 있었다. 여기저기 보이는 하얀 혹들이 그 아래 무엇이 있는지 짐작하게 해줄 뿐이었다.

"아빠 손이 할 수 있는 게 하나 더 있긴 하다. 따라 나와 봐." 한 손엔 눈삽을 들고 다른 손엔 내 썰매를 든 아버지가 앞장을 섰다. 나는 동생의 손을 잡고 아버지와 함께 북극으로 변한 거리로 나섰다.

24

미식축구

내가 일곱 살이 되었을 때 아버지는 내게 가죽으로 된 윌슨 미식축구 공을 사주었다. 아직 손이 작았기 때문에 한 손으로는 공을 잡을 수도 없었다. 어머니는 아버지가 너무 서두른다고 핀잔을 주었다. "금방 큰다니까." 아버지는 주먹을 쥔 오른손을 활짝 편 왼손 뒤에 감추고 있다가 천천히 올리면서 손가락을 조금씩 펴보였다. 오른쪽 팔의 줄기가 점점 자라면서 활짝 편 손가락들이 따뜻한 햇살을 향해 고개를 높이 들었다. 아버지의 수화는 내가 쑥쑥 자라 금세 어른이 될 거라고 이야기했다. 손바닥을 아래로 향한 채 허리 높이에 있던 손을 당신의 머리 위까지 올리면서 아버지는 내게 미소를 지어보였다.

아버지의 수화를 보면서 나는 언젠가 아버지보다 더 큰 어른이 된 모습을 상상하려 했다. 하지만 아무리 생각해도 그런 날은 올 것 같지 않았다.

나는 품에 안고 있는 미식축구 공보다 아버지의 수화에 더 마음을 빼앗겼다.

아버지는 당신이 누려보지 못한 유년기—당신의 동생들이 아무 걱정 없이 뛰노는 모습을 멀찍이서 바라보던—를 내게 선물해주려 노력했다.

나는 조금씩 자랐다. 아버지는 브루클린의 보통 아이들이 하는 놀이들을 내가 다 해볼 수 있도록 해주었다.

대공황의 여파가 채 가시지 않은 시절 고단한 한 주를 보낸 동네 아저씨들이 주말에 집에서 꿈쩍도 하지 않는 동안 아버지는 밖에서 놀이에 빠져 있는 나를 항상 지켜보았다. 아버지는 나의 열혈 팬이기도 했다. 축구를 할 때는 사이드라인이 되고 야구를 할 때는 3루쪽 파울라인이 되는 곳에서 아버지는 나를 열심히 응원했다. 물론 우리의 "경기장"에 잔디가 깔려 있지는 않았다. 드문드문 맨홀 뚜껑이 튀어나와 있는 딱딱한 콘크리트 바닥은 몸을 던지거나 슬라이딩을 하기에 별로 좋은 환경은 아니었다.

그럼에도 나는 몸을 던지고 슬라이딩을 했다. 그럴 때마다 아버지는 거친 육성으로 내게 소리를 쳤다. "잘 잡았어!" "안 다쳤어. 괜찮아." 친구들은 발음이 불분명한 아버지의 말을 알아듣지 못했지만 나는 쇳소리가 나는 아버지의 응원을 모두 이해할 수 있었다. 우리가 놀이를 하는 곳에는 늘 아버지의 응원 소리가 있었다.

어느 날 나는 골라인을 향해 전속력으로 달려가다가 주차되어 있던 차에 그대로 부딪치고 말았다. 내가 마지막으로 기억하는 것은 수비수 한 명을 제치고 있었다는 것이다. 코니아 일랜드 종합병원에서 눈을 떴을 때 아버지가 내 옆에 앉아 있었다. "너 터치다운 성공했어!" 아버지는 잠시 후 한마디를 덧붙였다. "그나저나 네 엄마한테는 뭐라고 하지?"

열여섯 살이 되었을 때 나는 학교 미식축구팀의 선수 공개 선발에 도전했다. 새로 지은 학교였던 만큼 모든 시설이 새것이었고 운동장도 마찬가지였다. 운동장엔 잔디 한 포기도 자라지 않았다. 그뿐만이 아니었다. 운동장엔 여기저기 돌부리도 튀어나와 있었다. 하지만 운동장의 전체적인 상태는 우리 동네의 맨홀 뚜껑보다 훨씬 나았다.

선수 공개 선발을 지켜본 학교 미식축구팀 감독은 해리 오스트로 씨였다. 그는 101 공수사단의 장교로 제2차 세계대전에 참전했다. 그로부터 30년 후 영화 〈머나먼 다리〉의 소재가 된 마켓가든 작전에서 그는 소대를 이끌고 적진 깊숙이 침투했다가 교전 중 심각한 부상을 입게 되었다. 비록 그는 그 부상에 대해 언급하는 일이 없었지만 머리 한쪽이 함몰된 그의 모습은 멀리서도 눈에 띄었다. 그는 이제까지 내가 만나본 사람들 중에서 가장 강인한 인물이다. (올해 92세가 된 그는 지금도 하루에 50번씩 팔굽혀펴기를 한다.) 오스트로 감독은 말을 하지 않았다. 으르렁거릴 뿐이었다.

나는 그날 선수로 선발—실력이 대단해서가 아니라 그의 정신적, 육체적인 괴롭힘을 견뎌냈기 때문에—되었고, 이후 3개월 동안 죽음의 고통을 맛보았다. 팀 동료들과 마찬가지로 나는 어떤 팀도 두렵지 않았다. 두려운 건 우리 팀의 감독이었다.

아버지는 모든 경기를 보러 왔다. 내가 줄곧 벤치를 지켜도 아버지는 낙담하지 않고 경기장을 찾았다. 비가 오나 눈이 오나, 한번은 때 이른 눈 폭풍이 몰아치기도 했지만 아버지는 경기장을 찾아왔다. 벤치에서 뒤를 돌아보면 아버지의 모습은 보이지 않았다. 하지만 다른 관중들의 함성을 예리하게 베어내는 아버지의 쇳소리는 분명히 들을 수 있었다.

고등학교는 내게 새로운 세상이었다. 새로 사귄 친구들은 대부분 청각장애인을 만나본 경험이 없었다. 때문에 나는 대부분의 사람들이 그러하듯 아버지의 목소리에 친구들의 표정이 굳어지는 모습을 보게 될까봐 두려웠다. 하지만 팀 동료들은 어린 시절 동네 친구들이 그랬던 것처럼 아버지의 목소리에 금세 익숙해졌다. 친구들은 팀의 열렬한 팬인 아버지에게 고마움을 표하기까지 했다.

미식축구는 내가 평범한 고등학생이라는 징표였다. 그 나이 때 아이들은 또래집단에 소속되려는 열망이 강하다. 아이들은 동질적인 집단 속에서 심리적인 안정감을 찾곤 한다. 부모님이 청각장애인이었기 때문에 평범함의 방패 뒤에 숨고 싶은 내 욕구는 다른 아이들보다도 훨씬 컸다. 미식축구로 인해 나는 더 이상 귀머거리의 아들이 아니라 축구선수로 통할 수 있었다.

1학년을 마치면서 나는 교명校名의 약자를 옷에 부착하고 다닐 수 있는 자격을 얻었다. 어머니는 내 스웨터에 그것을 꿰매주었고, 나는 그 옷을 너덜너덜해질 때까지 입고 다녔다.

2학년이 되면서 나는 키가 5센티미터 더 자랐고 몸무게는 10킬로그램이 늘었다. 나는 이제 감독이 경기에 기용하는 것을 고려해볼 만한 체구가 되었다. 감독은 적어도 내가 다른 선수들에게 깔려죽지는 않겠다는 확신을 얻었다.

아버지는 여전히 모든 경기를 관람했다. 아버지는 영리한 학생처럼 미식축구의 모든 것을 빨리 이해했다. 하지만 경기의 미묘한 흐름까지 설명하기 위해서 나는 아버지와 나 사이에만 통하는 새로운 수화를 만들어내야 했다.

2학년 시즌의 마지막 경기를 하루 앞두고 우리 팀의 핵심 선수가 계단에서 구르며 깨진 유리병에 손을 베이고 말았다.

다음날 오후 그 선배는 손에 붕대를 감고 경기장에 나타났으나 경기에 나설 수는 없었다. 팀 전체가 충격에 휩싸였다. 조 다리엔조 선배는 브루클린을 통틀어 최고의 선수이자 우리 팀의 주장이었다. 졸업을 앞둔 선배는 마지막 경기를 뛸 수 없게 되었다. 우리는 경기 시작 전 라커룸에서 속으로 참패를 예상하며 침통한 표정으로 앉아 있었다.

감독이 조 다리엔조 선배의 어깨에 팔을 걸치고 말문을 열었다.

"오늘 우리는 이번 시즌 가장 중요한 경기를 앞두고 있다."

그건 우리도 알고 있었다.

"조는 누구보다도 이 경기를 뛰고 싶었지만 그럴 수 없는 상황이 되었다."

그것도 알고 있었다.

"조는 우리 팀의 핵심 전력이다. 하지만 경기를 이기고 지는 것은 한 선수가 아니라 팀 전체의 몫이다."

다 아는 얘기만 한다.

"모두가 똘똘 뭉치면 우리는 승리할 수 있다."

그건 동의하기 힘들었다.

다음 순간 감독은 조 선배 대신에 내가 경기에 나갈 것이라고 발표했다.

그건 전혀 예상하지 못한 얘기였다. 동료들이나 아버지도 마찬가지였다. 하지만 경기장에 모습을 드러낸 내 모습을 보면서 아버지는 이날 역사적인 경기가 벌어질 것이라고 확신했다. 아버지는 경기를 마치고 그날 저녁 나눌 이야기를 상상하며 머릿속으로 새로운 수화를 궁리해내고 있었다.

경기가 시작되기 직전 우리 팀의 센터는 몸을 앞으로 숙인 채 가랑이 사이로 나를 바라보면서 모든 것을 체념한 듯한 표정을 지었다. 그의 표정은 내가 힘을 내는 데 그다지 도움이 되지 않았다. 경기가 어떻게 진행되었는지에 대한 기억은 희미하다. 다만 귓전을 울리던 고함소리는 지금도 생생하다. 오스트로 감독은 나에게 연신 고함을 질러댔다. 외투를 어깨에 걸친 조 선배는 사이드라인을 뛰어다니며 나에게 고함을 질러댔다. 감독의 허락을 얻고 경기장에 내려와 내 멍청한 실수들을 활동사진으로 낱낱이 기록하고 있던 아버지도 나를 향해 고함을 질러댔다.

내가 던진 공은 모두 완벽한 궤도를 그리며 상대팀 수비수의 품에 안겼다. 공을 안고 돌파를 시도할 때마다 나는 상대방의 밀집 수비에 가로막혔다. 내게 패스가 된 공은 더듬거리다 모두 놓치고 말았다.

하지만 팀 동료들은 내 실수를 모두 만회할 만큼 훌륭한 경기를 펼쳤다. 마지막 쿼터에서 우리는 극적으로 동점을 만들어냈다. 경기 종료 시간이 얼마 남지 않은 상황에서 감독은 도박을 걸었다. 오스트로 감독의 작전은 상대팀이 나를 전혀 경계하지 않을 것이라는 전제를 깔고 있었다. 상대팀에게 나는 우리 팀의 치어리더만큼만 위협적이었다. 때문에 우리 팀의 센터가 내가 아닌 내 오른쪽에 있는 풀백에게 공을 넘긴다 해도 이상하게 생각할 사람은 아무도 없었다. 의도적으로 빈손을 노출시키면서 나는 왼쪽으로 빠져나갔다. (수화에 능했던 나는 훌륭한 팬터마임을 선보이며 그 끔찍했던 오후에 내 역할을 찾을 수 있었다.) 그 사이 우리 팀의 풀백은 반대 방향으로 뛰어가는 토미 라 스파다에게 공을 넘겼다. 우리 팀의 진영에서 이 난리법석의 쇼가 벌어지는 동안 공격수들은 발레를 하듯 상대팀 진영을 이리저리 휘젓고 다녔다. 우리 공격수들의 움직임은 상대팀은 물론 그들 스스로도 혼란스러울 정도로 완벽했다.

한바탕 난리가 벌어지는 틈을 타서 나는 태연하게 오른쪽으로 방향을 틀었다. 반대쪽에서 뛰어오던 토미가 내게 공을 슬쩍 넘겼다. 그 동작이 너무나 교묘해서 상대팀 수비진은 그가 여전히 공을 들고 있다고 생각했다. 상대팀 선수들이 토미를 가루로 만들겠다는 듯이 달려들었다. 토미는 몸이 단단하기는 했지만 우리 팀에서 체구가 가장 작은 선수들 중의 하나였다. 그 친구는 바보가 아니었다. 나는 토미가 자신을 덮치려는 상대팀 선수들에게 외치는 소리를 들었다. "나 공 없어!" 그것은 나를 향한 메시지이기도 했다.

우리의 만화 같은 작전은 성공이었다. 나를 막는 수비수가 아무도 없었다. 나는 오른쪽 사이드라인을 따라 죽을힘을 다해 달려 마침내 터치다운에 성공했다. 오스트로 감독이 말한 것처럼 우리가 승리를 거두었다. 관중들이 열광을 했다. 귀가 멍멍할 정도의 소음 속에서 나는 아버지의 환호를 선명하게 들을 수 있었다.

그날 저녁 아버지는 웃음을 멈추지 못하며 미식축구와 관련된 온갖 새로운 수화들을 내게 가르쳐주었다.

25

해방

고등학교 졸업을 앞두고 나는 브랜다이스 대학 미식축구팀으로부터 장학금을 받는 조건으로 입학을 제의받았다. 뉴잉글랜드 지역에 새로 생긴 그 학교는 정식 대학 인가를 받으려면 아직 2년이 더 있어야 했지만 그런 대학이라도 기꺼이 가겠다는 고교 선수들을 기다렸다.

나는 뉴욕 대학으로부터도 입학 제의를 받았다. 하지만 뉴욕 대학은 브롱크스에 캠퍼스가 있었기 때문에 내가 그 제안을 받아들인다는 것은 곧 내가 집에서 지하철을 타고 통학을 한다는 것을 의미했다. 뉴욕 대학은 일고의 가치도 없었.

아버지는 흥분을 감추지 않았다. 부모님의 양쪽 집안을 통틀어서 대학 진학은 내가 처음이었기 때문이다.

"이제 옷차림도 대학생다워야 한다." 아버지가 들뜬 표정으로 수화를 했다. "우리 아들이 촌구석에서 올라온 시골뜨기처럼 보이게 할 순 없지." 브루클린 출신을 누가 시골뜨기라고 한다고? 하지만 나는 말싸움을 벌일 생각이 없었다. 대학 진학을 앞두고 아버지는 나보다 더 들떠 있었다. 아들을 대학생답게 입혀보겠다는 아버지의 즐거움을 막을 생각도 없었다. 블루밍데일 의류점과 메이시스 백화점에 옷을 사러 가던 연례행사가 대학 진학을 앞둔 그해 여름에는 매주 벌어지는 행사가 되었다. 잡지에서 오려낸 대학생의 사진을 손에 들고 아버지는 나도 그렇게 보이도록—옷감이 4년 동안 해지지 않는 것이 더 중요했는지도 모르지만—만들어줄 옷을 찾아 매장 구석구석을 뒤졌다.

8월 초 아버지는 보스턴으로 떠나는 나를 중앙역까지 배웅하러 나왔다. 나는 새로 산 모직 정장을 입고 있었다. 무척 더운 날이었다. 하지만 나는 한마디 불평도 하지 않았다. 차장이 "탑승하세요!"라고 외치자 아버지는 나를 위아래로 훑어보며 수화를 했다. "이제 대학생처럼 보이는구나." 아버지는 대견한 표정으로 나를 바라보더니 한마디를 덧붙였다. "자주 찾아가마." 나는 그 말이 얼마나 실현이 될지 알 수 없었다. 하지만 4년 동안 아버지는 거의 모든 홈경기에 응원을 하러 왔다. 그때마다 아버지는 어머니가 일주일 내내 준비한 먹을거리와 생필품을 한 아름 안고 왔다.

대학 시절 미식축구 경기를 마치고 부모님과 함께, 1951년

그날 기차의 승강구를 오르며 나는 너무나 익숙한, 소리가 들리지 않는 부모님의 세상으로부터 마지막 발걸음을 떼서 아직 낯설기만 한 나의 세상으로 첫 걸음을 옮겼다.

그날 이후 브루클린의 집은 내게 돌아갈 곳이 아니라 가끔 들를 곳이 되었다. 나에게 그 집은 끝없는 사랑과 종종 경험하는 수치심으로 채워진 아름다운 세계였다. 그 집은 또한 아이로서 어른의 역할을 감당해야 했던 힘든 세계이기도 했다.

'책임감'이라는 수화는 한눈에 그 의미를 알아볼 수 있을 정도로 선명하다. 그 단어는 내가 아버지로부터 가장 먼저 배운 수화들 중의 하나이기도 하다. 아버지는 양손으로 오른쪽 어깨를 꾹꾹 누르곤 했다. 그러면 아버지의 어깨는 무거운 짐을 진 것처럼 푹 꺼졌다. 아버지의 표정 역시 엄청난 무게를 떠받치고 있는 사람처럼 보였다. 책임감, 나에겐 늘 그것이 요구되었다. 아버지를, 어머니를 그리고 동생을 나는 책임져야 했다. 그 짐이 나를 짓누르는 것처럼 느껴질 때도 있었다. 그럴 때마다 나는 옥상으로 도망을 쳐서 여러 시간을 숨어 있곤 했다.

집에서 멀리 떨어진 낯선 도시를 향해 기차가 움직이기 시작하면서 나는 푹신푹신한 좌석에 등을 기댔다. 영원히 내려놓을 수 없을 것만 같았던 책임감이라는 짐을 훌훌 벗어내는 기분이었다. 이제 나는 더 이상 아버지와 동생을 책임지지 않아도 되었다. 남겨진 가족들은 이제 스스로를 책임져야 했다.

하지만 해방감은 이내 설명하기 힘든 상실감으로 희석되고 말았다. 집을 떠날 때까지만 해도 그런 감정이 생기리라고는 전혀 예상하지 못했다.

26

코니아일랜드 공작

어머니는 세 분의 외삼촌 가운데 데이비드 외삼촌을 가장 좋아했다. "네 큰외삼촌은 마법사야." 어머니는 한 살 많은 당신의 오빠에 대해 늘 그렇게 말했다. 외삼촌은 어머니에게는 마법사 같은 존재였다. 외삼촌이 그 부리부리한 갈색 눈으로 윙크를 하는 순간 어머니의 슬픔은 환희로 바뀌었다. 외삼촌은 어머니의 장애를 대수롭지 않게 여겼다. 다른 식구들이 어머니로 하여금 스스로를 이질적인 존재로 느끼게 만든 반면 데이비드 외삼촌은 어머니의 눈동자 색깔이나 머릿결이 다른 사람들과 다르듯이 청각장애도 남들과 조금 다른 것일 뿐 결코 중요한 문제가 아니라고 생각했다.

외삼촌의 친구들은 물론 외가 식구들도 데이비드 외삼촌을 "코니아일랜드 공작"이라고 불렀는데 그러한 호칭은 외삼촌의 세련된 태도와 맵시 있는 옷차림 그리고 일정한 직업 없이도 그럭저럭 살아가는 재주에서 비롯된 것이었다.

외삼촌과 어머니는 두 분 다 수영 실력이 뛰어났다. 코니아일랜드에 해가 뜨기가 무섭게 두 분은 바닷물에 뛰어들어 시야에서 사라질 정도로 멀리까지 헤엄을 쳤다. 어머니는 하얀 수영모가 하나의 작은 점으로 보이다 결국 사라질 때까지 햇볕에 그을린 팔로 파도를 힘차게 가르며 수평선을 향해 나아갔다. 외삼촌 역시 어머니와 함께 시야에서 사라지곤 했다.

나는 늘 백사장에서 아버지와 동생과 함께 어머니가 돌아오기를 기다렸다. 어머니의 모습이 시야에 들어오기를 기다리는 동안 아버지는 단단한 손으로 내가 복잡한 구조의 모래성을 쌓는 것을 도와주었다.

아버지는 어머니를 따라 물속에 들어간 적이 한 번도 없었다. 아버지는 수영을 할 줄 몰랐다. 그럼에도 데이비드 외삼촌은 매번 물속에 들어가기 전에 아버지의 팔을 잡아끌었다. 그러면 동생은 발가락을 모래 속에 박아 넣고 반대편에서 아버지의 팔을 잡아당겼다. 이것은 외삼촌과 동생이 약속처럼 즐기는 일종의 놀이였다. 아버지는 물에 들어갈 생각이 전혀 없었기 때문이다. "나는 브롱크스 출신이라." 왜 물에 들어가지 않느냐고 묻는 사람에게 아버지는 늘 그렇게 대답을 했다. "거긴 바다 같은 게 없거든." 아버지로서는 대서양을 접하고 있는 브루클린과 비교하면 촌구석에 불과한 브롱크스 출신이라는 것이 물을 좋아하지 않는 충분한 이유가 되었다.

해가 중천에 뜰 무렵 멀리서 작은 점 하나가 보이기 시작했다. 하얀 점의 형태가 점점 뚜렷해지면서 마침내 어머니의 모습을 분명히 확인할 수 있었다. 파도를 가르는 어머니의 바로 뒤에는 항상 외삼촌의 모습이 보였다.

가끔은 내가 알아차리지 못하는 사이에 어머니가 물에서 나오는 경우가 있었다. 한 마리의 돌고래처럼 어머니는 미끄러지듯 파도를 타고 모래사장에 올라와 등 뒤에서 나를 와락 껴안았다.

"어디까지 가셨어요?" 나는 늘 그렇게 물었다.

"아일랜드까지 갔다 왔지." 어머니는 손가락으로 철자를 해보이며 대답했다. "거긴 녹색 천지더라."

대단한 수영선수이기도 했지만 동시에 외삼촌은 훌륭한 마술사이기도 했다. 외삼촌은 감쪽같은 속임수로 놀라운 마술을 보여주곤 했다.

내가 여섯 살이 되던 해부터 외삼촌은 매년 내 생일마다 귀에서 동전을 꺼내는 마술을 보여주었다. 첫 해에는 내 귀에서 1센트짜리 동전을 꺼냈고, 일곱 살이 된 생일에는 5센트짜리를, 여덟 살 생일에는 10센트짜리를 꺼냈다. 아홉 살 생일을 맞아서는 25센트짜리 동전을 꺼냈고 그 이듬해에는 50센트짜리 동전을 꺼냈다.

내가 열한 살이 되었을 때 외삼촌은 오른쪽 소매를 걷어 올려 오른손에 아무것도 없음을 요란하게 보여주었다. 그리고는 주문을 외우며 허공에 다섯 손가락을 뻗어 중지부터 약지와 소지의 순서로 차례대로 손가락을 오므린 다음 엄지와 검지로 집게발 모양을 만들었다.

외삼촌은 집게발을 내 귀에 가져다 대고 중얼중얼 주문을 외운 다음 손가락에 힘을 주었다. 그러자 외삼촌의 엄지와 검지에 어느새 1달러짜리 옛 은화가 들려 있었다. 놀라웠다.

외삼촌은 동전을 세워놓고 손가락으로 튕겨 회전을 시켰다. "이 동전을 보면 꼭 너를 보는 것 같단 말이야." 외삼촌은 동전이 아직 돌고 있는 동안 나를 보며 말했다. 나는 무슨 뜻인지도 모르면서 고개를 끄덕였다.

세월이 많이 흘러 외삼촌과 내가 로스앤젤레스에 살았을 때, 내 차로 외삼촌을 댁까지 모셔다드린 적이 있었다. 외삼촌은 내게 열한 번째 생일과 1달러짜리 은화가 기억나느냐고 물었다.

외삼촌은 차에서 당신이 그날 했던 말의 뜻을 이야기해주었다. 당시 외삼촌의 눈에 나는 동전의 양면처럼 보였다. 나는 소리가 들리는 세계와 듣지 못하는 세계 사이에서 오도 가도 못하고 있었다. 예리하게도 외삼촌은 어린아이에 불과한 내가 어른의 생각과 행동을 요구받으면서 두려움에 떨고 있음을 직시했다. 외삼촌이 보았을 때 나는 소리와 침묵의 경계에서, 그리고 유년기와 성년기의 경계에서 내 길을 찾으려 안간힘을 쓰고 있었다.

외삼촌의 설명을 듣고서야 나는 어린 시절 아버지의 도구 역할에서 벗어나기 위해 내가 무척 힘겨운 싸움을 벌였음을 새삼 깨달았다. 그것은 내가 독립적인 존재이며 무엇보다도 어린아이에 불과하다는 것을 주장하는 싸움이었다. 하지만 그것은 한 손이 뒤로 묶인 채 벌이는 싸움이었다. 나는 차마 아버지가 당신의 장애로 인해 아들에게서 버림을 받았다는 생각을 하게 할 수는 없었다.

그날 멀홀랜드를 가로질러 세불베다를 거쳐 외삼촌의 아파트를 향해 먼 길을 달리면서 나는 내 유년기의 방정식을 구성한 다른 변에 대해 생각했다. 바로 어머니였다. 장남으로서 나는 어머니의 실제적인 요구들을 만족시켜야 했다. 아버지와 달리 어머니는 일상의 사소한 일에 한해서만 나를 필요로 했다. "이거 얼마냐고 물어봐 줄래? 어떻게 사용하는 거래?"

두 분의 차이는 어머니의 경우 갓난아기 때 청력을 잃었다는 사실이 영향을 미쳤다. 어머니는 소리에 대한 기억 자체가 없었다. 어머니에게 소리는 추상적인 관념에 불과했다. 하지만 아버지는 달랐다. 세 살 때 청력을 잃은 아버지는 소리에

26. 코니아일랜드 공작

대한 기억을 당신의 머릿속 어딘가에 묻어두고 있었다. 그 아련한 기억의 파편들이 평생 아버지를 놓아주지 않았다. 그것은 의식의 지평 어딘가를 계속해서 맴돌았다. 아버지는 나를 통해 그것을 찾고 싶었다. 그리고 그 실마리를 찾기 위해 나에게 의존했다.

아버지는 소리에 대한 기억을 되찾기 위해 나를 필요로 했다. 소리의 본질. 소리의 외관. 소리의 형태와 물리적 성질. 심지어 소리의 색깔까지. 그리고 어쩌면 공감각을 경험하는 사람으로서 색깔의 소리까지 이해하고 싶었는지도 모른다.

아버지는 입에서 나오는 말이 어떤 것인지 이해하기 위해 어린 나에게 의존해야만 했다. 어떻게 실체가 있으면서도 보이지 않을 수 있을까? 해초가 눈에 보이지 않는 해류에 의해 흔들리듯 눈에 보이지 않는 소리는 어떻게 공기 중으로 전달되어 수많은 머리카락 사이를 헤치고 귓속으로 들어가는 것일까?

그 중 가장 이해하고 싶었던 것은 진동이 어떻게 다른 사람의 마음에 소리를 전달하느냐는 것이었다. '마음은 어떻게 소리를 듣니?'

아버지의 물음은 내가 여섯 살이 되던 해부터 시작되었다. 나는 만족스러운 대답을 할 수 없었다. 그리고 12년 후 내가 대학에 진학하면서 소리가 없는 당신의 세계를 떠날 때까지 아버지의 물음은 그치지 않았다.

내가 당신의 세계에 사는 사람이 아니라 이따금 당신의 세계를 찾아오는 방문객이 되면서부터 아버지와 나의 관계는 변했고, 아버지는 더 이상 나에게 질문을 하지 않았다. 나의 대학 진학과 함께 소리를 이해하기 위한 당신의 끝없는 여정도 끝이 났다.

지금도 아버지와 내 유년의 기억들을 떠올릴 때면 나는 데이비드 외삼촌의 생일선물이 생각난다.

그 동전을 지금도 가지고 있다면 다시 한 번 세워서 돌려보고 싶다. 지금의 나에게 그 동전은 과연 어떤 말을 할까?

27

죽음, 그 낯선 방문객

어릴 때부터 나는 죽음을 가까이에서 목격했다.

여섯 살 때 나는 동네 아파트 건물 옥상 위에 한 남자가 위태롭게 서 있는 모습을 보았다. 그는 등 뒤로 자갈이 깔린 옥상과 앞으로는 허공이 펼쳐져 있는 경계에서 한참을 움직이지 않고 서 있었다. 눈을 들면 멀리 코니아일랜드 해변이 보이고 아래로는 6층 아래의 콘크리트 도로가 보였을 것이다.

나는 건물 맞은편 도로에서 동네 주민들과 함께 그를 올려다보았다. 그가 자신의 머리에 휘발유를 끼얹는 모습을 사람들은 낮은 비명을 지르며 지켜볼 수밖에 없었다. 다음 순간 성냥이 그어졌고 그는 화염에 휩싸였다.

눈앞에서 벌어지는 광경이 머리로 이해되지 않는 상황에서 그가 불덩이가 되어 허공에 발을 내디뎠다. 허공에 불티를 날리며 그는 아파트 1층의 철제 울타리 위로 떨어졌다. 울타리가 충격으로 인해 부서졌다. 울타리에 꽂힌 그의 몸뚱이에서 연기가 났다. 불꽃의 열기로 울타리의 녹색 페인트가 녹아내리며 작은 기포를 만들더니 이내 사라졌다. 몇 주가 지나도록 건물 주위에는 숯이 된 작은 천 조각들이 눈에 띄었다.

  그는 우리 동네에 사는 사람이 아니었다. 단지 그는 죽음의 장소로 우리 동네를 택했을 뿐이다. 아버지는 그 일에 대해 내게 아무런 설명도 해주지 않았다.

  세월이 흘러 내가 82공수사단에 근무할 때 아버지와 어머니가 노스캐롤라이나의 포트 브래그에 있는 부대로 면회를 왔다. 많은 부모들이 사단의 연례 낙하 시범이 있는 그날에 맞춰 면회를 왔다. 수십 대의 C-119 수송기가 포프 공군기지를 이륙했다. 한꺼번에 수천 명의 낙하산병들이 공중에 낙하산을 촘촘히 수놓는 장면을 연출하기 위해 수송기들은 앞 수송기에서 뛰어내린 낙하산병이 프로펠러에 간신히 걸리지 않을 만큼의 간격만 유지했다. 반경 3마일의 낙하지점 상공에 진입한 수송기에서 낙하산병들이 뛰어내리기 시작했다. 지평선 끝에서 끝까지 천천히 떨어지는 수많은 꽃잎들이 하늘을 완전히 뒤덮었다. 그러나 한 명의 낙하산병에게 심각한 문제가 발생했다. 항공기의 자동 열림줄static line이 낙하산의 어깨끈과 엉키고 만 것이다.

27. 죽음, 그 낯선 방문객 *323*

그는 그 상태로 기체 밖에 매달려 있었다. 부조종사와 교관들이 그를 끌어올리기 위해 안간힘을 썼지만 소용이 없었다. 프로펠러가 일으키는 엄청난 기류를 몇 사람의 힘으로 감당할 수는 없었다.

몇 시간 동안 공중을 선회한 수송기의 연료가 떨어지자 활주로에 거품 용액이 뿌려졌다. 수송기는 착륙할 수밖에 없었다. 수송기가 착륙하는 순간 그의 몸뚱이는 거품 용액을 뒤집어쓰며 활주로에서 튕겨 올랐다가 부딪치기를 여러 번 반복했다.

사고 수습을 맡은 부대 책임자는 수송기가 착륙하기 전에 그가 이미 의식을 잃고 있었다고 발표했다. 하지만 부대원들은 그것이 거짓말이라는 사실을 알고 있었다.

그날 저녁 아버지는 죽음에 대해 이야기를 했다. 아버지가 그 화제를 꺼낸 것은 그때가 처음이었다. 할아버지가 돌아가시고 브롱크스에서 장례식을 마치고 돌아오는 길에도 아버지는 죽음에 대한 이야기를 꺼내지 않았다. 할머니가 돌아가셨을 때도 아버지는 많이 울기는 했지만 죽음에 대한 이야기를 꺼내지는 않았다.

그런데 무슨 까닭인지 아버지는 그날 저녁 죽음을 이야기했다. '죽음'을 표현하는 수화는 시각적으로 아주 쓰리고 강렬하다. 오른손을 펴서 손바닥을 아래로 향하는 것은 죽음을 의미했고, 왼손의 손바닥을 위로 향하게 하면 그것은 삶을 나타낸다. 아버지는 그 자세를 한참 동안 유지하며 당신의 두 손을 말없이 바라보았다. 그리고는 양손의 손바닥을 반대 방향으로 뒤집었다.

"죽음이란 건," 아버지의 손이 말했다. "낯선 방문객 같은 거다. 오래 전 자신의 마지막 순간을 위해 우리 동네를 찾아온 그 사람처럼."

아주 오랜 시간이 흘러 아버지는 내가 태어난 코니아일랜드 종합병원에서 당신의 마지막 날들을 보냈다. 아버지는 작별인사와 회한과 두려움을 당신의 언어로 들어줄 사람이 아무도 없는 가운데 숨을 거두었다.

당신의 언어로 말을 건넬 수도 없고 당신의 수화를 이해하지도 못하는 낯선 이들에게 둘러싸인 채 브루클린의 병동에서 아버지가 돌아가신 지 29년이 지났다. 만일 그럴 힘이 남아 있었다면 아버지는 그날 침대에서 일어나 몇 피트 거리의 창가에 다가갔을 것이다. 그리고는 후일 당신의 아내가 될 환한 웃음의 검은머리 아가씨를 처음 만난 50년 전의 코니아일랜드 해변을 내다보았을지도 모른다.

그날 어머니와 나는 온종일 아버지의 곁을 지키고 있었다. (당시 버지니아에서 직장을 다니던 동생은 오지 못했다.) 우리는 간단히 끼니를 때우기 위해 잠시 외출을 했다. 어머니는 아버지의 침대 맡에 메모를 남겼다. "금방 돌아올게요." 한 시간 후 우리가 돌아왔을 때 아버지의 침대는 비어 있었고, 침구는 이미 교체되어 있었다.

아무도 아버지가 어디로 갔는지 말해주지 않았다.

"영안실에 확인해 보세요." 복도를 지나가던 간호사가 말했다.

충격으로 비틀거리는 어머니를 부축해서 나는 지하실로 내려가기 위해 엘리베이터를 탔다.

엘리베이터의 문이 열리자 어두운 조명의 복도 끝으로 영안실이 보였다. 원형 구조의 서늘한 영안실에는 바퀴 달린 침대가 하얀 시트에 덮인 채 줄지어 있었다. 어머니는 바닥에 주저앉아 고개를 파묻었다. 나는 어머니를 끌어안았다.

마침내 몸을 일으킨 어머니는 내게 따라오지 말라는 손짓을 한 다음 첫 번째 침대로 향했다. 어머니는 시트 끝자락을 들어서 시신의 얼굴을 확인했다. 어머니는 똑같은 과정을 반복하며 앞으로 나아갔다. 마침내 어머니의 발걸음이 멈춰졌다. 어머니는 싸늘해진 아버지의 시신을 부둥켜안았다.

브루클린 공동묘지의 입구에는 몇 달러를 받고 망자를 위해 기도문을 읊어주는 남자들이 유대교 전통복장을 입고 서성거렸다. 어머니는 돈을 주고 사람을 하나 데리고 가자고 했다.

관을 내리기 전에 어머니와 우리—어윈, 내 아내와 아이들, 이모, 고모 두 분과 삼촌—가운데 아무도 이해하는 사람이 없는 긴 기도문이 웅얼거리듯 낭송되었다. 나는 그에게 돈을 건네며 감사를 표했다. 우리는 관이 내려지는 모습을 지켜보았다. 그리고 언젠가 우리 모두가 그렇게 되듯 관 속에 누워 영원한 침묵을 지키고 있는 한 사람을 생각했다.

어머니는 아버지가 돌아가시고 26년을 더 사셨다. 비교적 건강하셨지만 89세가 되던 해에 여러 가지 의학적 문제가 연이어 생기면서 어머니는 더 이상 혼자 생활하실 수 없었다.

동생은 어머니를 무척 사랑했지만 아직 직장에 매인 몸이었다. 뉴욕에 있는 동생은 은퇴를 한 내가 어머니를 모시는 것에 동의했다. 나는 아내와 함께 몇 해 전 이사를 한 팜 스프링의 집으로 어머니를 모셔왔다.

어머니는 새로운 환경에 잘 적응했지만 얼마 후 바닥에 넘어지면서 골반에 골절상을 입으셨다. 이 부상은 이후 어머니의 몸과 정신을 조금씩 갉아먹은 수많은 질병과 부상의 신호탄이었다.

어머니는 병석에서 이따금 지친 표정으로 수화를 하셨다.
"이제 그만 죽고 싶다."

"안 돼요, 어머니." 나는 펄쩍 뛰었지만 내 손의 말은 공허하게 느껴졌다. "어머니는 오래 사실 수 있어요." 수화를 하면서 나는 어머니가 오래 사셔야 하는 이유들을 떠올려 보려고 노력했다.

하지만 어머니는 내 말을 외면했다.

어느 날 나는 어머니가 더 사셔야 하는 확실한 이유를 찾아냈다. "어머니, 제가 책을 썼어요."

"네가 책을 썼다고?" 어머니의 손이 믿기지 않는다는 표정으로 말했다. "무슨 책이냐?"

"브루클린에 엄청난 눈 폭풍이 몰아닥친다는 이야기예요. 그리고 꿈을 지닌 남자아이와 아들을 깨울 때 늘 볼에 입을 맞춰주는 어머니가 등장해요."

"재미있겠구나. 어서 보고 싶다."

어머니는 이후 6년을 더 사셨다. 무엇보다 어머니는 그 책이 나오기를 손꼽아 기다리셨다. 마침내 책이 나오자 어머니는 다시 그 말을 하기 시작하셨다. "이제 그만 죽고 싶다."

1년에 두 번 어윈은 어머니를 뵈러 팜 스프링으로 날아왔다. 어머니의 부재는 동생의 마음에 빈자리를 크게 남겼다. 어머니가 브루클린에 계시는 동안 가까이에 살던 동생은 어머니를 자주 찾아뵈었다. 평일 퇴근길에 어머니를 모시고 극장에 가는가 하면 일요일 저녁에는 함께 외식을 하기도 했다.

떨어져 있던 시간을 보상받으려는 듯 반년에 한 번 팜 스프링에 열흘씩 머문 동생은 어머니를 지극정성으로 보살폈다. 눈 깜짝할 사이 열흘이 지나고 다시 뉴욕으로 돌아가는 날이 되면 동생은 아쉬움에 발걸음을 떼지 못했다.

어머니는 돌아가시기 전 입원과 퇴원을 숱하게 반복하셨다. 나는 매일 아침 병문안을 가서 오전 내내 병상을 지키곤 했다. 어느 날 아침 내가 병실을 찾아갔을 때 어머니는 아직 주무시고 계셨다. 불거진 핏줄 사이로 여기저기 검버섯이 핀 어머니의 손이 가슴 위에 살포시 포개져 있었다. 나는 조용히 침대 옆에 앉았다. 잠시 후 어머니의 손이 잠꼬대를 하기 시작했다. 내가 모르는 수화였다. 어린 시절 나는 아버지와 어머니가 두 분끼리만 통하는 비밀 수화로 이야기를 나누시는 모습을 종종 보곤 했다. 두 분은 내게 비밀 수화를 가르쳐주시지 않았다. 하지만 어머니의 잠꼬대 가운데 내가 확실히 아는 수화가 있었다. 바로 '죽음'이었다.

잠이 깊이 든 채로 허공에 잠꼬대를 하는 어머니의 모습을 지켜보면서 나는 그 수화가 아버지에게 건네는 이야기일 거라 생각했다. 나는 그날 어머니께서 당신의 사랑하는 남편에게 건넨 비밀 수화의 내용이 이제 그만 기다려도 된다는 속삭임이 아니었을까 상상해본다.

의사로부터 일주일을 넘기기 힘들겠다는 말을 듣자마자 나는 뉴욕에 있는 동생에게 전화를 걸었다. 어머니의 마지막 일주일 동안 동생과 나는 병상을 지키며 청각장애를 가진 부모님 밑에서 자란 우리 둘의 어린 시절에 대해 이야기를 나누었다. 우리가 그런 이야기를 나눈 것은 그때가 처음이었다. 우리는 "3층 A호에 사는 귀머거리들"이 그들의 두 아들을 어떻게 키워냈는지 밤이 늦도록 기억을 더듬었다.

어머니가 돌아가신 지 여러 해가 지났다. 아버지가 돌아가신 지는 벌써 30년이 흘렀다. 하지만 동생과 나는 어린 시절 같이 경험한 일을 조금씩 다르게 기억하고 있다. 하지만 누구의 기억이 정확한지, 소리를 듣지 못한다는 것이 두 분에게 어떤 의미를 지니고 있었으며 우리에게 어떤 영향을 끼쳤는지에 대해 우리는 더 이상 입씨름을 벌이지 않기로 했다. 이제 노인이 된 우리 두 사람은 서로가 고집을 꺾지 않을 것임을 잘 알고 있다.

하지만 우리가 전적으로 동의하는 것은 우리가 두 분을 무척 사랑했으며 부모님이 너무나 그립다는 사실이다.

나는 화장을 마친 어머니의 유해를 당신이 좋아하실 만한 곳에 나누어 뿌렸다.

때 아닌 눈이 내리던 4월 초 어느 날 나는 이상하게도 따뜻한 기운이 느껴지는 어머니의 뼛가루를 바람 부는 코니아일랜드 해변에서 날렸다. 나는 늘씬한 몸매를 뽐내듯 몸에 딱 달라붙는 수영복을 입고 청각장애를 가진 친구들과 해변을 뛰어다니며 먼 미래를 꿈꾸었을 어머니를 생각했다. 나는 어머니의 작은 발이 모래사장에 남긴 옴폭한 발자국들을 상상하며 뼛가루를 움켜쥔 손을 펼쳤다. 하얀 재가 흰 눈에 섞여 바람에 날아갔다.

나는 바닷물에 발을 담가보았다. 차가운 기운이 뼛속까지 전해졌다. 나는 물이 무릎 높이까지 오는 곳에 들어가서 하얀 뼛가루를 조금 더 날렸다. 찰랑거리는 물 위에 잠시 떠 있던 하얀 가루는 이내 거대한 대서양의 바닷물에 녹아들었다. 어머니는 젊은 시절 이곳에서 이른 아침부터 늦은 오후까지 지치지 않고 수영을 하곤 했다. 나는 어린 시절 어머니의 하얀 수영모가 저 멀리서 모습을 드러낼 때까지 초조한 마음으로 어머니를 기다리던 때를 떠올렸다. 구릿빛의 가느다란 팔로 파도를 헤치는 동안 물 위로 솟구치는 어머니의 단단한 어깨가 햇빛에 반짝거렸다. 내가 서 있는 곳까지 곧장 헤엄을 친 어머니는 긴 다리로 첨벙첨벙 물 밖으로 걸어 나와서 나를 번쩍 안아 올리곤 했다. 태양 아래에서 따뜻해진 내 몸을 꽉 끌어안는 어머니의 차가운 어깨에 고개를 묻으면 어머니의 머리에서 깊은 바다의 냄새가 났다.

그날 오후가 되도록 눈은 그치지 않았다. 나는 브루클린 유대인 공동묘지에 있는 아버지의 무덤을 찾았다. 눈 덮인 무덤에 작은 구덩이를 파고 나는 어머니의 유해 일부를 그곳에 묻었다. 내리는 눈이 아버지와 어머니가 같이 누워 계신 자리에 조용히 쌓였다. 나는 무릎을 꿇은 채 하늘을 올려다보았다. 소리 없이 내리는 눈이 부드러운 담요로 온 세상을 덮어주고 있었다.

캘리포니아에 돌아와서 나는 팜 스프링이 내려다보이는 샌재신토San Jacinto 산에 올라 유해의 일부를 뿌렸다. 어머니는 팜 스프링의 집에서 6년 동안 더 즐거운 시간과 그보다 훨씬 많은 체념의 순간들을 보냈다. 말년의 어머니는 나와 역할을 완전히 바꾸었다. 나는 부모가 되고 어머니는 아이가 되었다. 나는 T. S. 엘리엇의 시구를 떠올렸다. "우리의 여정은 끝나지 않으리라. 긴 여행이 끝나는 날 처음 출발한 곳을 마주치리니 그때에야 우리는 그곳을 알게 되리라."

마지막으로 나는 산타모니카를 찾았다. 팜 스프링으로 이사를 하기 전에 나는 아내와 함께 산타모니카에서 살았다. 거동이 자유로우셨을 때 어머니는 이곳을 자주 찾으셨다. 나는 야자수가 줄지어 서 있는 곳에서 마지막 남은 어머니의 유해를 뿌렸다. 서로 어깨를 기댄 야자수들이 마치 촘촘하게 엮여 있던 우리 가족을 닮은 것 같았다. 하얀 재가 캘리포니아 해변을 날아 바다로 흩어졌다. 나는 잔물결이 찰랑거리는 바닷물에 손을 담갔다. 손바닥에 남아 있던 하얀 재가 바닷물에 완전히 씻겨나갔다.

창밖으로 멀리 퍼시픽 코스트 고속도로가 보인다. 고속도로를 달리는 저 수많은 자동차에 타고 있는 사람들은 죽음 대신에 오늘의 주가 지수를 생각하고 있을 것이다. 반대편에는 야자수들 너머로 파도가 물결무늬를 수놓은 백사장이 펼쳐져 있다. 내 시선은 검푸른 바다의 끝을 따라 어두워지는 하늘을 붉게 물들이는 수평선에 머물고 있다.

에필로그

모두가 잠든 고요한 시간 아버지의 체취를 떠올릴 때가 있다. 아버지의 체취에는 면도용 비누와 강한 향의 올드 스파이스 스킨로션, 그리고 매일 저녁 손톱에 낀 검댕을 씻어내기 위해 사용한 세정제의 냄새가 섞여 있었다.

어린 시절 나는 변기 뚜껑 위에 앉아서 세정제로 손을 빡빡 씻는 아버지의 모습을 지켜보곤 했다.

"아빠의 목소리는 이 손에 담겨 있어. 그런데 더러운 손에서는 바르고 고운 말이 나오지 않거든. 그래서 항상 이렇게 깨끗이 씻어야 하는 거다."

아버지는 수건으로 손을 닦으면서 나에게 미소를 지어보이곤 여느 때처럼 재미있는 이야기를 들려주기 시작했다. 아버지의 손에서는 사랑이 느껴졌다.

머릿속에 아버지를 떠올리고 있다 보면 나도 모르게 내 손이 수화를 하고 있음을 발견하곤 한다. 그리고 기억의 안개 저편에서 대답을 하는 아버지의 손도 보인다.

아버지가 돌아가시고 아주 오랜 시간이 흐른 뒤 아마추어 화가가 되어보겠다는 생각으로 내가 그림을 공부할 때의 일이다. 나는 인체 데생을 다룬 책을 뒤적거리고 있었다. 저자는 서문에서 오랜 역사를 통해 수많은 시인들과 연인들이 칭송을 한, 수많은 의사와 과학자들이 분석하고 해부를 한 인체의 아름다움과 무한한 복잡성을 이야기했다.

이어서 그 책은 본격적인 주제로 들어갔다. 처음엔 눈, 그 다음엔 귀, 코, 입 그리고 아래로 쭉 내려가는 순서였다.

그러다 어느 페이지를 넘겼을 때 마침내 '손'이 나왔다.

손의 움직임을 묘사한, 놀랍고도 믿을 수 없을 만큼 단순한 데생이 몇 페이지에 걸쳐 이어졌다.

손의 묘사를 다룬 대목에서 이렇게 시작하는 글이 눈에 띄었다. "손은 풍부한 언어를 표현한다."

눈앞으로 옛 기억들이 흘러갔다. 나는 연필을 내려놓고 엎드려 울기 시작했다.

옮긴이 송제훈

서울에서 태어나 한양대학교 영어교육학과를 졸업하고 현재 서울 원묵고등학교에서 학생들을 가르치고 있다. 『내 이름은 이레네』, 『러셀 베이커 자서전: 성장』(한국간행물윤리위원회 추천도서), 『센스 앤 센서빌리티』, 『오프라 윈프리의 특별한 지혜』 등을 번역했다.

아버지의 손

2012년 2월 25일 초판 1쇄 발행
2012년 12월 20일 초판 2쇄 발행

지은이 | 마이런 얼버그
옮긴이 | 송제훈
펴낸이 | 권오상
펴낸곳 | 연암서가

등 록 | 2007년 10월 8일(제396-2007-00107호)
주 소 | 경기도 고양시 일산서구 대화동 2232번지 장성마을 402-1101
전 화 | 031-907-3010
팩 스 | 031-912-3012
이메일 | yeonamseoga@naver.com

ISBN 978-89-94054-21-6 03840

값 13,000원